U0873471

国家社科基金一般项目“国家价值链重构与区域经济协调发展研究”(项目批号：16BJL122)结项成果

国家社科基金丛书
GUOJIA SHEKE JIJIN CONGSHU

国内价值链分工与区域经济协调发展研究

Research on Division of Domestic Value Chain and Coordinated Development of Regional Economy

黎峰 著

人民出版社

策划编辑：郑海燕
责任编辑：张　燕　孟　雪
封面设计：石笑梦
封面制作：姚　菲
版式设计：胡欣欣　王欢欢
责任校对：黎　冉

图书在版编目(CIP)数据

国内价值链分工与区域经济协调发展研究/黎峰 著. —北京:人民出版社,2021.2
ISBN 978－7－01－022812－9

Ⅰ.①国…　Ⅱ.①黎…　Ⅲ.①地域分工-关系-区域-经济发展-协调发展-研究-中国　Ⅳ.①F127

中国版本图书馆 CIP 数据核字(2020)第 249520 号

国内价值链分工与区域经济协调发展研究
GUONEI JIAZHILIAN FENGONG YU QUYU JINGJI XIETIAO FAZHAN YANJIU

黎　峰　著

人民出版社 出版发行
(100706　北京市东城区隆福寺街 99 号)

中煤(北京)印务有限公司印刷　新华书店经销

2021 年 2 月第 1 版　2021 年 2 月北京第 1 次印刷
开本:710 毫米×1000 毫米 1/16　印张:17.25
字数:244 千字

ISBN 978－7－01－022812－9　定价:75.00 元

邮购地址 100706　北京市东城区隆福寺街 99 号
人民东方图书销售中心　电话 (010)65250042　65289539

版权所有 · 侵权必究
凡购买本社图书,如有印制质量问题,我社负责调换。
服务电话:(010)65250042

序

从融入全球价值链到构建国内价值链

黎峰博士毕业于上海社会科学院世界经济研究所，其间主要研究全球价值链分工下的贸易收益分配问题。2015 年进入南开大学经济学院应用经济学博士后流动站工作，我作为导师指导并鼓励他借鉴全球价值链分析方法和工具，将研究视角延伸到国内区域间产业统筹和资源整合，从而使全球价值链与国内价值链之间建立起循环与互动关系。此书就是他在这个问题上系统思考与科学探索的结晶。

改革开放以来，通过承接发达国家产业梯度转移融入全球价值链分工，充分利用跨国公司全球供应链及市场营销网络，中国生产制造及出口能力迅速提升，由此得以在短短三十几年内实现经济起飞和赶超。以经济特区、沿海开放城市、经济开发区、出口加工区、保税区、高新技术开发区等“经济飞地”为载体，以外资为主导，以代工制造、加工贸易为依托的出口导向型经济模式为发展经济学理论创新和后发国家经济起飞贡献了中国智慧和中国方案。

然而，该发展模式不可避免地存在着一些瓶颈和制约，具体而言：一是随着国内生产要素成本不断上升，“全球制造基地”的传统发展路径难以持续，而迈向“微笑曲线”两端的价值链攀升之路又遭遇到发达国家的百般阻挠；二是上游供应链及终端消费市场的双重对外依赖影响“中国制造”的议价能力,直接导致国际贸易中的福利流失;三是外资企业主导的出口导向型模式,某种程度上阻碍了内资企业成长及国内市场培育;四是单纯面向大海的“向东”开放模式导致资源要素在东部沿海地区的过度集聚,不利于国内区域间协调发展;五是在强调税收优惠等政策激励的同时,忽略了国内体制机制改革和营商环境的改善。

另外,原有发展模式所依托的外部环境出现重大变化。鉴于以中国为代表的新兴经济体充分利用全球化实现经济赶超,并在全球治理及国际事务中的话语权显著增强,而发达国家内部收入分配问题日益严峻的事实,曾经的全球化旗手——美英等“盎格鲁—撒克逊式”的自由竞争资本主义国家利用民众不满情绪乘势掀起新一轮逆全球化浪潮。逆全球化浪潮在经济领域主要体现为全球价值链重构,从2008年国际金融危机后发达国家掀起制造环节回归母国的“再工业化”浪潮,美国积极推进世贸组织改革重新制定国际经贸规则,到2018年美国对中国掀起大规模贸易摩擦并企图在全球价值链中彻底边缘化中国,发达国家的逆全球化行为进一步加速了跨国公司全球产业布局调整步伐。此外,2020年年初突如其来的新冠肺炎疫情(COVID-19)严重冲击了全球产业链和供应链,全球价值链分工面临前所未有的“断裂”风险和挑战。

国内发展的瓶颈及外部发展环境的变化,要求中国逐渐降低对跨国公司全球供应链及市场营销网络的依赖程度,通过推动上游中间品供应及终端消费市场的多元构建自主可控的全球产业链体系。中国地大物博、工业体系完整、基础设施完备,尤其是区域间发展梯度明显,开展国内价值链分工有利于进一步增强国内配套能力,释放超大规模国内市场潜力。尤其是在当前新冠肺炎疫情严重冲击全球产业链和供应链的背景下,通过国内价值链分工提升国内产业链供应链水平、以超大规模国内市场潜力增强中国在全球产业链中的地位显得更加重要。为此,中央明确提出“逐步形成以国内大循环为主体、国内国际双循环相互促进的新发展格局”的战略部署。

然而，现有研究对于国内价值链分工的相关主题还不够深入，仍有许多重大理论和现实问题有待解决，具体而言：一是国内价值链与全球价值链的内涵及边界区分。基于价值链驱动和治理角度，国内经济循环和本土关联包括国内价值链分工和全球价值链的国内延伸两种类型，如何从理论及统计核算层面进行界定？二是国内价值链与全球价值链的互动。具体而言，全球价值链嵌入行为（包括进出口贸易、利用外资、对外直接投资）如何影响国内价值链分工？而国内价值链构建又以怎样的方式影响全球价值链嵌入，尤其是如何影响制造部门的全球价值链攀升？三是国内价值链分工与区域协调发展。国内价值链分工本质上是区域间资源要素整合，对于区域间发展差距会产生何种影响，其传导机制是什么？四是国内价值链分工与全球价值链重构。面对全球价值链重构对中国制造产业链供应链的巨大冲击，如何充分通过国内国际双循环的相互促进打造中国制造全球产业链体系？特别是如何在构建国内价值链过程中逐步培育价值链组织和治理能力，进而加强对全球价值链的高效和安全管理？

作为该领域系列研究成果的集成，本书重点聚焦三个主题，并取得可喜的创新性成果。

一是国内价值链分工的内涵、边界及核算方法。本书从产业上下游关联角度梳理省级区域参与全球价值链和国内价值链的各种链条形式，通过对省级区域行业层面国内流出及出口的增加值完全分解，构建了双重价值链嵌入的综合理论分析框架，进而在区域间投入产出数据与世界投入产出数据匹配基础上对双重价值链嵌入行为进行实证分析，由此为国内价值链分工及以省级区域为主体的全球价值链研究提供了可行的分析方法。

二是从外资进入和进口贸易两个视角，探讨深度嵌入全球价值链对开展国内价值链分工的影响。研究发现市场导向型外资的进入、外资对国内市场的争夺很大程度上不利于国内价值链的构建；同样，进口贸易对国内价值链分工会构成一定程度的阻碍，相对于中间品进口，最终品进口对国内本土关联的冲击更为明显。该结论对于全球价值链重构条件下调整利用外资政策、优化进口贸易结构,培育以超大规模国内市场及本土供应链为基础的国内大循环具有一定的现实意义。

三是国内价值链分工对区域发展差距的影响。将国内价值链分工纳入区域经济发展的理论分析框架,从技术进步及资源配置两个视角探讨开展区域间垂直专业化分工对区域发展差距的影响及其传导机制。发现相对于东部沿海地区,开展国内价值链分工的技术进步效应和资源配置效应在中西部地区表现得更为显著,该结论为"建立更加有效的区域协调发展新机制"的相关决策提供了参考和依据。

本书也是黎峰博士后工作期间依托他主持的国家社科基金一般项目"国家价值链重构与区域经济协调发展研究"和中国博士后科学基金面上项目"增加值视角下的中国国家价值链分工"形成的系统性研究成果。作为他的指导老师,我对他的研究成绩感到由衷的高兴和欣慰,也期待他能出更多更高质量的研究成果。在该书出版之际,我郑重地向大家推荐这部新作,希望能够对广大读者的思考有所启发,对国际经济学、区域经济学理论创新有所贡献,对中国构建开放型经济新体制实践有所启示,对他本人的事业成长与进步有所激励。

盛　斌

2020 年 6 月 16 日

于南开园

目　录

导　论

增长是经济学研究的永恒主题。从亚当·斯密(A.Smith,1776)、科布—道格拉斯(Cobb-Douglas,1933)、哈罗德—多马(Harrod-Domar,1939)的古典增长理论,到索罗(Solow,1956)等的新古典增长理论,再到保罗·罗默(P.Romer,1986)、卢卡斯(Lucas,1988)、巴罗(Barro,1993)等的内生增长模型,经济增长理论表明一个国家和地区增长的动力源于三个方面:生产要素的数量、生产要素的质量及生产要素的配置效率。然而不同经济体的要素禀赋结构、发展模式各异,经济运行效率和发展水平差别显著,国家及地区间的发展不平衡及其影响因素由此成为经济学的前沿。

第一节　经济起飞与区域协调:大国发展之难题

一个幅员辽阔、人口众多、经济落后的发展中国家如何实现经济起飞?发展经济学理论告诉我们,在区位优势、规模经济、外部经济等因素作用下,经济起飞通常是从一个或数个“增长中心”开始,形成快速发展的若干区域性增长极。在市场机制作用下,增长极对周边地区的影响通常表现为两种效应:一是极化效应,即由于迅速增长地区市场空间更大,周边地区生产要素会在规模经济效应驱动下大量向增长极集聚,从而加速区域发展不平衡,甚至形成主权国家内部的"二元经济"格局。二是扩散效应,即增长极的推动力通过一系列联动机制促成各种生产要素向周围不发达地区扩散,从而逐步缩小与先进地区的差距(Perroux,1950)。

显然,如果增长极的扩散效应大于极化效应,就会带动周边地区经济共同发展。然而由于积累性因果循环的作用,极化效应往往大于扩散效应,导致增长极地区越来越发达,周边地区越来越落后,形成地理空间上的二元经济。因而,如何有效处理经济起飞与区域协调的关系,实际上成为世界各国尤其是发展中大国面临的难题。

一、 发达国家经济起飞阶段的区域发展差距

由于在第二次工业革命中占得先机,美国在19世纪末期一跃成为"世界工厂"。然而在工业化推进过程中,美国国内区域间出现了较大的发展差距,主要表现为:北部地区资本主义已经发展较为充分,集中了全国大部分的钢铁、机械、汽车、化工等工业;西部地区地广人稀、资源充足,土地占全国的1/2,人口仅为全国的17%;南部地区由于受到黑奴制度的束缚,经济发展较为缓慢。虽然1861年南北战争摧毁了奴隶制度,但是南部地区发展仍然缓慢,工业化推进乏力。直到第二次世界大战结束后,南部机器制造业在整个制造业的比重仅为11%,远低于全国平均水平的31%。

德国工业化起源于北方。当以"鲁尔地区"为中心的老工业区依靠资源优势成为德国工业化早期的主要动力时,南方地区仍处于落后的前工业化时期。然而,第二次世界大战前后,随着新兴工业在南方的兴起,北方地区由于忽视产业结构转型发展速度明显放缓,成为经济萧条的老工业区。东西德统一后,区域协调集中体现为东西德地区经济发展不平衡的问题,平衡东西德发展差距及改造传统工业基地成为德国区域经济政策的重心。

十月革命以前,俄国工业主要集中在西欧地区,其中工业生产主要集中

在占国土面积8%的中央区。而地处沙俄东陲的远东地区虽然土地辽阔、资源丰富，但主要以农业、手工业为主，工业发展非常薄弱，如1913年远东地区的工业产值仅仅占全俄的0.5%。虽然沙俄也采取了包括鼓励移民、修建西伯利亚大铁路和中东铁路等措施，但是从整体来看远东地区发展非常薄弱。

巴西南北地区经济发展悬殊较大，其中东南部是主要工业区，圣保罗、里约热内卢和贝洛奥里藏特三角地带被称为巴西经济中心，而北部、中西部、东北部地区则发展相对落后。1949年，仅占巴西国土面积11%的东南部地区贡献了41.8%的国民收入，而北部和中西部地区面积分别占全国42%和22%，但国民收入则分别只占4.1%和4.8%，日益显著的区域发展差距问题长期困扰着巴西。

二、 中国的经济发展模式与区域经济失衡

从改革开放到2008年国际金融危机的30年间，中国经济发展特征可以概括为：在各级地方政府主导下，以简单融入国际分工体系和全球制造业体系为目标，以优惠政策和差别待遇为基础，以大量利用外资和大规模出口为主导，以低成本优势为主要竞争手段，以开发区为载体，从而形成庞大的生产制造能力以及大进大出的循环格局（张二震和戴翔，2014）。正是在对外开放的推动下，中国全面融入了全球价值链分工体系，成为世界第一大出口国、第二大进口国、第一大外汇储备国、第二大吸收外资国、第二大经济体和第三大对外投资国，取得了举世瞩目的发展成就。然而，在经济快速持续增长的同时，中国区域间发展差距逐渐拉大，集中表现为以下几个方面。

第一，对外商投资和国际市场的依赖，拉大了区域发展差距。大量承接跨国公司产业梯度转移是中国参与全球价值链分工的主要途径，以外商直接投资为载体，大量国外高级要素的集聚有利于要素禀赋和产业结构优化、就业水平提升和区域经济快速增长。而凭借着地理区位优势和生产配套优势，东部

沿海地区成为外资在华产业布局的首选，占据了国内绝大部分制造和出口份额，由此进一步拉开与中西部地区的发展差距。

此外，充分利用国内低成本优势对进口中间品进行加工组装，大力发展“大进大出、两头在外”的加工贸易，是中国参与全球价值链分工的主要形式。然而，以加工贸易为主的出口导向型模式很大程度导致资源要素过于向工业基础较强、物流成本更低的东部沿海地区集聚。值得注意的是，大量中西部地区务工人员向东部沿海地区的流动，及初级产品价格的压低，进一步凸显了东部沿海地区的低成本优势，但从收益分配的视角，却相当于中西部地区对东部沿海地区的变相“补贴”，由此导致国内区域间收入差距日益拉大。

第二，区域市场分割和地方保护主义，不利于区域协调发展。在计划经济体制下，中国国内区域间经济关联并不频繁，更多是在中央政府统一领导下的物资调配（魏后凯，1991）。分税制改革以来，在地方财税创收及政绩考核压力下，各级地方政府更多直接参与市场竞争，表现为对外以低要素成本及优惠政策开展引资竞争、通过压低价格和利润水平进行出口竞争；对内则是以市场保护和贸易壁垒等形式扶持本地产品和品牌，阻隔区域间物资交流和贸易往来。在过于依赖外部市场和外部资本条件下，国内区域间要素流动的人为障碍、国内市场的分割，显然影响国内市场规模经济的发挥和要素配置效率的提高，对远离外部市场的中西部地区发展而言尤为不利，其结果必然是区域发展差距的进一步拉大。

正如图 0-1 所示，20 世纪 80 年代末中国各区域发展相对均衡，无论是工业增加值总量、实际利用外资和出口规模都大体相近，人均可支配收入水平也相差不大。然而进入 90 年代尤其是 1992 年以来，东部沿海地区与中西部地区的发展差距迅速拉大，区域间收入差距也日益明显。由此表明，正如发达国家所走过的道路，中国在经济起飞过程中不可避免地出现了区域发展失衡，大国发展之难题好似一道魔咒摆在决策者面前。

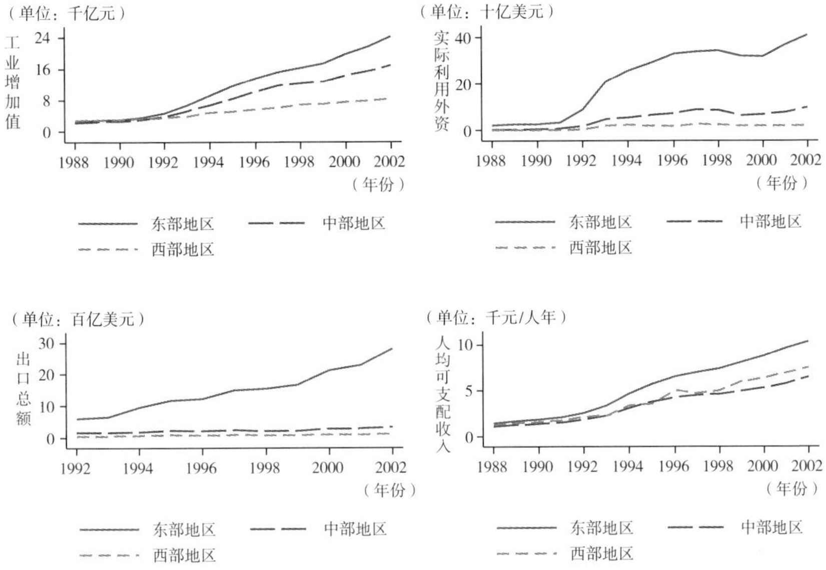

图 0-1　20 世纪 80 年代末以来中国区域间发展差距态势

资料来源：国家统计局：相应年度《中国统计年鉴》，中国统计出版社。

第二节　中国区域协调战略与产业转移

面对日益扩大的区域发展差距，21 世纪以来中国政府大力推行区域协调发展战略，包括推进新一轮西部大开发，全面振兴东北地区等老工业基地，大力推进中部地区崛起，积极支持东部地区率先发展等，其中一个重要抓手为鼓励东部沿海地区积极向中西部地区进行产业转移。

2012 年工业和信息化部出台了第一份全国性指导产业转移的政策文件《产业转移指导目录（2012 年本）》，对东北地区、东部地区、中部地区、西部地区四大经济区域的产业布局及承接产业转移方向进行了总体阐述，明确了重点工业行业在四大经济区域的空间分布方向，以及各省（自治区、直辖市）的具体主导产业门类，实现了对各地产业布局和产业转移的分类指导。以此为基础，编制了《工业和信息化部关于推进纺织产业转移的指导意见》和《国务院关于中西部地区承接产业转移的指导意见》，对全国工业产能产业转移进行全面指导，进一步明确了适于从东部地区转移到中西部地区的产业门类，以及推动产业有序转移的相关配套政策。表 0-1 显示了重点行业典型企业的产业转移和布局调整情况，可见在国家政策统一指导下，东部沿海地区工业正有序向中西部地区转移。

表 0-1 重点行业典型企业产业转移和布局调整情况

所属行业	企业名称	转移年份	原有生产基地所在地	产业转移及布局地区
电子信息产业	京东方	2007—2015 年	北京、苏州、厦门	重庆、绵阳、成都、福州、合肥、鄂尔多斯、固安
	联想	2010—2013 年	北京、上海、惠阳、深圳、厦门	成都、合肥（联宝）、武汉（移动设备生产基地）
	富士康	2009—2013 年	东部沿海地区	郑州、太原、晋城、成都、重庆、衡阳、南宁、安庆、武汉、贵州、绵阳等
化工产业	联合利华	2003—2015 年	上海	合肥、天津、眉山
纺织服装	苏美达集团	2016 年	上海	河南商丘
	华瑞国际	2015 年	江苏	安徽滁州、凤阳
	天宏集团、华孚色纺、如意集团	2010—2016 年	东部沿海地区	新疆石河子

资料来源：工业和信息化部产业政策司、国家工业信息安全发展研究中心：《中国产业转移年度报告（2016—2017）》，电子工业出版社 2017 年版，第 43 页。

随着中国经济发展进入新常态及国际经济环境的深刻变化，新型区域协调发展战略着力打破地区封锁和利益藩篱，全面提高资源配置效率，实现更有效率、更加公平、更可持续的区域协调发展格局。“十三五”规划建议指出：“以区域发展总体战略为基础，以‘一带一路’建设、京津冀协同发展、长江经济带建设为引领，形成沿海沿江沿线经济带为主的纵向横向经济轴带”。意味着中国区域发展将更加注重统筹协调，通过培育若干带动区域协同发展的增长极，最大限度发挥辐射带动作用，为经济保持中高速增长培育广阔的区域发展新空间。

由表 0-2 可见，在东部沿海地区要素成本上涨的倒逼作用及区域协调发展战略指引下，中西部地区正积极承接东部沿海地区的产业转移。如重庆以电子信息产业和汽车产业为增长动力，吸引了包括京东方、富士康、北京现代等一批全球一流企业，形成了“5 家笔电品牌商+6 家代工企业+860 家配套企业”的笔电产业群；以长安为龙头、10 家整车企业为重点、1000 家配套企业的“1+10+1000”全国最大的汽车生产基地；5 大品牌商、6 大整机商、800 多家零部件厂商“5+6+800”的全球最大电脑产业集群。到 2017 年，全球每 3 台笔记本电脑就有 1 台重庆造，全球每 9 辆汽车中就有 1 辆重庆造。同样，湖北武汉以光电产业、存储产业为特色，陕西以装备制造、新能源汽车、电子信息产业等为重点承接相关产业。河南在电子信息、装备制造、制鞋产业，安徽在家电、服装纺织产业加强承接东部地区产业转移。新疆则结合棉花原材料基地和辐射中亚、西亚的地理优势，加快承接纺织服装产业。

表 0-2　中国区域间产业转移发展态势

省份	重点产业	承接产业转移情况
四川	电子信息、装备制造、新材料	联想在成都建立生产基地；Global Foundries（GF）在成都投资超过 100 亿美元建设中国最大的 12 寸晶圆厂；中铝在四川成立中铝四川稀土公司，生产重心逐步向四川转移
重庆	电子信息、汽车	京东方在重庆布局 8.5 代 TFT-LCD 生产基地；富士康在重庆设立生产基地；北京现代在重庆建厂
湖北	光电产业、存储产业	21 个电子信息专业国家级中心落户武汉光谷；TCL 旗下华星光电在武汉投资建设第六代低温多晶硅液晶面板生产线；以华为、联想、富士康为代表的智能终端企业在湖北设立生产线
陕西	装备制造、新能源汽车	南京苏昌源科技、温州大工机械、台州恒之泰医化设备等制造商陆续在陕西设立生产基地；商洛跃迪、汉中金汉、咸阳秦星、三星、天臣、沃特玛、德飞电池等新能源汽车项目企业陆续建成投产
河南	电子信息、装备制造、鞋业	富士康在郑州布局生产基地；正威在郑州空港区建设生产线；浪潮、阿里巴巴、苏宁等互联网企业落户河南；友嘉机械在河南设立生产基地；周口市与广东鞋业厂商会合作建设中原鞋都
安徽	家电、服装纺织	海尔、美的、华凌、三洋、长虹、格力、欧力等家电企业入驻安徽；宝钢、马钢、海尔集团在合肥建立钢材薄板剪裁配送中心；联亚集团、太子龙等服装生产企业在安徽建厂投产

续表

省份	重点产业	承接产业转移情况
新疆	纺织服装	国内外知名纺织企业中已有超过40家在新疆投资建厂,其中上市公司超过10家

资料来源:工业和信息化部产业政策司、国家工业信息安全发展研究中心:《中国产业转移年度报告(2016—2017)》,电子工业出版社2017年版,第38页。

第三节　国内价值链分工能否促进区域协调发展:有待研究的命题

近年来,在市场机制引导及区域协调发展战略指引下,东部沿海地区产业加速向中西部地区转移和布局,国内资源配置调整步伐加快。然而值得思考的是,基于区域间垂直专业化的国内价值链分工能否成为区域协调发展的新机制?需要研究的命题至少包括以下几个方面。

第一,应该阐述清楚国内价值链分工的内涵和外延,尤其是在深度融入全球价值链分工条件下,如何厘清区域参与国内价值链与全球价值链的边界?如何构建统一的理论分析框架,对区域的双重价值链嵌入行为进行展现及区分?如何有效整理和匹配现有数据资源,使其能反映区域层面尤其是区域行业层面的双重价值链嵌入行为?

第二,中国国内价值链分工是如何构建和发育的,存在哪些问题?尤其是在市场机制仍不完善、存在资源配置扭曲的条件下,中国国内价值链的发育程度、发育轨迹、发育特征怎样?国内价值链的布局是否合理,国内资源整合程度怎样?

第三,对外开放如何影响中国国内价值链,尤其是在深度嵌入全球价值链分工条件下,利用外资和进口贸易是如何影响国内统一市场发育和区域间垂直专业化分工的?其影响机制是什么?

第四，中国国内价值链分工的收益分配怎样，各地区通过参与国内价值链分工获取了多少收益？该收益分配体现出什么特点和规律？更重要的是，该收益分配对区域协调发展意味着什么？

第五，从理论的角度，国内垂直专业化分工的开展是促进了区域协调还是拉大了区域发展鸿沟？国内价值链分工对区域协调发展的影响机制是什么？该影响机制在不同区域是否呈现出异质性特征？

第六，从实践的角度，国内价值链分工对区域协调发展的影响有哪些行业层面和区域层面的典型案例？该案例能为决策者提供哪些有益的经验和启示？

围绕以上问题，本书结构安排及主要结论如下：

第一章厘清了全球价值链与国内价值链的内涵及边界，提出基于内生能力的国内价值链概念。通过构建统一反映区域参与国内价值链分工与全球价值链分工的理论分析框架，对省级区域行业层面双重价值链嵌入行为进行统计分析及实证检验，研究发现中国大部分地区嵌入国内价值链的程度低于全球价值链，在国内价值链分工体系中，东部沿海地区更多扮演的是后向参与的“加工制造者”角色，中西部地区更多表现为“原材料、初级产品供给者”的角色。而随着国内区域间垂直专业化分工局面的形成，东部沿海地区和中西部地区在国内价值链分工中的定位和角色进一步强化。

第二章基于生产网络视角的统计核算，对20世纪90年代中期以来中国国内价值链分工的发育情况进行实证分析，研究发现相对于轻工部门，技术更为复杂的重化工部门国内价值链覆盖的地理面积和市场空间范围更广；以内资企业为主导的部门往往表现为较高的国内价值链深度，而在外资占比较大的部门中，一般贸易模式更有利于国内价值链深度的提升；国内价值链很大程度上仍存在着资源配置扭曲，沿海地区高级要素集聚优势发挥不够，整体上仍未实现由加工制造等中低端环节向研发设计、营销渠道等高端环节的转型。

第三章关注利用外资对国内价值链构建的影响，研究发现外资进入规模扩大阻碍了中国国内价值链发育，而外资的市场兼并行为更加不利于国内垂直专业化分工的开展；外资进入及其市场兼并行为产生了对国内价值链分工的替代效应，就其影响程度而言，沿海地区大于内陆地区，机电制造部门甚于一般制造部门；外资进入及其市场兼并行为更多打击了国内价值链的上游环节，阻碍了内资企业国内价值链攀升，同时切断了沿海地区与内陆地区的上下游关联，影响了国内价值链分工的深化。

第四章关注进口贸易对国内价值链构建的影响，研究发现进口贸易一定程度上不利于国内价值链的培育。结合进口异质性的影响机理分析，发现就国内价值链的构建而言，中间品进口和加工贸易进口通过促进内资企业成长而产生了更大程度的溢出效应，其替代效应相对较小。结合分工模式异质性的进一步分析，发现进口贸易主要影响的是沿海—内陆地区垂直专业化分工，在带动沿海与内陆地区嵌入全球价值链的同时，很大程度上切断了沿海与内陆地区围绕国内价值链的上下游经济关联。

第五章在探讨国内价值链分工收益分配规律的基础上，统计核算出中国各省级地区参与国内价值链分工的收益水平，进而讨论该收益分配对区域协调发展的意义。研究发现国内价值链收益很大程度上取决于其国内价值链定位，省级区域制造部门的国内价值链收益率呈现出明显由西向东逐级递减的规律。通过参与国内价值链分工，中西部地区获得更为显著的增长效应和要素分配效应，由此很大程度上促进了区域协调发展。

第六章从经验分析和实证检验的视角，进一步分析了国内价值链分工对区域协调发展的影响。通过构建国内价值链分工与区域协调发展的理论分析框架，指出发达地区和欠发达地区在国内垂直专业化分工中产生的技术进步效应和资源配置效应差异，很大程度上决定了区域发展差距。以中国省级层面数据就国内价值链分工与区域发展差距的关系进行实证分析，发现参与国内价值链分工推动了中低收入地区人均收入更快提升，从而有利于区域发展差距的收敛。

第七章基于技术进步的视角，探析国内价值链分工对区域协调发展的影响机制。发现近年来东部沿海地区技术进步步伐有所停滞，中西部尤其是西部地区技术进步效率显著提升。国内价值链分工的开展，很大程度上有利于中西部地区的技术进步。进一步基于分工模式异质性就该问题进行探讨，研究发现东部地区—中部地区分工和东部地区—西部地区分工对缩小区域间技术差距相对有效。

第八章基于资源配置的视角，探析国内价值链分工对区域协调发展的影响机制。发现总体而言，东部沿海地区资源配置效率较高，而广大中西部地区的资源配置效率相对较低。但近年来东部沿海地区"全球化红利"减弱的同时，地方政府市场竞争很大程度上加剧了资源配置的扭曲，而中西部地区加快融入市场空间更加广阔的国内价值链分工，由此带动区域产业集聚水平显著提升和资源配置效率的改善，国内价值链分工一定程度上推动了中国区域协调发展。

第九章基于案例分析的视角，分别从行业层面和区域层面探讨了国内价值链分工的发展态势，以及地区间垂直专业化对区域协调发展的影响。在此基础上总结出若干经验启示。

第十章则是本书的应用研究部分，在理论探讨、实证检验、案例及比较分析基础上，提出构建国内价值链分工、推动区域协调发展的思路、重点及路径。

第一章　国内价值链分工：理论分析框架及核算

改革开放以来，通过充分发挥要素成本优势和优惠政策激励，中国积极融入跨国公司主导的全球价值链分工，大力引进外资发展以加工贸易为特征的出口导向型经济。参与国际分工优化国内资源配置、促进产业升级，成为中国经济持续快速发展的主要经验。2008 年国际金融危机以来，面临全球贸易下滑、国际投资转移及发达国家倡导的国际贸易投资新规则，中国政府提出"一带一路"倡议、京津冀协同发展、长三角一体化、粤港澳大湾区建设等重大部署，预示着经济发展模式的转型，更加重视国内区域协调及产业整合将成为未来中国经济发展的新趋势。一方面，仍然以进口中间品生产制造并出口最终品等形式嵌入全球生产网络，通过发展外向配套推动国内垂直专业化；另一方面，中国拥有巨大的国内市场空间，内需的持续增长及中央政府对区域协调重视程度的提升，有利于促进区域间上下游产业关联，推动国内垂直专业化分工和生产网络的形成。

因而，在中国深度融入全球生产网络及国内区域经济一体化进程加快背景下，中国省级区域事实上同时面临着全球价值链（Global Value Chain，GVC）与国内价值链（National Value Chain，NVC）的双重嵌入。值得研究的重要问题是，中国各省级区域是如何同时嵌入全球价值链和国内价值链，在两种价值链分工中各自扮演着怎样的角色,其背后的原因及机理何在? 此外,双重价值链分工的嵌入存在怎样的关联,区域在两种价值链分工中的角色是否联动? 在双重价值链嵌入条件下,各区域应如何作为以推动两种价值链分工的协调。

研究双重价值链嵌入下的区域角色,以及国内价值链与全球价值链的联动关系,关键点在于三个方面:一是如何厘清区域参与国内价值链与全球价值链的边界;二是如何构建统一的理论分析框架,对区域的双重价值链嵌入行为进行展现及区分;三是如何有效整理和匹配现有数据资源,使其能反映区域尤其是区域行业层面的双重价值链嵌入行为。

第一,关于双重价值链分工的内涵及边界,大多文献是基于专业化分工的地域范围进行划分。其中全球价值链分工更多体现为国际分工概念(Jones 和 Kierzkowski,1988;Arndt,1997),而把国内价值链分工描述为主权国家内部的地区垂直专业化(Bazan 等,2004;Fally,2011;刘志彪和张杰,2007)。总体而言,以上研究更多关注于某一种价值链分工形态,并没有重视国内价值链与全球价值链两种分工模式的内涵比较及边界区分。

第二,部分文献基于不同方法分析了国内价值链分工与全球价值链分工的影响关联(Berkowitz 等,2001;Bazan 等,2004;Beverelli 等,2017),然而并没有从理论层面把两类价值链分工纳入统一的分析框架。部分研究如孟渤等(Meng 等,2013、2017)、李跟强和潘文卿(2016)基于增加值核算方法对中国区域增加值进行了分解,尝试将区域间的国内分工和区域参与的国际分工结合起来,但更多体现于增加值分解方法的改进,缺乏进一步厘清区域参与双重价值链的边界,对两者之间的关联及机理分析仍欠缺深入。

第三,关于区域间投入产出数据与国家间投入产出数据的匹配,苏庆义(2016)对中国区域间投入产出表(Muti-Regional Input-Output Table,MRIOT)与世界投入产出表(World Input-Output Table,WIOT)进行了行业匹配,遗憾的是没有进一步对中国区域间投入产出表和世界投入产出表进行数据匹配。孟渤等(2013)构建了中国区域间投入产出表嵌入世界投入产出表的投入产出匹配表,但其匹配的分工参与主体及行业①仍不够精细。此外,该研究更多关注中国四大区域的全球价值链嵌入行为,缺乏对国内区域间垂直专业化分工进行深入研究。

针对已有研究对两种价值链分工界定可能出现的混淆,本章首先从理论上界定全球价值链与国内价值链的内涵及边界。其次,构建一个省级区域行业层面双重价值链嵌入的综合理论分析框架,进而对中国各省级区域在全球价值链及国内价值链的角色及其动态变化进行分析。基于以上思路,本章剩余部分安排如下:第一节对全球价值链分工与国内价值链分工的内涵及边界进行理论探讨;第二节对区域间投入产出模型及增加值分解模型进行改进,构建双重价值链嵌入下的综合理论分析框架;第三节对中国区域间投入产出表与世界投入产出表进行数据匹配②;第四节在增加值分解基础上对双重价值链嵌入下的中国省级区域角色及动态变化进行统计核算分析;最后是基本结论。

第一节　全球价值链与国内价值链的内涵及边界

劳动分工是经济社会发展的动力源泉。早在人类活动起源的旧石器时代,便出现了男子狩猎、女子采集捕鱼的劳动分工。随着生产力不断进步,分工的深化显著提升生产效率进而推动经济发展,而国民财富的积累、市场需求的扩大又进一步促进分工的延伸(亚当·斯密,1776)。劳动分工最早更多是在国内范围展开的,表现为国内专业化分工,而随着交通运输、信息技术的发展大大降低了交易成本,分工的空间范围不断拓展并超越国界,便出现了国际分工。

① 该研究匹配后的分工参与主体包括国内四大区域(东北地区、西部地区、中部地区和东部沿海地区)、日本、美国、欧盟和其他;匹配后的行业包括农业、采掘业、资源加工业、消费品制造业、生产资料加工业、建筑业、电力燃气水等供给业、服务业。

② 孟渤等(2013)的匹配方法更多是把 MRIOT 嵌入 WIOT,而本章匹配思路为把 MRIOT 对外拓展和延伸,实现与 WIOT 的有效衔接。

一、　价值链分工的内涵：已有文献的分歧

价值链从本质上说更多是一种产品内分工，是产品设计、生产、销售、发送和辅助等环节的集合体(Porter,1985)，彼得·海因斯(P.Hines,1993)进一步把原材料和顾客纳入价值链范畴，并将价值链重新定义为"集成物料价值的运输线"。杰弗里·雷波特和约翰·斯威尔克莱特(J.Rayport 和 J.Sviokla,1999)基于信息技术和电子商务的发展将价值链划分为实物价值链和虚拟价值链两大类。

随着全球范围内贸易分工的不断发展，价值增值链进一步从企业层面延伸到了国家和区域层面(Kogut,1985)。格里芬(Gereffi,1994)把价值链概念引入国际分工领域提出全球商品链(Global Commodity Chain)概念，即不同企业在产品研发设计、加工制造、营销推广和回收处理等活动中开展的合作。关于全球价值链的内涵，大多文献基于垂直专业化分工的地域范围进行划分，即国家间"碎片化生产"(Jones 和 Kierzkowski,1988;Krugman,1994)，海外外包(Arndt,1997;Grossman 和 Helpman,2001)，国际垂直专业化分工(Hummels 等,1998)，涉及中间品贸易的价值增值环节(Wang 等,2017a)等。

充分发挥国内要素成本优势，通过承接跨国公司产业转移主动融入全球价值链分工，以此推动国内制造能力提升和出口规模增长，是发展中国家实现经济起飞和工业化的重要路径。然而，随着国内要素禀赋结构升级导致原有经济增长动力衰减，新增长动力机制培育的相对滞后将很可能陷入"中等收入陷阱"(Middle Income Trap)(张德荣,2013;李稻葵,2014)，在产业发展领域则表现为全球价值链攀升的"俘获"(Humphrey 和 Schmitz,2004)或价值链的"低端锁定"(卢福财和胡平波,2008)。为此，基于国内市场空间构建国内价值链分工显得意义重大。

关于国内价值链的内涵，已有文献更多描述为主权国家内部的地区垂直专业化，如扬(Young,2000)、蓬塞(Poncet,2003)、白重恩等(2004)研究了中国地区

间市场分割及贸易保护水平及其影响因素。巴赞等(Bazan 等,2004)关注了巴西本土企业的国内垂直专业化分工。法利(Fally,2011)提出价值链生产环节数量及生产端到最终消费端距离指标,以此对美国国内价值链分工进行实证分析。国内学者刘志彪和张杰(2007、2009)、刘志彪和张少军(2008)基于本土企业全球价值链升级提出属权概念的国家价值链分工思想。

然而国内价值链分工的内涵及边界是什么?已有文献仍存在着争议,首先是价值链分工的内涵。值得注意的是,包含中间品贸易的就算作全球价值链分工吗?对生产过程中增加值的跨境次数是否有要求?一类观点是包含增加值跨境贸易的就算作价值链分工,如王直等(2017a、2017b)把部门增加值(前向)及产出(后向)分解为三类增加值,其中全球价值链分工部分被界定为包含增加值跨境流动的部分,而按照增加值的跨境次数,全球价值链部分又细分为浅度全球价值链分工(生产过程中增加值跨境流动一次)和深度全球价值链分工(生产过程中增加值跨境流动两次及以上)。

另一类观点认为价值链分工的内涵应突出增加值贸易流的跨境次数。如胡梅尔斯等(Hummels 等,1998)明确指出全球价值链分工必须具备三个条件:一是一种商品在多个阶段连续生产;二是两个或两个以上的国家在商品生产过程中提供价值增值;三是至少有一个国家在生产过程中使用进口投入品,生产的产品被出口。在此基础上提出的垂直专业化(Vertical Specialisation, VS)指数意味着国际分工过程包含了至少两次的增加值跨境流动。① 与此类似,贝韦雷利等(Beverelli 等,2017)也强调全球价值链分工意味着生产过程至少需要跨境流动两次以上。

究竟哪种口径的全球价值链分工内涵更为合理?首先,从贸易分工形式的演化来看,相对于传统的产业间分工及产业内分工模式,全球价值链分工更

① 垂直专业化(VS)指数度量的是一个国家(地区)出口对进口中间品的依赖程度,即出口中的进口中间品增加值占总出口比重。可见,从进口中间品到再次出口,该国际垂直专业化过程至少包含了两次及以上的增加值跨境流动。

加强调生产链条的分割和生产工序的衔接。因而,增加值仅跨境流动一次的简单贸易分工模式,如日本从澳大利亚进口粗钢加工为钢材投入国内生产,美国从石油输出国组织(Organization of the Petroleum Exporting Countries,OPEC)国家进口原油加工后用于国内消费等,更加符合传统贸易分工特征,而增加值跨境流动两次及以上的分工模式更加契合全球价值链分工的内涵。其次,从参与全球价值链分工的研究价值来看,无论是基于"促进我国产业迈向全球价值链中高端"①的要求,还是"构建以我为主的新型全球价值链"(刘志彪,2019)的目标,与单纯出口或进口中间品的简单分工模式相比,研究中国各省级区域在生产方式更为复杂、分工模式更为迂回的价值链分工中的角色、存在的问题及影响因素,无疑更具理论价值和指导意义。由此,本书研究的全球价值链分工以增加值跨境流动两次及以上为特征。②

另一方面,国内价值链的内涵同样存在一定分歧。既有文献(如 Schmitz,2000;巴赞等,2004;法利,2011;孟渤等,2013;贝韦雷利等,2017)大多把国内价值链分工定义为国境范围内的垂直生产专业化,突出价值链分工的属地特征。然而发生在国境内的区域间垂直专业化分工都属于国内价值链分工吗?鉴于中国产业部门寻求全球价值链升级过程中遭遇的"俘获"(格里芬,1994;Humphrey 和 Schmitz,2004),刘志彪和张杰(2007、2009)、刘志彪和张少军(2008)提出属权层面的国家价值链分工,即由本土企业主导和治理的,立足国内市场和采用外包方式,学习和赶超全球价值链的网络经营模式。国家价值链分工下的产业链条,主要表现为内资企业以国内需求为基础,向国内配套企业发包,甚至也可能是向外国公司逆向发包(黎峰,2016)。显然,该定义更加强调价值链分工主导力量内生③的属权概念,体现出国内价值链分工中主

① 习近平:《决胜全面建成小康社会　夺取新时代中国特色社会主义伟大胜利——在中国共产党第十九次全国代表大会上的报告》,人民出版社 2017 年版,第 30 页。

② 即王直等(2017a、2017b)提出的深度全球价值链分工概念。

③ 该概念不仅要求国内价值链分工的市场需求内生,更加强调分工参与主体的国民属性,即国内价值链分工的参与主体只包括内资企业,而不包括各种形式的港澳台和外资企业。

导力量、市场空间完全内生的属权要素特征，符合发展中国家摆脱全球价值链“低端锁定”，寻求价值链升级的要求。

然而属权国内价值链分工概念对统计核算体系提出极高要求。如国际股权投资推动跨国企业间的相互参股，内资企业包含着外资股权，而对外股权投资意味着中资参股的国外公司一定程度上属于“内资企业”。此外，中国“走出去”企业基于国内需求的境外采购属于国家价值链范畴，而在华外资企业的本地消费和配套必须从国家价值链里剔除。因而，在现有统计条件下，要严格区分属权层面的国家价值链分工难度相当大，这也是该领域的定量研究难以深入的主要原因。

二、 双重价值链分工的内涵及边界

鉴于属地层面的国内价值链分工掩盖了东道国对外部供应链和销售市场的高度依赖，而属权层面的国内价值链分工不仅统计层面可行性不高，而且现实意义有限，本书提出基于内生能力的国内价值链概念，由此区分双重价值链的内涵及边界。其中国内价值链分工是指包括初始投入（资源供给内生）、生产制造（制造能力内生）到最终消费（市场渠道内生）的整个价值链上下游布局在国内、在省级区域间跨境两次以上的国内垂直专业化生产。实际上与王直等（2017a、2017b）的满足国内最终品消费的生产（V_D 和 Y_D）部分相比，该内涵仅仅是增加了生产的国内跨境次数约束。与属地特征的国内价值链分工概念相比，该内涵更加强调从初始投入到市场渠道的内生能力。而与属权概念的国内价值链分工概念相比，基于内生能力的国内价值链并不严格区分参与主体的股权特征①，同时并不深究属权要素的境外生产行为，因而更加具

① 开放经济条件下，港澳台和外资企业也是中国国民经济的重要组成部分，大量生产配套引致的国内垂直专业化分工正是围绕外资企业开展的，完全排除外资成分不仅难以操作且现实意义有限。本书提出基于内生能力的国内价值链分工，其参与主体包括境内所有的内资企业与外资企业，而与属地概念国内价值链分工的区别在于，限定了中间品供给、生产制造及市场需求的内生要求，而以上价值链环节的培育和内生能力提升，正是推动国内价值链分工，构建以中国为主的新型全球价值链的关键。

有可操作性。

由此可见,本书提出的国内价值链内涵更加突出基于内生能力的区域间垂直专业化生产,鉴于过于依赖国外资源和市场容易造成国内高级要素培育不足及内生能力缺失(张幼文,2005)、国内产业部门寻求全球价值链攀升可能遭遇到的“俘获”,以及推动产业迈向全球价值链中高端、构建以中国为主的新型全球价值链要求,更加强调内生能力的国内价值链分工研究可能更具有理论价值和现实意义。

具体而言,基于内生能力的国内价值链分工的表现形式为境内企业(包括内资企业和外资企业)之间基于资源及中间品供应能力(前向嵌入)、加工制造能力(同时前向及后向嵌入)及国内市场潜力(后向嵌入)而开展的产品内分工。如图 1-1 所示,国内价值链条通常表现为:资源及中间品提供地区(如区域 R)为加工制造地(如区域 S)的国内流出(包括流出到第三地区如区域 T 及回流至区域 R)提供资源及中间品。显然,该分工模式对于区域 R(不发生增加值折回时)而言属于前向嵌入国内价值链,对于区域 T 而言属于后向嵌入国内价值链,而对于区域 S 及区域 R(发生增加值折回时)则属于同时前向及后向嵌入国内价值链。

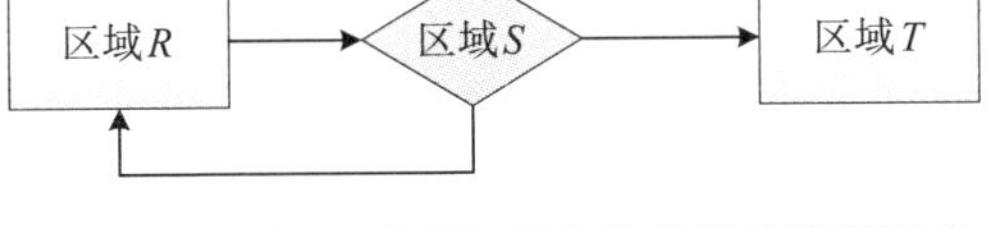

图 1-1　省级区域嵌入国内价值链的链条形式

资料来源:笔者绘制而成。

与此相对应,省级区域嵌入的全球价值链分工是指价值链部分环节在国外完成,增加值跨境(包括跨省境及国境)流动两次以上的国际垂直专业化生产,可见该概念与王直等(2017a、2017b)的深度全球价值链分工概念基本一致。与主流文献全球价值链概念相区别的是,本书的全球价值链分工内涵更加强调国内生产对国际垂直专业化分工的利用,其表现形式为境内企业(包括内资企业和外资企业)通过与外国企业开展产品内分工而直接或间接利用了国外资源及中间品提供环节(后向嵌入)、加工制造环节(同时前向及后向嵌入)及最终消费环节(前向嵌入)。如图 1-2 所示,该价值链条通常包括四类。

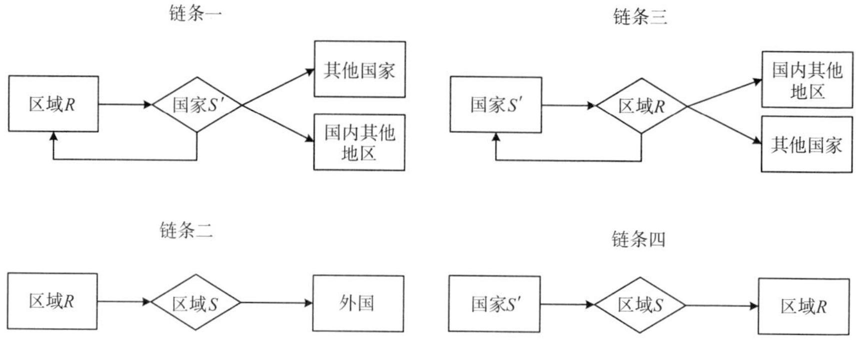

图 1-2　省级区域嵌入全球价值链的链条形式

资料来源:笔者绘制而成。

链条一为区域 R 直接对外国(如国家 S')提供中间品,国家 S'进行加工后再次出口(包括出口到其他国家、折返回国内其他区域,以及折返回区域 R)。该分工模式对于区域 R 而言,不发生增加值折返时属于直接方式前向嵌入全球价值链,否则属于同时前向及后向嵌入全球价值链。

链条二为区域 R 直接对国内其他区域(如区域 S)提供中间品,区域 S 加工后以最终品形式直接出口,或者仍以中间品形式直接或间接(通过第三区域再次加工)出口。该分工模式对于区域 R 而言属于间接方式前向嵌入全球价值链,对于区域 S 而言则属于直接方式前向嵌入全球价值链。

链条三为区域 R 直接利用外国(如国家 S')提供的中间品,加工后以中间品或最终品形式流出到国内其他区域(如区域 S)或出口(包括出口到其他国家及折返回国家 S')。该分工模式对于区域 R 而言,不发生增加值折返时属于直接方式后向嵌入全球价值链,否则属于同时前向及后向嵌入全球价值链。对于区域 S 而言则属于间接方式后向嵌入全球价值链。

链条四为区域 R 从国内其他区域(如区域 S)流入的中间品,包含了外国(如国家 S')的中间品成分。该分工模式对于区域 R 而言属于间接方式后向嵌入全球价值链,而对于区域 S 而言则属于直接方式后向嵌入全球价值链。

第二节　省级区域双重价值链嵌入的理论分析框架

双重价值链嵌入条件下,国内各省级区域之间、国内省级区域与国外开展垂直专业化分工,由此出现大规模的中间品跨区域(国境)流动。通过对省级区域间流出、省级区域对国外进出口的增加值分解,能有效揭示国内价值链、全球价值链各分工主体间的上下游合作关系,由此剖析其在双重价值链嵌入下的角色。

一、　区域投入产出模型的拓展

已有文献的增加值分解模型中,主流思路是通过构建国家间投入产出模型,分解出国家间出口中的增加值来源,但并没有涉及国家内部的垂直专业化分工。如孟渤等(2013)通过把中国区域间投入产出表嵌入世界投入产出表,把中国出口增加值分解到四大区域(东北地区、西部地区、中部地区和东部沿海地区),分析各区域参与全球价值链的方式差异。苏庆义(2016)进一步把中国出口增加值分解到了省级层面。然而以上文献主要关注的仍是中国如何参与全球价值链分工,并没有回答积极融入国际分工的同时,中国国内垂直专业化分工如何开展。王直等(2017a、2017b)在对行业增加值及总产出分解的基础上,把增加值形成过程划分为满足国内最终品消费的生产、满足最终品出口的生产及参与全球价值链分工的生产三大类,实际上表明行业增加值及总产出源于其国内价值链分工及全球价值链分工两部分,遗憾的是同样没有进一步分解和剖析国内垂直专业化分工情况。

另一类文献如法利(2011)研究了美国国内垂直专业化分工的价值链长度。黎峰(2016)利用区域间投入产出模型探讨了中国各区域间的垂直专业化分工关系及特征,但没有考虑到区域流出中可能包含的进口成分。以上文献更多关注的是国内垂直专业化分工的开展,而并没有把各区域同时参与的国内价值链分工与全球价值链分工相互结合。李跟强和潘文卿(2016)的贡献在于分解出国内区域间流出中的国内部分和进口成分,但并没有对区域嵌入国内价值链及全球价值链部分进行区分,同时没有进一步剖析国内区域层面对其他国家(地区)的投入产出关系,因而难以对区域双重价值链嵌入的行为和角色进行深入分析。

与现有文献不同的是,本节首先把单国的区域间投入产出模型拓展为多国投入产出模型,从而把区域参与的国内价值链分工与全球价值链分工纳入统一的分析框架。在对国内区域间流出、区域出口及进口进行增加值分解的基础上,按照国内价值链与全球价值链的边界进行划分,进而厘清区域参与国内垂直专业化合作及国际垂直专业化分工的行为。

区域间投入产出模型是在各区域投入产出表的基础上,利用区域间贸易数据,将彼此之间商品和服务的流入、流出内生化,并按照相同部门分类进行连接和调整而成的投入产出模型。然而其本质上仍是单国投入产出模型,更多关注的是国内区域间的相互投入产出关系,对于跨越国境的区域进出口流量仅以部门出口总额和中间品进口总额来反映,没有进一步描绘出区域参与国际分工发生的中间品出入境情况,因而难以详细刻画区域层面的全球价值链嵌入行为。本节在传统区域间投入产出模型基础上,结合海关进出口数据进一步把区域各部门的出口分解为中间品出口和最终品出口,同时把区域各部门的中间品进口总额细致分解为对其他国家(地区)中间品投入的使用,从而把单国的区域间投入产出模型拓展为多国投入产出模型。

表 1-1　改进后的区域间投入产出表

投入＼产出		中间使用							最终使用							总产出
		国内流出部分				出口部分			国内流出部分				出口部分			
		区域 **R**	区域 **S**	…	区域 **T**	国家 S'	…	国家 T'	区域 **R**	区域 **S**	…	区域 **T**	国家 S'	…	国家 T'	
国内中间投入	区域 R	X^{RR}	X^{RS}	…	X^{RT}	$X^{RS'}$	…	$X^{RT'}$	Y^{RR}	Y^{RS}	…	Y^{RT}	$Y^{RS'}$	…	$Y^{RT'}$	X^{R}
	区域 S	X^{SR}	X^{SS}	…	X^{ST}	$X^{SS'}$	…	$X^{ST'}$	Y^{SR}	Y^{SS}	…	Y^{ST}	$Y^{SS'}$	…	$Y^{ST'}$	X^{S}
	⋮	⋮	⋮	⋮	⋮	⋮	⋮	⋮	⋮	⋮	⋮	⋮	⋮	⋮	⋮	⋮
	区域 T	X^{TR}	X^{TS}	…	X^{TT}	$X^{TS'}$	…	$X^{TT'}$	Y^{TR}	Y^{TS}	…	Y^{TT}	$Y^{TS'}$	…	$Y^{TT'}$	X^{T}
进口中间投入	国家 S'	$X^{S'R}$	$X^{S'S}$	…	$X^{S'T}$	$X^{S'S'}$	…	$X^{S'T'}$	$Y^{S'R}$	$Y^{S'S}$	…	$Y^{S'T}$	$Y^{S'S'}$	…	$Y^{S'T'}$	$X^{S'}$
	⋮	⋮	⋮	⋮	⋮	⋮	⋮	⋮	⋮	⋮	⋮	⋮	⋮	⋮	⋮	⋮
	国家 T'	$X^{T'R}$	$X^{T'S}$	…	$X^{T'T}$	$X^{T'S'}$	…	$X^{T'T'}$	$Y^{T'R}$	$Y^{T'S}$	…	$Y^{T'T}$	$Y^{T'S'}$	…	$Y^{T'T'}$	$X^{T'}$
增加值		VA^{R}	VA^{S}	…	VA^{T}	$VA^{S'}$	…	$VA^{T'}$								
投入		X^{R}	X^{S}	…	X^{T}	$X^{S'}$	…	$X^{T'}$								

资料来源:笔者归纳总结而成。

如表 1-1 所示,R、S、T 为国内区域(domestic area),S' 、T' 为国家或地区(other countries or regions),中间使用部分为 $N\times N$ 矩阵,如 X^{RS} 表示区域 R 的 N 个行业对区域 S 的 N 个行业的中间品投入;最终使用部分为 $N\times 2$ 矩阵,如 Y^{RS} 表示区域 R 的 N 个行业对区域 S 的最终品(包括最终消费支出和资本形成总额)投入;总产出部分为 N 维列向量,如 X^{R} 表示区域 R 的 N 个行业的总产出水平;增加值及总投入部分则为 N 维行向量,如 VA^{R} 表示区域 R 的 N 个行业的增加值合计、X^{R} 表示区域 R 的 N 个行业的总投入水平。

因而,拓展后区域间投入产出模型的行模型为:

$$X^R = \sum_S X^{RS} + \sum_{S'} X^{RS'} + \sum_S Y^{RS} + \sum_{S'} Y^{RS'} \tag{1-1}$$

式(1-1)意味着区域 R 的总产出可以投入体为国内其他区域的中间品和最终产品,以及通过出口成为其他国家(地区)的中间品和最终产品。

同样,列模型可以表示为:

$$X^R = \sum_S X^{SR} + \sum_{S'} X^{S'R} + VA^R \tag{1-2}$$

式(1-2)意味着区域 R 的总投入包括国内各区域的中间投入、来自国外的进口中间品投入及最初投入(增加值)之和。

二、 双重价值链嵌入下的增加值分解模型

如何度量分工参与者在垂直专业化分工下的行为特征?现行国际统计核算体系更多以进出口规模来衡量一个国家和地区的全球价值链参与行为,但考虑到在当前全球生产网络体系下的两个特征事实:大规模中间品进出口和大量生产要素跨境流动,传统的总值统计核算方法往往导致下游加工制造国家(如中国和墨西哥)出口规模的"虚高",出现所谓的"所见非所得"现象(Koopman 等,2008),因而并不能有效适用全球价值链分工的核算。

利用投入产出模型进行增加值分解,能较为细致地刻画价值链的上下游垂直专业化分工关系。胡梅尔斯等(2001)利用多国投入产出数据剔除了重复计算的中间品贸易,把一国出口分解为国内增加值和国外增加值,被称为 HIY 法;多丹等(Daudin 等,2009)提出进口品中包含的增加值折返的测算方法,因而被称为 DFR 法;约翰逊等(Johnson 等,2012)从出口规模中分解出通过中间品进口国加工再次出口而间接实现的出口增加值部分。在此基础上,库普曼等(Koopman 等,2014)、王直等(2017a)对出口增加值进行了完全分解,KWW 法也成为全球价值链分工条件下出口增加值分解的主

流方法。

相对于全球价值链分工核算方法及多国投入产出数据的不断推进,国内价值链分工核算方法及区域间投入产出数据进展相对滞后,由此也阻碍了该领域研究的进一步深入。具体而言,对国内价值链分工的核算方法及经验研究可以分为三个阶段。

第一阶段主要聚焦中国区域间市场分割的相关研究,鉴于中国地方政府作为市场主体相互竞争及地方保护主义现象,扬(2000)、蓬塞(2003、2005)、白重恩等(2004)借鉴边境效应(border effect)的研究思路和方法,发现中国省级区域间存在严重的贸易壁垒和地方保护,其市场分割程度甚至高于欧盟成员国之间。国内学者桂琦寒等(2006)、陈敏等(2007)、陆铭和陈钊(2009)以商品零售价格指数省际差异度量国内市场分割,结论发现尽管存在明显的市场分割,但中国国内市场整合程度总体上呈现上升趋势。边境效应测度法及相对价格法间接测度了中国区域间垂直专业化分工水平,但并不能反映出区域间上下游投入产出关系的价值链分工特征。此外,以上两种方法更多测度的是区域间的市场分割或整合程度,对于行业层面的异质性则难以观测。

第二阶段为基于 HIY 法的国内价值链分工核算。基于胡梅尔斯等(2001)提出的投入产出分解法及垂直专业化分工(VS)指数,孟渤等(2012、2013)核算出中国各区域出口增加值,并进一步分析了各区域参与全球价值链的特征。张少军(2009)、张少军和刘志彪(2013a、2013b)利用投入产出方法定量分析了中国省级区域嵌入国内价值链及全球价值链问题,研究发现广东、江苏两省全球价值链嵌入程度明显高于国内价值链嵌入程度;中国目前形成的全球价值链和国内价值链之间存在着负相关关系,国内价值链并没有成功对接全球价值链。以上文献为国内价值链分工核算方法及经验研究提供了新的视角,但由于 HIY 法仅度量了后向关联方式的缺陷,基于 HIY 法的国内价值链分工核算并不能反映区域以前向关联方式参与国内价值链分工的情况，因而可能存在对中国中西部地区尤其是能源资源供应地区国内价值链嵌入程度的低估。

第三阶段为基于KWW法的国内价值链分工核算。对增加值完全分解的KWW法为国内价值链核算提供了很好的借鉴，国内外学者以此为工具从以下几个视角开展研究。

视角之一是出口增加值的地区层面分解。如倪红福和夏杰长（2016）构建了嵌入次区域的全球投入产出表，把中国出口增加值分解到区域层面。苏庆义（2016）构建了省级层面出口增加值的分解框架，对中国区域间投入产出表与世界投入产出表进行了行业匹配，从而把中国出口进一步分解到了省级层面。

视角之二是中国地区层面的全球价值链嵌入行为。如倪红福和夏杰长（2016）基于地区层面出口增加值核算，对中国各区域在全球价值链中的作用及其变化进行了实证分析。李跟强和潘文卿（2016）通过改进区域增加值分解框架，考虑到了区域双边流出中包括国内其他区域增加值及国外成分。孟渤等（2017a、2016b）进一步构建了嵌套全球价值链的国内区域间投入产出模型，把中国参与全球价值链的情况进一步深入到区域层面。

视角之三为中国地区间的垂直专业化分工。如黎峰（2016a、2016b）分别基于属权要素的国家价值链概念及属地要素的国内价值链概念，在对区域间投入产出模型改进基础上探讨了中国各区域间的垂直专业化分工关系。

以上文献为国家（区域）间价值链分工提供了很好的借鉴，然而考虑在双重价值链嵌入条件下，KWW法强调了全球价值链分工而忽略了国内价值链分工，并没有在区域层面剖析国内出口增加值的来源及实现方式；相反，李跟强和潘文卿（2016）虽考虑到了国内价值链分工中实现的区域增加值及国外增加值，但并没有对国内区域参与全球价值链产生的国内增加值做进一步分析。此外，以上文献仅涉及国家或区域整体层面，还没有深入到细分行业层面。鉴于此，本节借鉴王直等（2013）行业及双边层面的分解思路，在考虑区域双重价值链嵌入行为基础上建立增加值分解框架。

首先考虑国内流出情况,以区域 R 对区域 S 的国内流出为例,由于国内流出可以细分为中间品流出和最终品流出,即:

$$E^{RS} = \begin{pmatrix} a_{11}^{RS} & a_{12}^{RS} & \cdots & a_{1n}^{RS} \\ a_{21}^{RS} & a_{22}^{RS} & \cdots & a_{2n}^{RS} \\ \vdots & \vdots & \ddots & \vdots \\ a_{n1}^{RS} & a_{n2}^{RS} & \cdots & a_{nn}^{RS} \end{pmatrix} \begin{pmatrix} X_1^S \\ X_2^S \\ \vdots \\ X_n^S \end{pmatrix} + \begin{pmatrix} Y_1^{RS} \\ Y_2^{RS} \\ \vdots \\ Y_n^{RS} \end{pmatrix} \tag{1-3}$$

其中,a_{ij}^{RS} 表示区域 R 行业 i 对区域 S 行业 j 的直接消耗系数,X_i^S 为区域 S 行业 i 的总产出,Y_i^{RS} 表示区域 R 行业 i 对区域 S 的最终品投入。

为厘清中间品流出后的使用情况,可以对区域 S 的总产出按使用情况(包括对国内其他区域流出及对外出口)进行如下分类①:

$$X^S = X^{SS} + \sum_{T \neq S,R} X^{ST} + X^{SR} + X^{SS'} + \sum_{T' \neq S'} X^{ST'} \tag{1-4}$$

由于总产出与最终消费满足 $X = BY$,其中,B 为跨区域里昂剔夫逆矩阵。式(1-4)经过变形及归并可得②:

$$\begin{aligned} X^S = {} & B^{SS}Y^{SS} + B^{SS}\sum_{T \neq S,R} Y^{ST} + B^{SS}Y^{SR} + B^{SS}Y^{SW} + \sum_{T \neq S,R}\ \sum_{I \in D, I \neq R} B^{ST}Y^{TI} + \sum_{T \neq S,R} B^{ST}Y^{TR} + \\ & \sum_{T \neq S,R} B^{ST}Y^{TW} + B^{SR}Y^{RR} + B^{SR}\sum_{I \in D, I \neq R} Y^{RI} + B^{SR}Y^{RW} + B^{SS'}Y^{S'W} + B^{SS'}Y^{S'R} + \\ & B^{SS'}\sum_{I \in D, I \neq R} Y^{S'I} + \sum_{T' \neq S'} B^{ST'}Y^{T'W} + \sum_{T' \neq S'} B^{ST'}Y^{T'R} + \sum_{T' \neq S'}\ \sum_{I \in D, I \neq R} B^{ST'}Y^{T'I} \end{aligned} \tag{1-5}$$

因而,考虑到区域 R 对区域 S 的中间投入品的直接消耗系数矩阵 A^{RS} ,区域 R 对区域 S 的中间品流出为③:

$$\begin{aligned} A^{RS}X^S = {} & A^{RS}B^{SS}Y^{SS} + A^{RS}B^{SS}\sum_{T \neq S,R} Y^{ST} + A^{RS}B^{SS}Y^{SR} + A^{RS}B^{SS}Y^{SW} + A^{RS}\sum_{T \neq S,R}\ \sum_{I \in D, I \neq R} B^{ST}Y^{TI} + \\ & A^{RS}\sum_{T \neq S,R} B^{ST}Y^{TR} + A^{RS}\sum_{T \neq S,R} B^{ST}Y^{TW} + A^{RS}B^{SR}Y^{RR} + A^{RS}B^{SR}\sum_{I \in D, I \neq R} Y^{RI} + A^{RS}B^{SR}Y^{RW} + \end{aligned}$$

---

① 由于篇幅所限,下文开始以矩阵简写形式表示各种投入产出关系。

② 公式中的 D 表示国内各区域。

③ 公式中的 W 表示其他国家和地区。

$$A^{RS}B^{SS'}Y^{S'W}+A^{RS}B^{SS'}Y^{S'R}+A^{RS}B^{SS'}\sum_{I\in D,I\neq R}Y^{S'I}+A^{RS}\sum_{T'\neq S'}B^{ST'}Y^{T'W}+A^{RS}\sum_{T'\neq S'}B^{ST'}Y^{T'R}+$$
$$A^{RS}\sum_{T'\neq S'}\sum_{I\in D,I\neq R}B^{ST'}Y^{T'I} \tag{1-6}$$

此外,流入地区域 S 按照行模型又可以表示为:

$$X^{S}=A^{SS}X^{S}+A^{ST}\sum_{T\neq S,R}X^{T}+A^{SR}X^{R}+Y^{SS}+\sum_{T\neq S,R}Y^{ST}+Y^{SR}+A^{SS'}X^{S'}+\sum_{T'\neq S'}A^{ST'}X^{T'}+Y^{SS'}+\sum_{T'\neq S'}Y^{ST'}$$
$$=A^{SS}X^{S}+Y^{SS}+\sum_{T\neq S,R}E^{ST}+E^{SR}+E^{SS'}+\sum_{T'\neq S'}E^{ST'}=A^{SS}X^{S}+Y^{SS}+\sum_{N\in D,N\neq S}E^{SN}+E^{SW} \tag{1-7}$$

因而有:

$$A^{RS}X^{S}=A^{RS}L^{SS}Y^{SS}+A^{RS}L^{SS}\sum_{N\in D,N\neq S}E^{SN}+A^{RS}L^{SS}E^{SW} \tag{1-8}$$

其中,L 是本区域的里昂惕夫逆矩阵。此外,由于区域 R 产出中的中间品来源包括区域 R、区域 S、区域 T,以及国家 S' 、国家 T' ,因而有①:

$$V^{R}B^{RR}+V^{S}B^{SR}+\sum_{T\neq S,R}V^{T}B^{TR}+V^{S'}B^{S'R}+\sum_{T'\neq S'}V^{T'}B^{T'R}=V^{R}B^{RR}+\sum_{I\in D,I\neq R}V^{I}B^{IR}+\sum_{C'\in W}V^{C'}B^{C'R}=1 \tag{1-9}$$

其中,V 表示区域(国家)的直接增加值系数对角阵,由此区域 R 对区域 S 的中间品流出按增加值来源可表示为:

$$A^{RS}X^{S}=(V^{R}L^{RR})^{T}\#(A^{RS}X^{S})+(V^{R}B^{RR}-V^{R}L^{RR})^{T}\#(A^{RS}X^{S})+(V^{S}B^{SR})^{T}\#(A^{RS}X^{S})+$$
$$(\sum_{T\neq S,R}V^{T}B^{TR})^{T}\#(A^{RS}X^{S})+(V^{S'}B^{S'R})^{T}\#(A^{RS}X^{S})+(\sum_{T'\neq S'}V^{T'}B^{T'R})^{T}\#(A^{RS}X^{S})$$
$$=(V^{R}L^{RR})^{T}\#(A^{RS}X^{S})+(V^{R}B^{RR}-V^{R}L^{RR})^{T}\#(A^{RS}X^{S})+(\sum_{I\in D,I\neq R}V^{I}B^{IR})^{T}\#(A^{RS}X^{S})+$$
$$(\sum_{C'\in W}V^{C'}B^{C'R})^{T}\#(A^{RS}X^{S}) \tag{1-10}$$

其中,“ # ”表示矩阵点乘,结合式(1-6)、式(1-8)和式(1-10),经整理可得:

---

① 区域 R 的产出按增加值来源可分为三大类,一是本地增加值,二是国内其他区域增加值,三是其他国家增加值,为简化公式,把区域 S 和区域 T 统一以国内其他区域(I)表示,而国家 S' 、国家 T' 统一以其他国家(C')表示。

$$A^{RS}X^{S}=(V^{R}L^{RR})^{T}\#(A^{RS}B^{SS}Y^{SS})+(V^{R}L^{RR})^{T}\#(A^{RS}B^{SS}\sum_{T\neq S,R}Y^{ST})+(V^{R}L^{RR})^{T}\#(A^{RS}B^{SS}Y^{SW})$$
$$+(V^{R}L^{RR})^{T}\#(A^{RS}\sum_{T\neq S,R}\sum_{I\in D,I\neq R}B^{ST}Y^{TI})+(V^{R}L^{RR})^{T}\#(A^{RS}\sum_{T\neq S,R}B^{ST}Y^{TW})+(V^{R}L^{RR})^{T}\#(A^{RS}\sum_{S'}\sum_{I\in D,I\neq R}B^{SS'}Y^{S'I})$$
$$+(V^{R}L^{RR})^{T}\#(A^{RS}\sum_{S'}B^{SS'}Y^{S'W})+(V^{R}L^{RR})^{T}\#(A^{RS}B^{SS}Y^{SR})+(V^{R}L^{RR})^{T}\#(A^{RS}\sum_{T\neq S,R}B^{ST}Y^{TR})$$
$$+(V^{R}L^{RR})^{T}\#(A^{RS}\sum_{S'}B^{SS'}Y^{S'R})+(V^{R}L^{RR})^{T}\#(A^{RS}B^{SR}Y^{RR})+(V^{R}L^{RR})^{T}\#(A^{RS}B^{SR}\sum_{I\in D,I\neq R}Y^{RI})$$
$$+(V^{R}L^{RR})^{T}\#(A^{RS}B^{SR}Y^{RW})+(V^{R}B^{RR}-V^{R}L^{RR})^{T}\#(A^{RS}X^{S})+(\sum_{I\in D,I\neq R}V^{I}B^{IR})^{T}\#(A^{RS}L^{SS}Y^{SS})$$
$$+(\sum_{I\in D,I\neq R}V^{I}B^{IR})^{T}\#(A^{RS}L^{SS}\sum_{N\in D,N\neq S}E^{SN})+(\sum_{I\in D,I\neq R}V^{I}B^{IR})^{T}\#(A^{RS}L^{SS}E^{SW})+(\sum_{C'\in W}V^{C'}B^{C'R})^{T}\#(A^{RS}L^{SS}Y^{SS})$$
$$+(\sum_{C'\in W}V^{C'}B^{C'R})^{T}\#(A^{RS}L^{SS}\sum_{N\in D,N\neq S}E^{SN})+(\sum_{C'\in W}V^{C'}B^{C'R})^{T}\#(A^{RS}L^{SS}E^{SW})\qquad(1-11)$$

同样根据式(1-9),区域 R 对区域 S 的最终品流出按增加值来源可表示为:

$$Y^{RS}=(V^{R}L^{RR})^{T}\#Y^{RS}+(V^{S}B^{SR})^{T}\#Y^{RS}+(\sum_{T\neq S,R}V^{T}B^{TR})^{T}\#Y^{RS}+(V^{S'}B^{S'R})^{T}\#Y^{RS}+(\sum_{T'\neq S'}V^{T'}B^{T'R})^{T}\#Y^{RS}$$
$$=(V^{R}L^{RR})^{T}\#Y^{RS}+(\sum_{I\in D,I\neq R}V^{I}B^{IR})^{T}\#Y^{RS}+(\sum_{C'\in W}V^{C'}B^{C'R})^{T}\#Y^{RS}\qquad(1-12)$$

因而,把式(1-11)和式(1-12)代入式(1-3)并简单归并及分类,可以得出区域 R 对区域 S 国内流出的完全增加值分解结果,即:

$$E^{RS}={}_{1}(V^{R}L^{RR})^{T}\#Y^{RS}+{}_{2}(V^{R}L^{RR})^{T}\#(A^{RS}B^{SS}Y^{SS})+{}_{3}(V^{R}L^{RR})^{T}\#(A^{RS}B^{SS}\sum_{T\neq S,R}Y^{ST})+{}_{4}(V^{R}L^{RR})^{T}\#(A^{RS}B^{SS}Y^{SW})$$
$$+{}_{5}(V^{R}L^{RR})^{T}\#(A^{RS}\sum_{T\neq S,R}\sum_{I\in D,I\neq R}B^{ST}Y^{TI})+{}_{6}(V^{R}L^{RR})^{T}\#(A^{RS}\sum_{T\neq S,R}B^{ST}Y^{TW})$$
$$+{}_{7}(V^{R}L^{RR})^{T}\#(A^{RS}\sum_{S'}\sum_{I\in D,I\neq R}B^{SS'}Y^{S'I})+{}_{8}(V^{R}L^{RR})^{T}\#(A^{RS}\sum_{S'}B^{SS'}Y^{S'W})+{}_{9}(V^{R}L^{RR})^{T}\#(A^{RS}B^{SS}Y^{SR})$$
$$+{}_{10}(V^{R}L^{RR})^{T}\#(A^{RS}\sum_{T\neq S,R}B^{ST}Y^{TR})+{}_{11}(V^{R}L^{RR})^{T}\#(A^{RS}\sum_{S'}B^{SS'}Y^{S'R})+{}_{12}(V^{R}L^{RR})^{T}\#(A^{RS}B^{SR}Y^{RR})$$
$$+{}_{13}(V^{R}L^{RR})^{T}\#(A^{RS}B^{SR}\sum_{I\in D,I\neq R}Y^{RI})+{}_{14}(V^{R}L^{RR})^{T}\#(A^{RS}B^{SR}Y^{RW})+{}_{15}(V^{R}B^{RR}-V^{R}L^{RR})^{T}\#(A^{RS}X^{S})$$
$$+{}_{16}(\sum_{I\in D,I\neq R}V^{I}B^{IR})^{T}\#Y^{RS}+{}_{17}(\sum_{I\in D,I\neq R}V^{I}B^{IR})^{T}\#(A^{RS}L^{SS}Y^{SS})+{}_{18}(\sum_{I\in D,I\neq R}V^{I}B^{IR})^{T}\#(A^{RS}L^{SS}\sum_{N\in D,N\neq S}E^{SN})$$
$$+{}_{19}(\sum_{I\in D,I\neq R}V^{I}B^{IR})^{T}\#(A^{RS}L^{SS}E^{SW})+{}_{20}(\sum_{C'\in W}V^{C'}B^{C'R})^{T}\#Y^{RS}+{}_{21}(\sum_{C'\in W}V^{C'}B^{C'R})^{T}\#(A^{RS}L^{SS}Y^{SS})$$
$$+{}_{22}(\sum_{C'\in W}V^{C'}B^{C'R})^{T}\#(A^{RS}L^{SS}\sum_{N\in D,N\neq S}E^{SN})+{}_{23}(\sum_{C'\in W}V^{C'}B^{C'R})^{T}\#(A^{RS}L^{SS}E^{SW})\qquad(1-13)$$

由式(1-13)可见,区域 R 对区域 S 的国内流出 E^{RS} 按照使用去向大致可以分解为 5 类 23 项,其中:

第一类(项 1 和项 2)为被区域 S 直接吸收的产出中属于区域 R 的增加值部分,即区域 R 对区域 S 的国内流出直接实现的区域增加值(Direct Value-added Outflow,dv)。其中项 1 是通过最终品流出直接实现的区域增加值($dv1$)①,而项 2 是通过中间品流出直接实现的区域增加值($dv2$)②。

第二类(项 3—项 8)为区域 R 通过对区域 S 中间品流出而间接实现的区域增加值(Indirect Value-added Outflow,iv)。③ 项 3、项 4 是区域 S 把流入中间品生产为最终品并再次流出或出口($iv1$),其中项 3 是通过国内循环而间接实现的区域增加值($iv1n$),项 4 是通过外部循环而间接实现的区域增加值($iv1g$);项 5—项 8 是区域 S 把流入中间品加工后以中间品形式再次流出或出口($iv2$),其中项 5 是通过国内循环而间接实现的区域增加值($iv2n$),项 6—项 8 是通过外部循环而间接实现的区域增加值($iv2g$)。

第三类(项 9—项 12)为区域 R 的产出经区域 S 加工后再次以最终品或中间品形式返回的区域增加值折返部分(Value-added Returns,vr)。④ 项 9—项 11 为以最终品形式返回的增加值折返部分($vr1$),其中项 9 和项 10 是通过国内循环实现的增加值折返($vr1n$),而项 11 借助了外部循环体系($vr1g$);项 12 则是以中间品形式通过国内循环实现的增加值折返部分($vr2$)。

第四类(项 16—项 23)为区域 R 的生产过程中由于使用了其他区域或进口中间品,而属于区外的增加值部分(Foreign Value-added,fv)。⑤ 项 16—项 19 属于国内其他区域增加值($fv1$),其中项 16—项 18 是通过国内循环实现的

---

① 类似 Wang 等(2017a、2017b)的传统出口前向参与(DVA_RT),差别在于这里核算的是国内区域间垂直专业化分工。

② 类似 Wang 等(2017a、2017b)的浅度全球价值链前向参与(DVA_GVC_R),差别在于这里核算的是国内区域间垂直专业化分工。

③ 类似 Wang 等(2017a、2017b)的深度全球价值链前向参与(DVA_GVC_F)的生产跨境两次以上且不折返情况,差别在于这里同时涵盖了国内垂直专业化分工和国际垂直专业化分工。

④ 类似 Wang 等(2017a、2017b)的深度全球价值链前向参与(DVA_GVC_F)的生产跨境两次以上并且折返情况,差别在于这里同时涵盖了国内垂直专业化分工和国际垂直专业化分工。

⑤ 类似 Wang 等(2017a、2017b)的深度全球价值链后向参与(FDY_GVC_F),差别在于这里同时涵盖了国内垂直专业化分工和国际垂直专业化分工。

其他区域增加值(*fv1n*),项 19 为通过外部循环实现的其他区域增加值(*fv1g*),而项 20—项 23 属于国外增加值(*fv2*)。

第五类(项 13—项 15)则为由于中间品多次跨区域流动而出现的重复计算部分(Double Counting,*dc*)①,其中项 13 是通过国内循环实现的重复计算部分(*dcn*),项 14 则表示包含了外部循环实现的重复计算部分(*dcg*)②。

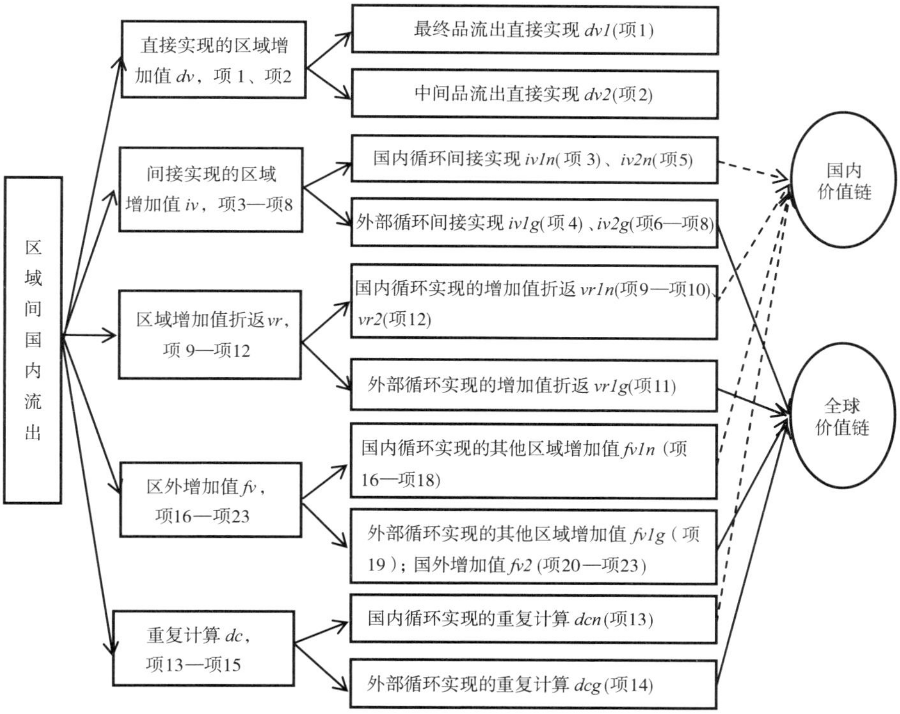

图 1-3　区域间国内流出的增加值分解

资料来源:笔者归纳总结而成。

结合全球价值链及国内价值链的内涵及边界,在区域 *R* 对区域 *S* 的国内

① 该部分实际上仍属于区域增加值折返概念,由于折返后并非由中间品原提供地最终吸收,因而归类为重复计算的区域增加值。

② 项 15 表示流出中间品返回后再度用于加工中间品,其后续流向仍有多种可能,按用途分解会导致无穷循环,为简便起见,该部分不做进一步分解。

流出中，如图 1-3 所示，项 3、项 5、项 9 和项 10、项 12 为嵌入国内价值链分工实现的区域 R 增加值；项 16—项 18 是嵌入国内价值链分工实现的国内其他区域增加值。项 4、项 6—项 8、项 11 属于嵌入全球价值链分工实现的区域 R 增加值；项 19 为嵌入全球价值链分工实现的国内其他区域增加值；而项 20—项 23 是嵌入全球价值链分工实现的外国增加值。

就各区域嵌入全球价值链的形式而言，项 4、项 6—项 8、项 11 反映区域 R 嵌入全球价值链链条二的情况；项 19 反映的是其他区域嵌入全球价值链链条二的情况；项 20—项 23 反映区域 R 嵌入全球价值链链条三的情况；而项 21—项 23 同时又是其他区域嵌入全球价值链链条四的情况。至于重复计算部分，项 13 是嵌入国内价值链分工产生的重复计算，项 14 为嵌入全球价值链分工产生的重复计算。

其次，考虑区域出口情况，以区域 R 对国家 S' 的出口 $E^{RS'}$ 为例：

$$
\begin{aligned}
E^{RS'} &= {}_{24}(V^R L^{RR})^T \# Y^{RS'} + {}_{25}(V^R L^{RR})^T \# (A^{RS'} B^{S'S'} Y^{S'S'}) + {}_{26}(V^R L^{RR})^T \# (A^{RS'} B^{S'S'} \sum_{I \in D, I \neq R} Y^{S'I}) \\
&+ {}_{27}(V^R L^{RR})^T \# (A^{RS'} B^{S'S'} \sum_{T' \neq S'} Y^{S'T'}) + {}_{28}(V^R L^{RR})^T \# (A^{RS'} \sum_{S} \sum_{I \in D, I \neq R} B^{S'S} Y^{SI}) \\
&+ {}_{29}(V^R L^{RR})^T \# (A^{RS'} \sum_{S} \sum_{I \in D, I \neq R} B^{S'S} Y^{SW}) + {}_{30}(V^R L^{RR})^T \# (A^{RS'} \sum_{T' \neq S'} \sum_{I \in D, I \neq R} B^{S'T'} Y^{T'I}) \\
&+ {}_{31}(V^R L^{RR})^T \# (A^{RS'} \sum_{T' \neq S'} B^{S'T'} Y^{T'W}) + {}_{32}(V^R L^{RR})^T \# (A^{RS'} B^{S'S'} Y^{S'R}) \\
&+ {}_{33}(V^R L^{RR})^T \# (A^{RS'} \sum_{S} \sum_{I \in D, I \neq R} B^{S'S} Y^{SR}) + {}_{34}(V^R L^{RR})^T \# (A^{RS'} \sum_{T' \neq S'} B^{S'T'} Y^{T'R}) \\
&+ {}_{35}(V^R L^{RR})^T \# (A^{RS'} B^{S'R} Y^{RR}) + {}_{36}(V^R L^{RR})^T \# (A^{RS'} B^{S'R} \sum_{I \in D, I \neq R} Y^{RI}) \\
&+ {}_{37}(V^R L^{RR})^T \# (A^{RS'} B^{S'R} Y^{RW}) + {}_{38}(V^R B^{RR} - V^R L^{RR})^T \# (A^{RS'} X^{S'}) \\
&+ {}_{39}(\sum_{I \in D, I \neq R} V^I B^{IR})^T \# Y^{RS'} + {}_{40}(\sum_{I \in D, I \neq R} V^I B^{IR})^T \# (A^{RS'} L^{S'S'} Y^{S'S'}) \\
&+ {}_{41}(\sum_{I \in D, I \neq R} V^I B^{IR})^T \# (A^{RS'} L^{S'S'} E^{S'D}) + {}_{42}(\sum_{I \in D, I \neq R} V^I B^{IR})^T \# (A^{RS'} L^{S'S'} \sum_{T' \neq S'} E^{S'T'}) \\
&+ {}_{43}(\sum_{C' \in W} V^{C'} B^{C'R})^T \# Y^{RS'} + {}_{44}(\sum_{C' \in W} V^{C'} B^{C'R})^T \# (A^{RS'} L^{S'S'} Y^{S'S'}) \\
&+ {}_{45}(\sum_{C' \in W} V^{C'} B^{C'R})^T \# (A^{RS'} L^{S'S'} E^{S'D}) + {}_{46}(\sum_{C' \in W} V^{C'} B^{C'R})^T \# (A^{RS'} L^{S'S'} \sum_{T' \neq S'} E^{S'T'}) \qquad (1-14)
\end{aligned}
$$

同样,式(1-14)意味着区域 R 对国家 S' 的出口可以分解为 5 类 23 项,其中:

第一类(项 24 和项 25)是区域 R 通过对国家 S' 出口直接实现的增加值(Direct Value-added, dv')。其中项 24 是通过最终品出口直接实现的区域增加值($dv1'$),而项 25 则是通过中间品出口直接实现的区域增加值($dv2'$)。

第二类(项 26—项 31)是区域 R 通过对国家 S' 中间品出口而间接实现的区域增加值(Indirect Value-added, iv')。项 26、项 27 是国家 S' 把流入中间品生产为最终品并再次出口($iv1'$);项 28—项 31 是国家 S' 把流入中间品加工后以中间品形式再次出口($iv2'$)。

第三类(项 32—项 35)为区域 R 的产出经国家 S' 加工后再次以最终品或中间品形式返回的区域增加值折返部分(Value-added Returns, vr')。项 32—项 34 为以最终品形式返回的增加值折返部分($vr1'$),项 35 则是以中间品形式返回的增加值折返部分($vr2'$)。

第四类(项 39—项 46)为区域 R 对国家 S' 出口包含的区外增加值(Foreign Value-added, fv')。项 39—项 42 是通过区域 R 对国家 S' 出口实现的国内其他区域增加值($fv1'$),项 43—项 46 是包含在区域 R 对国家 S' 出口中的国外(包括直接进口国 S' 及其他国家)增加值($fv2'$)。

第五类(项 36—项 38)为由于中间品多次跨区域流动而出现的重复计算部分(Double Counting, dc')。

同样如图 1-4 所示,在区域 R 对国家 S' 的出口中,项 26—项 45 为区域 R 参加全球价值链分工实现的各类增加值,其中项 26—项 35、项 39—项 42 分别属于区域 R 及国内其他区域的增加值,项 43—项 46 则是其他国家的增加值。就各区域嵌入全球价值链的形式而言,项 26—项 38 反映区域 R 嵌入全球价值链链条一的情况,项 39—项 42 是国内其他区域嵌入全球价值链链条二的行为,项 43—项 46 属于区域 R 嵌入全球价值链链条三的特征。

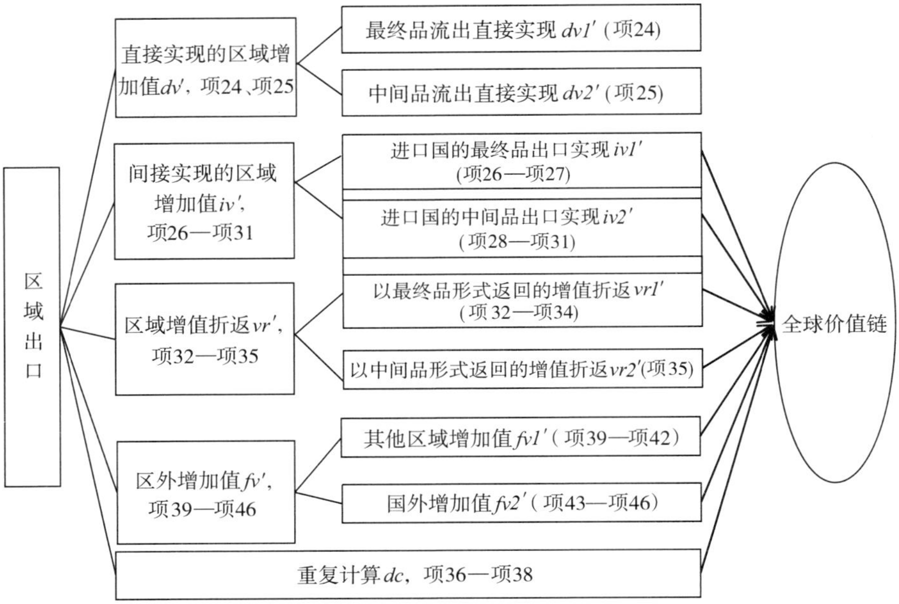

图 1-4　区域出口的增加值分解

资料来源：笔者归纳总结而成。

第三节　省级区域双重价值链嵌入的数据匹配

为深入研究区域的双重价值链嵌入行为，有必要对区域间投入产出数据与国家间投入产出数据进行有效匹配。中国区域间投入产出表由中国科学院区域可持续发展分析与模拟重点实验室编制，世界投入产出表由欧盟若干大学、研究机构共同编制，两者在行业分类及计价单位方面存在不一致，此外，中国区域投入产出表中的各区域行业层面的进出口并没有细化对应到具体国家（地区）行业层面，需要通过适当方法进行匹配。

第一，将中国区域投入产出表与世界投入产出表的行业分类相匹配。如表 1-2 所示，参照孟渤等（2013、2017）、苏庆义（2016）、潘文卿和李跟强（2017）的方法将中国区域投入产出表与世界投入产出表中投入产出数据进行行业归并,得到 17 个匹配行业部门。

表 1-2　中国区域投入产出表与世界投入产出表的行业匹配对照表

行业	匹配表	中国区域投入产出表	世界投入产出表
1	农林牧渔业	1-农林牧渔业	C1-农林牧渔业
2	资源采掘业	2-煤炭开采和洗选业;3-石油和天然气开采业;4-金属矿采选业;5-非金属矿及其他矿采选业	C2-采掘业
3	食品制造及烟草加工业	6-食品制造及烟草加工业	C3-食品饮料烟草加工业
4	纺织服装业	7-纺织业;8-纺织服装鞋帽皮革羽绒及其制品业	C4-纺织及制品业;C5-皮革毛皮及制鞋业
5	木材加工及家具制造业	9-木材加工及家具制造业	C6-木材及制品业
6	造纸印刷及文教体育用品制造业	10-造纸印刷及文教体育用品制造业	C7-造纸纸制品及印刷业
7	石油加工、炼焦及核燃料加工业	11-石油加工、炼焦及核燃料加工业	C8-石油加工炼焦及核燃料加工业
8	化学工业	12-化学工业	C9-化学原料及制品业;C10-橡胶和塑料制品业
9	非金属矿物制品业	13-非金属矿物制品业	C11-非金属矿物制品业
10	金属及制品业	14-金属冶炼及压延加工业;15-金属制品业	C12-金属压延及制品业
11	通用专用设备制造业	16-通用、专用设备制造业	C13-通用及专用设备制造业
12	电子光学及仪器仪表制造业	18-电气机械及器材制造业;19-通信设备、计算机及其他电子设备制造业;20-仪器仪表及文化办公用机械制造业	C14-电子及光学设备制造业
13	交通运输设备制造业	17-交通运输设备制造业	C15-交通运输设备制造业
14	其他制造业	21-资源综合利用	C16-资源综合利用
15	电力燃气水供应	22-电力、热力的生产和供应业;23-燃气及水的生产与供应业	C17-电力燃气水供应
16	建筑业	24-建筑业	C18-建筑业

续表

行业	匹配表	中国区域投入产出表	世界投入产出表
17	服务业	25-交通运输及仓储业;26-批发零售业;27-住宿餐饮业;28-租赁和商业服务业;29-研究与试验发展业;30-其他服务业	C19-机械维修;C20-批发;C21-零售;C22-住宿餐饮;C23-公路交通;C24-水运;C25-航空运输;C26-其他交通运输辅助及旅游;C27-邮政通信;C28-金融;C29-房地产;C30-商务租赁;C31-公共管理及社会保障;C32-教育;C33-健康及社会工作;C34-其他社区、社会及个人服务;C35-私人家庭服务

资料来源:笔者归纳整理。

第二,将中国区域投入产出表与世界投入产出表的统计口径相匹配。由于涉及行业分类的归并,对于中国区域投入产出表中区域产出的国内使用(包括本区域各部门中间品使用、其他部门中间品使用、本区域最终产品使用和其他区域最终产品使用①),综合其分布比重及世界投入产出表的中国国内部门间相互投入数据,计算出与世界投入产出表统计口径匹配的区域间各部门投入产出数据的估计值 xe_{ij}^{RS} 、ye_{ik}^{RS} 、Xe_i^R 和 VAe_j^R ,即:

$$xe_{ij}^{RS} = \sum_i \sum_j x_{ij}^{CC} \cdot \frac{x_{ij}^{RS}}{\sum_R \sum_S \sum_i \sum_j x_{ij}^{RS}} \tag{1-15}$$

$$ye_{ik}^{RS} = \sum_i \sum_k y_{ik}^{CC} \cdot \frac{y_{ik}^{RS}}{\sum_R \sum_S \sum_i \sum_k y_{ik}^{RS}} \tag{1-16}$$

$$Xe_i^R = \sum_i X_i^C \cdot \frac{X_i^R}{\sum_R \sum_i X_i^R} \tag{1-17}$$

① 最终品的匹配思路为:中国区域投入产出表中的最终品使用分为最终消费支出(FU)和资本形成总额(GCF)两种渠道,而世界投入产出表中的最终品使用途径包括私人最终消费支出(C37)、非营利组织最终消费支出(C38)、政府最终消费支出(C39)、资本形成总额(C41)和存货变动(C42)。因而中国区域投入产出表中的最终消费支出(FU)与世界投入产出表中的C37—C39项匹配为最终消费支出,而中国区域投入产出表中的资本形成总额(GCF)与世界投入产出表中的C41项匹配为资本形成总额。

$$VAe_j^R = \sum_j VA_j^C \cdot \frac{VA_j^R}{\sum_R \sum_j VA_j^R} \tag{1-18}$$

其中,式(1-15)—式(1-18)中等式右边的 x_{ij}^{CC}、y_{ik}^{CC}、X_i^C、VA_j^C 均为世界投入产出表的中国行业层面数据,而比值数据均来自中国区域投入产出表中的省级区域行业层面流量数据。

第三,利用中国海关数据库,捕捉中国省级行业层面对主要经济体①的进出口贸易信息。借鉴盛斌(2002)、周申(2006)的做法,通过中国海关数据库 HS 编码进行行业匹配,在此基础上按照生产地区(出口)/消费地区(进口)②进行省级区域匹配③。在此基础上,参照国际上通用的 BEC 标准产品分类编码筛选中间品和最终品。其中,BEC 代码为"111""121""21""22""31""322""42""53"④等八类属于中间产品,利用中国海关数据库 HS 编码与 BEC 编码的对应,可以计算出中国省级行业层面对主要经济体的中间品及最终品进出口贸易规模。

在以上工作基础上,借鉴孟渤等(2013)的做法,按照世界投入产出表的中国与各经济体行业间相互投入流量数据,以及海关数据库中各省级区域行业层面的中间品与最终品出口占比系数,核算出匹配表的各省级区域对各经济体行业间出口流量的估计值 $xe_{ij}^{RS'}$ 和 $ye_{ik}^{RS'}$,即:

---

① 世界投入产出表中包含 41 个国家和地区,为简便起见,在匹配过程中归并为 13 个经济体,即中国、澳大利亚、巴西、俄罗斯、加拿大、美国、墨西哥、韩国、日本、中国台湾地区、印度、欧盟和其他地区。

② 在中国海关数据库中,首先根据生产地区(出口)/消费地区(进口)指标中包含的省级名称(如北京市、河北省等)进行筛选和区域划分。其次,对未包含省级名称字眼(主要包括各开放载体,尤其是国家级开发区、高新区、保税区、工业园区等)的出口交易进行省级区域划分。

③ 按照该方法,在 2010 年中国海关数据库的 11982945 项出口交易中,有 11740980 项被归并到省级部门层面,进而与中国省级行业相匹配,匹配率达到 97.98%。

④ 根据 Intermediate Goods Classified under the Broad Economic Categories(BEC),"111"代表主要用于工业生产的基础食品和饮料;"121"代表主要用于工业生产的加工食品和饮料;"21"代表基础的工业物资;"22"代表加工的工业物资;"31"代表基础燃料和润滑油;"322"代表其他加工燃料和润滑油;"42"代表资本品的零部件(运输机器设备除外);"53"代表运输机器设备的零部件及类产品。

$$xe_{ij}^{RS'} = x_{ij}^{CS'} \cdot \frac{x_i^{RS'}}{\sum_R x_i^{RS'}} \tag{1-19}$$

$$ye_{ik}^{RS'} = y_{ik}^{CS'} \cdot \frac{y_i^{RS'}}{\sum_R y_i^{RS'}} \tag{1-20}$$

其中,式(1-19)、式(1-20)中等式右边的 $x_{ij}^{CS'}$ 、$y_{ik}^{CS'}$ 为世界投入产出表的中国与各经济体行业间中间品与最终品投入数据,比值数据来自海关数据库整理后得到的中国省级区域行业层面对主要经济体的出口贸易信息。由于服务贸易数据在海关数据库中无法获得,这里的比值数据采用的是制造业的加权平均值,权重为省级区域各制造业部门的出口占比。

对于各省级区域行业的进口数据匹配,同样采用世界投入产出表的中国与各经济体行业间相互投入流量数据,以及海关数据库中各省级区域行业层面的中间品与最终品进口占比系数。此外由于涉及进口品在国内各省级区域行业间的利用,这里同时还考虑国内各省级区域行业间的流量关系,由此核算出匹配表的各省级区域对各经济体行业间进口流量的估计值 $xe_{ji}^{S'R}$ 和 $ye_{jk}^{S'R}$,即:

$$xe_{ij}^{S'R} = \left(\sum_j x_{ij}^{S'C} \cdot \frac{x_i^{S'R}}{\sum_R x_i^{S'R}}\right) \cdot \frac{\sum_S x_{ij}^{SR}}{\sum_S \sum_j x_{ij}^{SR}} \tag{1-21}$$

$$ye_{ik}^{S'R} = \left(\sum_k y_{ik}^{S'C} \cdot \frac{y_i^{S'R}}{\sum_R y_i^{S'R}}\right) \cdot \frac{\sum_S y_{ik}^{SR}}{\sum_S \sum_k y_{ik}^{SR}} \tag{1-22}$$

其中,式(1-21)、式(1-22)中等式右边的 $x_{ij}^{S'C}$ 、$y_{ik}^{S'C}$ 为世界投入产出表的各经济体与中国行业间中间品与最终品投入数据,第一个比值数据来自海关数据库整理后得到的中国省级区域行业层面对主要经济体的出口贸易信息,第二个比值数据来自中国区域投入产出表中的各省级区域行业对国内中间品及最终品需求信息。

第四,在综合上述中国各省级区域行业间、各省级区域与各经济体行业层面中间品及最终品投入产出流量估计值基础上,根据投入产出表的特征,借鉴库普曼等(2008)、孟渤等(2013)、马弘等(Ma 等,2015)的思路,建立估计值与实际值偏误最小化的线性规划模型,进而求解出上述未知参数的修正值 x_{ij}^{RS} 、y_{ik}^{RS} 、X_i^R 、VA_j^R 、$x_{ij}^{RS'}$ 、$y_{ik}^{RS'}$ 、$xe_{ij}^{S'R}$ 和 $ye_{ik}^{S'R}$ 。

$$\begin{aligned}\mathrm{Min}D = & \sum_R\sum_S\sum_i\sum_j[(x_{ij}^{RS}-xe_{ij}^{RS})^2/xe_{ij}^{RS}] + \sum_R\sum_S\sum_i\sum_k[(y_{ik}^{RS}-ye_{ik}^{RS})^2/ye_{ik}^{RS}] + \\ & \sum_R\sum_i[(X_i^R-Xe_i^R)^2/Xe_i^R] + \sum_R\sum_j[(VA_j^R-VAe_j^R)^2/VAe_j^R] + \\ & \sum_R\sum_{S'}\sum_i\sum_j[(x_{ij}^{RS'}-xe_{ij}^{RS'})^2/xe_{ij}^{RS'}] + \sum_R\sum_{S'}\sum_i\sum_k[(y_{ik}^{RS'}-ye_{ik}^{RS'})^2/ye_{ik}^{RS'}] + \\ & \sum_{S'}\sum_R\sum_i\sum_j[(x_{ij}^{S'R}-xe_{ij}^{S'R})^2/xe_{ij}^{S'R}] + \sum_{S'}\sum_R\sum_i\sum_k[(y_{ik}^{S'R}-ye_{ik}^{S'R})^2/ye_{ik}^{S'R}]\end{aligned} \tag{1-23}$$

st:

$$\sum_S\sum_j xe_{ij}^{RS} = \sum_j x_{ij}^{CC}\cdot\frac{\sum_S\sum_j x_{ij}^{RS}}{\sum_R\sum_S\sum_j x_{ij}^{RS}} \tag{1-24}$$

$$\sum_R\sum_i xe_{ij}^{RS} = \sum_i x_{ij}^{CC}\cdot\frac{\sum_R\sum_i x_{ij}^{RS}}{\sum_R\sum_S\sum_i x_{ij}^{RS}} \tag{1-25}$$

$$\sum_R\sum_S xe_{ij}^{RS} = x_{ij}^{CC} \tag{1-26}$$

$$\sum_i\sum_j xe_{ij}^{RS} = \sum_i\sum_j x_{ij}^{CC}\cdot\frac{\sum_i\sum_j x_{ij}^{RS}}{\sum_R\sum_S\sum_i\sum_j x_{ij}^{RS}} \tag{1-27}$$

$$\sum_S\sum_k ye_{ik}^{RS} = \sum_k y_{ik}^{CC}\cdot\frac{\sum_S\sum_k y_{ik}^{RS}}{\sum_R\sum_S\sum_k y_{ik}^{RS}} \tag{1-28}$$

$$\sum_R\sum_i ye_{ik}^{RS} = \sum_i y_{ik}^{CC}\cdot\frac{\sum_R\sum_i y_{ik}^{RS}}{\sum_R\sum_S\sum_i y_{ik}^{RS}} \tag{1-29}$$

$$\sum_R\sum_S ye_{ik}^{RS} = y_{ik}^{CC} \tag{1-30}$$

$$\sum_{i}\sum_{k} ye_{ik}^{RS} = \sum_{i}\sum_{k} y_{ik}^{CC} \cdot \frac{\sum_{i}\sum_{k} y_{ik}^{RS}}{\sum_{R}\sum_{S}\sum_{i}\sum_{k} y_{ik}^{RS}} \tag{1-31}$$

$$\sum_{R} Xe_{i}^{R} = X_{i}^{C} \tag{1-32}$$

$$\sum_{R} VAe_{j}^{R} = VA_{j}^{C} \tag{1-33}$$

$$\sum_{S'}\sum_{j} xe_{ij}^{RS'} = \sum_{S'}\sum_{j} x_{ij}^{CS'} \cdot \frac{\sum_{S'} x_{i}^{RS'}}{\sum_{R}\sum_{S'} x_{i}^{RS'}} \tag{1-34}$$

$$\sum_{R}\sum_{i} xe_{ij}^{RS'} = \sum_{i} x_{ij}^{CS'} \tag{1-35}$$

$$\sum_{S'}\sum_{k} ye_{ik}^{RS'} = \sum_{S'}\sum_{k} y_{ik}^{CS'} \cdot \frac{\sum_{S'} y_{i}^{RS'}}{\sum_{R}\sum_{S'} y_{i}^{RS'}} \tag{1-36}$$

$$\sum_{R}\sum_{i} ye_{ik}^{RS'} = \sum_{i} y_{ik}^{CS'} \tag{1-37}$$

$$\sum_{R}\sum_{j} xe_{ij}^{S'R} = \sum_{j} x_{ij}^{S'C} \tag{1-38}$$

$$\sum_{R}\sum_{k} ye_{ik}^{S'R} = \sum_{k} y_{ik}^{S'C} \tag{1-39}$$

$$Xe_{i}^{R} = \sum_{S}\sum_{j} xe_{ij}^{RS} + \sum_{S'}\sum_{j} xe_{ij}^{RS'} + \sum_{S}\sum_{k} ye_{ik}^{RS} + \sum_{S'}\sum_{k} ye_{ik}^{RS'} \tag{1-40}$$

$$Xe_{j}^{R} = \sum_{S}\sum_{i} xe_{ij}^{SR} + \sum_{S'}\sum_{i} xe_{ij}^{S'R} + VAe_{j}^{R} \tag{1-41}$$

其中,约束式(1-24)—式(1-33)刻画了省级区域间行业层面投入产出的平衡,约束式(1-34)—式(1-39)反映了各省级区域与各经济体行业层面投入产出的平衡,约束式(1-40)、式(1-41)分别表示拓展后区域投入产出表的行平衡与列平衡。

至此,综合利用中国区域投入产出表、世界投入产出表及中国海关数据库的信息,大致将区域间相互投入产出数据与世界投入产出表统计口径相匹配,同时把各区域行业进出口数据细化至对其他 12 个经济体行业层面的中间品和最终品进出口,从而实现了中国区域投入产出表与世界投入产出表的匹配。

第四节　省级区域双重价值链嵌入的统计核算分析

在构建双重价值链嵌入下的增加值分解框架及数据匹配基础上,本节进一步构建统计指标进行统计描述与分析。

一、中国省级区域的增加值分解

按照以上思路和方法对 2002 年、2007 年和 2010 年中国 30 个省级区域 17 个行业的国内流出及出口进行分解,选取产出、国内流出及出口份额较大的电子光学及仪器仪表制造业为例,对双重价值链嵌入下的中国各区域角色进行统计分析。

(一)增加值实现形式分析

表 1-3 呈现了 2010 年中国各省级区域电子光学及仪器仪表制造行业国内流出及出口的增加值分解情况,从中可以得出以下结论。

表 1-3　2010 年中国各省级区域电子光学及仪器仪表制造行业国内流出及出口的增加值分解

(单位:%)

省份	国内流出分解									出口分解				
	dv	国内价值链				全球价值链				dv′	全球价值链			
		iv1n+iv2n	vr1n+vr2	fv1n	dcn	iv1g+iv2g	vr1g	fv1g+fv2	dcg		iv′	vr′	fv′	dc′
北京	69.937	5.941	0.129	15.138	4.595	0.582	0.006	3.620	0.053	68.917	6.353	0.026	15.477	9.227
天津	62.830	17.381	0.893	7.161	2.603	5.391	0.012	3.511	0.219	69.137	13.169	0.077	14.318	3.299
河北	74.607	10.186	0.666	7.069	2.538	2.108	0.083	2.710	0.033	74.127	14.594	0.034	9.693	1.553
山西	8.893	4.428	0.407	0.061	0.162	0.514	0.001	85.523	0.011	65.261	33.605	0.014	0.592	0.528
内蒙古	41.030	24.296	2.003	0.878	0.518	0.838	0.016	30.408	0.012	67.654	22.773	0.009	6.711	2.853
辽宁	79.947	3.490	0.502	8.587	3.692	0.643	0.186	2.929	0.026	77.533	11.405	0.108	8.868	2.086

续表

省份	国内流出分解									出口分解				
	dv	国内价值链				全球价值链				dv'	全球价值链			
		$iv1n+iv2n$	$vr1n+vr2$	$fv1n$	dcn	$iv1g+iv2g$	$vr1g$	$fv1g+fv2$	dcg		iv'	vr'	fv'	dc'
吉林	54.943	8.864	3.067	4.579	1.970	1.812	0.055	24.669	0.040	59.081	38.748	0.029	0.743	1.399
黑龙江	71.994	6.926	2.044	4.336	0.899	0.361	0.029	13.394	0.018	64.704	31.296	0.020	2.332	1.649
上海	43.391	4.185	0.260	15.568	19.596	6.213	0.013	10.623	0.152	58.043	5.553	0.165	31.852	4.387
江苏	55.730	1.843	0.105	17.260	11.842	1.728	0.101	11.314	0.076	63.930	2.673	0.131	31.980	1.286
浙江	46.736	5.319	0.318	4.492	7.495	21.105	0.065	14.299	0.170	65.833	6.789	0.303	26.199	0.877
安徽	74.876	9.632	0.268	8.064	1.552	3.596	0.031	1.948	0.034	67.636	14.095	0.022	15.286	2.960
福建	54.076	16.532	2.696	1.052	2.210	20.521	0.021	2.382	0.510	77.808	12.455	0.268	8.823	0.645
江西	61.490	26.255	0.345	0.070	1.355	10.245	0.036	0.148	0.056	68.541	15.561	0.009	15.754	0.136
山东	49.372	11.033	0.019	13.124	19.178	2.235	0.099	4.920	0.020	83.224	3.113	0.089	13.110	0.465
河南	72.382	14.042	2.464	4.575	1.723	2.067	0.086	2.651	0.010	64.526	20.479	0.036	10.433	4.526
湖北	62.741	31.430	0.547	0.138	1.775	1.609	0.015	1.720	0.024	76.998	21.782	0.103	0.850	0.268
湖南	59.480	20.592	2.222	0.346	1.723	15.057	0.027	0.540	0.013	79.294	8.933	0.027	11.136	0.611
广东	28.106	0.346	0.083	38.777	12.942	1.564	0.044	17.592	0.545	32.672	0.830	0.112	64.786	1.600
广西	55.656	31.563	3.702	0.147	1.775	6.646	0.011	0.453	0.047	80.865	15.444	0.014	3.452	0.225
海南	52.890	42.565	0.186	0.000	0.505	3.608	0.000	0.059	0.187	61.132	37.827	0.020	0.991	0.030
重庆	57.654	27.355	0.662	0.179	1.144	11.515	0.034	1.386	0.071	65.419	23.341	0.016	10.556	0.668
四川	70.132	20.003	0.857	1.879	1.445	4.636	0.026	1.004	0.018	73.716	14.307	0.030	9.947	2.000
贵州	58.574	33.662	2.320	0.183	0.666	3.421	0.002	1.162	0.010	58.394	36.599	0.012	4.412	0.583
云南	63.330	19.816	1.884	0.758	1.655	5.598	0.002	6.923	0.033	66.031	33.116	0.012	0.492	0.349
陕西	68.760	19.168	1.114	2.456	0.627	4.549	0.011	3.272	0.044	62.927	28.587	0.054	6.731	1.702
甘肃	56.693	12.180	0.134	1.640	0.247	8.331	0.002	20.739	0.034	61.788	34.636	0.002	0.910	2.664
青海	42.594	11.542	0.002	0.000	0.015	0.295	0.000	45.531	0.022	59.410	40.439	0.000	0.002	0.148
宁夏	63.964	33.766	0.331	0.112	0.060	0.899	0.001	0.861	0.006	61.794	33.924	0.002	3.523	0.757
新疆	60.231	33.100	0.829	0.097	0.219	4.989	0.001	0.335	0.200	60.736	36.321	0.029	2.690	0.224

资料来源:笔者在省级区域增加值分解基础上核算而得。

第一,在各省级区域的国内流出和出口中,直接实现方式(dv 和 dv')是实现区域增加值的主要渠道,一定程度上表明中国各区域参与国内价值链和全球价值链的迂回程度相对较低,各区域提供的最终品或中间品大部分被吸收地直接消费。

第二,间接实现方式实现的区域增加值($iv1n+iv2n$ 、$iv1g+iv2g$ 和 iv')也占较大份额,尤其贵州、广西、江西、海南、宁夏等中西部地区很大程度上以"原材料、初级产品供给者"的角色参与国内价值链和全球价值链分工,其区域增加值更多包含在"生产制造者"的制成品中,并以间接流出或出口的形式实现;而广东、山东、江苏等东部沿海地区的间接实现增加值比重相对较小。

第三,增加值折返($vr1n+vr2$ 、$vr1g$ 和 vr')的比重相对较小,同样表明中国各区域参与国内价值链和全球价值链分工的深度仍存在不足。相比而言国内价值链部分的增加值折返占比更高,其中以广西、内蒙古、贵州、河南为代表的中西部地区增加值折返占比明显大于广东、江苏、山东等东部沿海地区,说明中西部地区更多提供原材料、初级产品等中间品,并通过国内循环再次返回本地消费。

第四,由于生产中使用了来自国内其他地区或国外的中间品,各区域的国内流出和出口中包含着大量区域外增加值($fv1n$ 、$v1g+fv2$ 和 fv')。相比而言,全球价值链分工下的区域外增加值比重($fv1g+fv2+fv'$)更高,很大程度上表明融入全球价值链带来的生产和规模扩大,引致了对国内其他区域及国外中间品的大量需求,嵌入全球价值链带动了国内区域间垂直专业化分工。

此外,中间品大量流入流出也导致区域的国内流出及出口中包含着明显的重复计算(dcn 、dcg 和 dc'),其中山东、浙江、上海、广东等东部沿海地区由于利用了更多国内其他地区及国外中间品,其重复计算部分相对较高。而青海、宁夏、海南、贵州等中西部地区国内流出及出口中包含的重复计算份额则相对较小。另一方面,国内价值链部分的重复计算明显大于全球价值链部分,一定程度上表明相对于全球价值链分工,交易成本相对更低的国内垂直专业化分工更加迂回,中间品来回跨境更加频繁。

（二）贸易类型分析

按照国内价值链分工的内涵，国内流出可以划分为四种贸易类型：一是传统国内贸易，即国内最终品贸易（*dv1*）部分；二是浅度国内价值链贸易，即生产过程中增加值跨省境一次引致的国内中间品贸易（*dv2*）部分；三是深度国内价值链贸易，即生产过程中增加值跨省境两次及以上引致的中间品贸易（*iv1n+iv2n+vr1n+vr2+fv1n+dcn*）部分①；四是全球价值链贸易，即涉及外部循环的中间品贸易（*iv1g+iv2g+vr1g+fv1g+fv2+dcg*）部分。

图 1-5 显示了中国各省级区域电子光学及仪器仪表制造行业国内流出的贸易类型，可以看出：

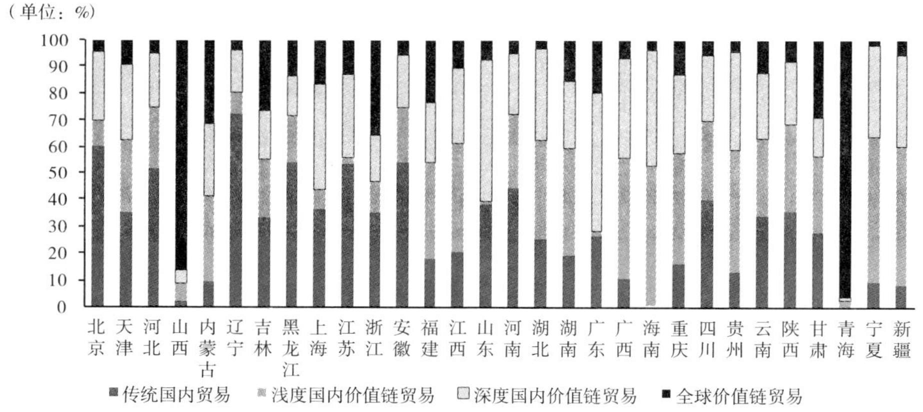

图 1-5　2010 年中国各省级区域电子光学及仪器仪表制造行业国内流出的贸易类型

注：由于统计数据所限，笔者采用的是 30 个省（自治区、直辖市）30 个部门地区间投入产出表，不包含西藏数据。

资料来源：笔者在增加值分解核算基础上汇总而得。

第一，主要以传统贸易方式进行国内流出的包括辽宁、北京、安徽、江苏、河北等地区，表明以上地区更多为国内其他地区提供最终品。

第二，更多以浅度国内价值链贸易进行国内流出的集中在贵州、广西、重

① 即本书关注的国内价值链分工部分。

庆等西南地区,表明以上地区的国内流出以被流入地直接吸收的中间品为主,但参与国内垂直专业化分工的深度仍有所不足。

第三,深度国内价值链贸易占比较大的地区包括广东、山东、上海等东部沿海地区,表明国内中间品在以上地区大量进出,该地区参与国内价值链分工的程度相对较高。

第四,国内流出的中间品更多借助外部循环实现的地区包括山西、青海、内蒙古、甘肃等西北地区,表明该地区更多为其他地区出口提供资源能源、初级原材料等中间品。

类似的,各省级区域出口可以划分为三种贸易类型:一是传统出口贸易,即以最终品形式的出口部分($dv1'$);二是浅度全球价值链贸易,即生产过程中增加值跨国境一次引致的中间品贸易($dv2'$)部分;三是深度全球价值链贸易①,即生产过程中增加值跨国境两次以上(含两次)引致的中间品贸易($iv'+vr'+fv'+dc'$)部分。

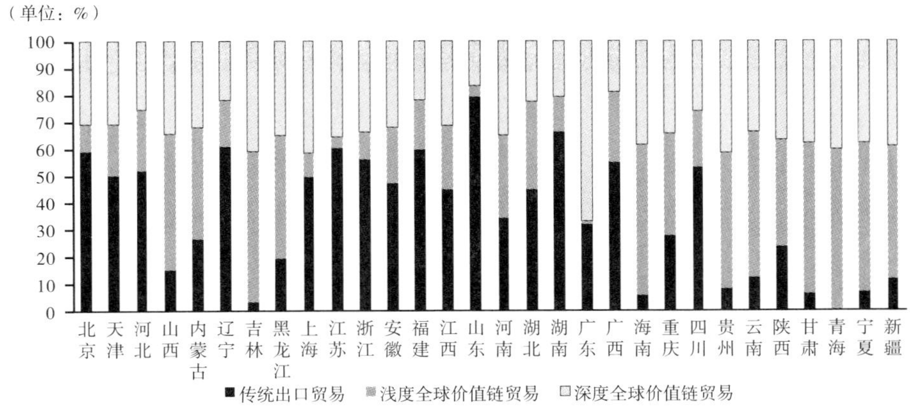

图 1-6　2010 年中国各省级区域电子光学及仪器仪表制造行业出口的贸易类型

注:由于统计数据所限,笔者采用的是 30 个省(自治区、直辖市)30 个部门地区间投入产出表,不包含西藏数据。

资料来源:笔者在增加值分解核算基础上汇总而得。

① 即本书关注的全球价值链分工部分。

图 1-6 显示了中国各省级区域电子光学及仪器仪表制造行业出口的贸易类型,可以看出:

第一,传统出口贸易占比较高的包括山东、辽宁、福建、浙江等省级区域,表明以上地区更多以最终品的形式进行出口。

第二,主要表现为浅度全球价值链贸易的包括青海、甘肃、宁夏、云南、贵州、山西等西部地区,表明虽然该地区出口以直接被进口国吸收的中间品为主,其参与国际垂直专业化的深度并不高。

第三,更多表现为深度全球价值链贸易的有广东、上海、江苏等东部沿海地区,表明该地区中间品贸易不仅规模较大,而且呈现出明显的“两头在外、大进大出”的特点,因而参与全球价值链的程度较高。

二、 中国省级区域的双重价值链嵌入行为分析

在对中国省级区域国内流出及出口进行增加值分解基础上,结合国内价值链与全球价值链的内涵及边界(见图 1-3 和图 1-4),可以对各区域的双重价值链嵌入行为进行较为深入的分析。

(一)双重价值链嵌入程度

随着中国对外开放步伐加快及国内市场壁垒的不断降低,中国省级区域很大程度上同时嵌入了国内价值链分工和全球价值链分工。那么,各区域的双重价值链嵌入程度存在怎样的异质性特征?

关于价值链分工参与程度的核算,库普曼等(2010)在出口增加值分解基础上提出全球价值链参与度(GVC Participation)指标。然而对于以间接出口为主的行业(如服务业),往往会表现出相当大的全球价值链参与度,鉴于此,王直等(2017b)进一步把该指标划分为前向参与度与后向参与度,并分别以出口增加值及行业产出值作为分母进行修正。本节结合以上两种度量方法,按照价值链分工的内涵,借鉴王直等(2017b)的思路构建省级区域行业层面

的国内价值链嵌入度(NVC Participation,*NPA*)与全球价值链嵌入度(GVC Participation,*GPA*)指标,反映不同区域各行业的双重价值链参与程度,同时采用库普曼等(2010)的方法重新核算以检验结果的稳健性。

$$NPA_{ik}=(\frac{iv1n_{ik}+iv2n_{ik}+vr1n_{ik}+vr2_{ik}}{VA_{ik}+VA'_{ik}}+\frac{fv1n_{ik}}{X_{ik}}) \tag{1-42}$$

$$GPA_{ik}=(\frac{iv1g_{ik}+iv2g_{ik}+iv'_{ik}+vr1g_{ik}+vr'_{ik}}{VA_{ik}+VA'_{ik}}+\frac{fv1g_{ik}+fv2_{ik}+fv'_{ik}}{X_{ik}}) \tag{1-43}$$

其中 i 表示区域、k 表示行业,考虑到区域双重嵌入价值链分工的情况,式(1-42)和式(1-43)分子中的 $iv1n_{ik}+iv2n_{ik}+vr1n_{ik}+vr2_{ik}$、$iv1g_{ik}+iv2g_{ik}+iv'_{ik}+vr1g_{ik}+vr'_{ik}$ 分别表示区域 i 行业 k 以提供中间品的形式参与国内价值链分工和全球价值链分工;而 $fv1n_{ik}$、$fv1g_{ik}+fv2_{ik}+fv'_{ik}$ 分别代表区域 i 行业 k 以利用外来中间品的形式参与国内价值链分工和全球价值链分工。分母 VA_{ik}、VA'_{ik} 分别代表区域 i 行业 k 通过国内流出和出口实现的区域增加值,X_{ik} 表示区域 i 行业 k 的最终品产出水平。

因而 $\frac{iv1n_{ik}+iv2n_{ik}+vr1n_{ik}+vr2_{ik}}{VA_{ik}+VA'_{ik}}$、$\frac{iv1g_{ik}+iv2g_{ik}+iv'_{ik}+vr1g_{ik}+vr'_{ik}}{VA_{ik}+VA'_{ik}}$ 分别衡量区域 i 行业 k 以前向参与(为其他地区提供中间品)的形式嵌入国内价值链和全球价值链的程度;$\frac{fv1n_{ik}}{X_{ik}}$、$\frac{fv1g_{ik}+fv2_{ik}+fv'_{ik}}{X_{ik}}$ 分别代表区域 i 行业 k 以后向参与(利用其他地区提供的中间品)的形式嵌入国内价值链和全球价值链的程度。

图 1-7 显示了中国 30 个省级区域的纺织服装、电子光学及仪器仪表制造部门的双重价值链嵌入程度及其嵌入方式,其中位于 45°线右下方的区域代表国内价值链嵌入度大于全球价值链嵌入度,而 45°线左上方的区域代表全球价值链嵌入度大于国内价值链嵌入度,可以看出:

第一,大多数区域嵌入全球价值链的程度要大于国内价值链,表明随着中

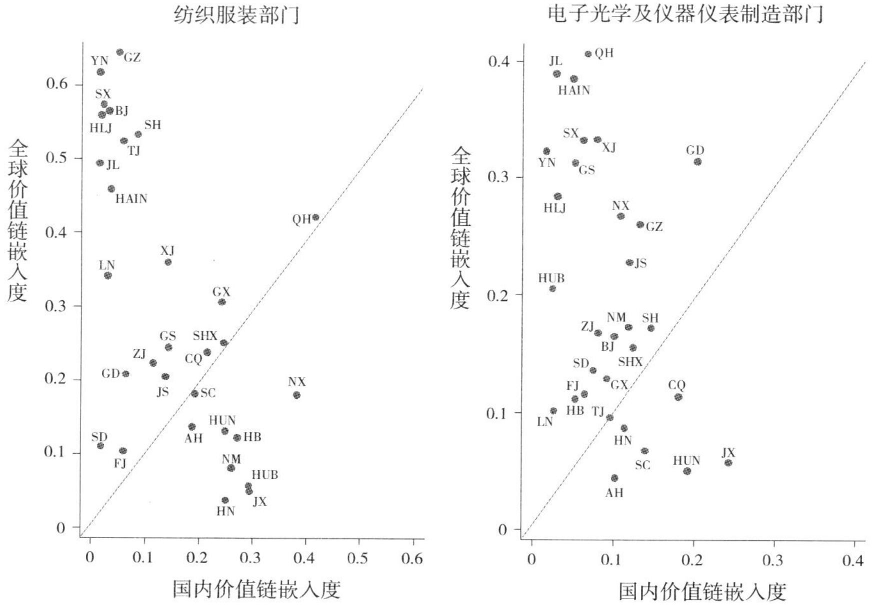

图 1-7　2010 年中国各省级区域典型行业的双重价值链嵌入程度

注:图中字母为各省级区域的缩写,分别为北京(BJ)、天津(TJ)、河北(HB)、山西(SX)、内蒙古(NM)、辽宁(LN)、吉林(JL)、黑龙江(HLJ)、上海(SH)、江苏(JS)、浙江(ZJ)、安徽(AH)、福建(FJ)、江西(JX)、山东(SD)、河南(HN)、湖北(HUB)、湖南(HUN)、广东(GD)、广西(GX)、海南(HAIN)、重庆(CQ)、四川(SC)、贵州(GZ)、云南(YN)、陕西(SHX)、甘肃(GS)、青海(QH)、宁夏(NX)、新疆(XJ)。由于统计数据所限,笔者采用的是 30 个省(自治区、直辖市)30 个部门地区间投入产出表,不包含西藏数据。

资料来源:笔者计算而得。

国对外开放步伐的加快,包括中西部地区在内的绝大多数省份更多地融入了全球生产网络,相比之下国内区域间垂直专业化分工的发展相对滞后。

第二,从两类价值链嵌入程度的横向比较来看,参与全球价值链分工程度较高的区域主要包括两类地区:一类是上海、广东、江苏、浙江、北京、天津等东部沿海地区,地理区位及制造基础优势使得以上区域更有条件全面开展对外贸易和国际垂直专业化分工;另一类是新疆、山西、贵州、云南、黑龙江、吉林、海南等资源相对密集地区,东部沿海地区的加工出口形成对该区域资源能源及初级产品的大规模需求,以上地区实际上更多以间接参与的形式嵌入全球价值链(孟渤等,2013;黎峰,2016;倪红福和夏杰长,2016)。

嵌入国内价值链程度较高的包括江西、湖南、内蒙古、河南、安徽等中部地区,其可能的解释仍然在于地理区位因素。位于“华夏腹地”的中部地区开展国际物资交流的成本相对较高,而“衔接东西、贯通南北”的独特地理优势又使得该地区更有条件与国内其他地区开展垂直专业化合作和分工。

为检验核算结果的稳健性,借鉴库普曼等(2010)的核算方法进行比较,即:

$$NPA'_{ik}=\frac{iv1n_{ik}+iv2n_{ik}+vr1n_{ik}+vr2_{ik}}{E_{ik}+E'_{ik}}+\frac{fv1n_{ik}}{E_{ik}+E'_{ik}} \quad (1-44)$$

$$GPA'_{ik}=\frac{iv1g_{ik}+iv2g_{ik}+iv'_{ik}+vr1g_{ik}+vr'_{ik}}{E_{ik}+E'_{ik}}+\frac{fv1g_{ik}+fv2_{ik}+fv'_{ik}}{E_{ik}+E'_{ik}} \quad (1-45)$$

其中分母 E_{ik}、E'_{ik} 分别代表区域 i 行业 k 的国内流出总额和出口总额。如表 1-4 所示,尽管两种测算方法的核算结果存在明显差异,但其揭示的规律大体相同,即广东、江苏、上海、山东、浙江等东部沿海地区更多地以后向参与的方式嵌入国内价值链和全球价值链,表明中国经济发达的沿海地区充分发挥其区位优势及制造能力,积极利用国内外原材料和中间品进行生产制造,不仅成为承接国际产业转移的全球制造基地,同时也是国内制成品的主要来源地。相比之下,贵州、云南、青海、山西、吉林等内陆地区更多地通过前向参与的方式嵌入双重价值链,表明自然资源相对丰裕的中西部地区较好地发挥其要素禀赋优势,更多地以提供原材料、初级产品等中间品的形式参与国内价值链和全球价值链分工。此外,部分中西部省份(如山西、吉林、云南)表现出高于东部沿海地区的全球价值链嵌入程度,这表明尽管出口集中在东部沿海地区,但由于在生产制造过程中使用了大量中西部地区自然资源和初级材料,东部沿海地区出口的背后更多地表现为中西部地区增加值间接出口。

表 1-4　2010 年中国各省级区域电子光学及仪器仪表制造部门的双重价值链嵌入方式

省份	王直等（2017b）测算法				库普曼等（2010）测算法			
	国内价值链		全球价值链		国内价值链		全球价值链	
	前向嵌入度	后向嵌入度	前向嵌入度	后向嵌入度	前向嵌入度	后向嵌入度	前向嵌入度	后向嵌入度
北京	0.087	0.014	0.052	0.114	0.016	0.006	0.009	0.023
天津	0.093	0.003	0.087	0.008	0.018	0.006	0.017	0.019
河北	0.048	0.005	0.099	0.013	0.018	0.011	0.037	0.026
山西	0.007	0.054	0.323	0.009	0.028	0.141	1.343	0.024
内蒙古	0.094	0.024	0.160	0.012	0.163	0.161	0.276	0.081
辽宁	0.024	0.002	0.093	0.008	0.007	0.006	0.028	0.023
吉林	0.016	0.011	0.378	0.011	0.071	0.033	1.684	0.033
黑龙江	0.023	0.007	0.277	0.007	0.033	0.030	0.409	0.031
上海	0.045	0.102	0.050	0.122	0.006	0.003	0.006	0.037
江苏	0.016	0.103	0.091	0.084	0.002	0.009	0.002	0.029
浙江	0.019	0.061	0.063	0.105	0.004	0.001	0.015	0.057
安徽	0.097	0.005	0.041	0.003	0.016	0.011	0.007	0.008
福建	0.063	0.001	0.102	0.014	0.023	0.001	0.037	0.027
江西	0.243	0.000	0.054	0.004	0.093	0.000	0.021	0.019
山东	0.005	0.070	0.030	0.105	0.001	0.001	0.007	0.031
河南	0.111	0.003	0.084	0.003	0.023	0.008	0.017	0.009
湖北	0.024	0.000	0.204	0.001	0.004	0.000	0.032	0.001
湖南	0.191	0.001	0.043	0.008	0.094	0.002	0.021	0.025
广东	0.015	0.157	0.061	0.232	0.011	0.024	0.006	0.433
广西	0.091	0.000	0.119	0.010	0.131	0.002	0.171	0.038
海南	0.048	0.000	0.340	0.045	0.145	0.000	1.026	0.027
重庆	0.179	0.000	0.108	0.006	0.053	0.001	0.032	0.016
四川	0.139	0.001	0.066	0.002	0.029	0.003	0.014	0.010
贵州	0.129	0.003	0.242	0.018	0.209	0.007	0.392	0.047
云南	0.013	0.003	0.318	0.005	0.041	0.010	1.034	0.016
陕西	0.119	0.005	0.149	0.006	0.054	0.012	0.067	0.016
甘肃	0.045	0.006	0.311	0.002	0.030	0.016	0.210	0.006

续表

省　份	王直等（2017b）测算法				库普曼等（2010）测算法			
	国内价值链		全球价值链		国内价值链		全球价值链	
	前向嵌入度	后向嵌入度	前向嵌入度	后向嵌入度	前向嵌入度	后向嵌入度	前向嵌入度	后向嵌入度
青　海	0.001	0.064	0.404	0.002	0.496	0.217	14.406	0.008
宁　夏	0.104	0.003	0.242	0.025	0.188	0.005	0.437	0.045
新　疆	0.077	0.001	0.292	0.041	0.058	0.001	0.221	0.016

注：由于统计数据所限，笔者采用的是 30 个省（自治区、直辖市）30 个部门地区间投入产出表，不包含西藏数据。
资料来源：笔者计算而得。

（二）双重价值链嵌入位置

关于价值链嵌入位置的核算，已有文献大体有两种思路：一是以参与主体距初始投入及最终消费两端的距离来衡量其价值链前向参与长度（上游度）及后向参与长度（下游度），通过两者比值来度量其价值链位置（Dietzenbacher，2005；Dietzenbacher，2010；法利，2011；Antràs 等，2012；Antràs 等，2013；Miller，2015；王直等，2017a、2017b）；二是在增加值分解基础上，按照中间品供给及需求程度来刻画参与主体在价值链分工中的角色（库普曼等，2010）。相比而言，前者更加突出该生产环节距价值链两端距离的直接度量，而后者能更多捕捉到有关中间品提供（或使用）的规模及方式等细节，因而有必要把两者结合起来进行分析。

借鉴库普曼等（2010）的全球价值链位置（GVC Position）指标思路及王直等（2017b）的修正方法，构建国内价值链位置（NVC position，NPO_{ik}）和全球价值链位置（GVC position，GPO_{ik}）指标，进而采用王直等（2017a、2017b）的方法进行稳健性检验。

$$NPO_{ik} = NPO_{ik}^{F} - NPO_{ik}^{B} = \ln\left(1 + \frac{iv1n_{ik} + iv2n_{ik} + vr1n_{ik} + vr2_{ik}}{VA_{ik} + VA'_{ik}}\right) - \ln\left(1 + \frac{fv1n_{ik}}{X_{ik}}\right) \tag{1-46}$$

$$GPO_{ik} = GPO_{ik}^{F} - GPO_{ik}^{B} = \ln(1 + \frac{iv1g_{ik} + iv2g_{ik} + iv'_{ik} + vr1g_{ik} + vr'_{ik}}{VA_{ik} + VA'_{ik}}) - \ln(1 + \frac{fv1g_{ik} + fv2_{ik} + fv'_{ik}}{X_{ik}}) \tag{1-47}$$

其中各增加值部分含义同上，NPO_{ik} 为地区 i 行业 k 的国内价值链位置，NPO_{ik}^{F} 、NPO_{ik}^{B} 分别表示地区 i 行业 k 的国内价值链上游度及下游度，NPO_{ik}^{F} 越大表示该行业更多地对其他地区输出中间品，越靠近国内价值链的上游；而 NPO_{ik}^{B} 越大则表示该行业更多地由其他地区输入中间品，越靠近国内价值链的下游。同样，GPO_{ik} 衡量地区 i 行业 k 的全球价值链位置，GPO_{ik}^{F} 、GPO_{ik}^{B} 分别表示其全球价值链上游度及下游度，GPO_{ik}^{F} 越大代表该行业更多地为其他国家（地区）提供中间品，更加靠近全球价值链的上游，而 GPO_{ik}^{B} 越大则意味着该行业更多地依赖国外提供中间品，更加靠近全球价值链的下游。

图 1-8 显示了中国各省级区域典型行业的双重价值链位置情况，横轴度量的是国内价值链位置，顺着横轴往右代表更加靠近国内价值链上游位置，而纵轴衡量全球价值链位置，纵坐标值越大则表明更加靠近全球价值链上游位置。由此可以看出：

第一，从各省级区域嵌入双重价值链位置的整体情况来看，位于坐标轴东北方向的区域包括贵州、重庆、广西、陕西、新疆等中西部地区，表明中国广大中西部更多以前向参与（为国内其他地区和国外提供中间品）方式嵌入双重价值链，扮演“原材料、初级产品供给者”的角色，更加靠近国内价值链和全球价值链的中上游；而广东、江苏、浙江、上海、山东等东部沿海地区主要分布于坐标轴的西南方向，表明其更多以后向参与（依赖国内其他地区和国外提供中间品）方式嵌入双重价值链，扮演的是“加工制造者”的角色，更加趋近国内价值链和全球价值链的中下游。

为检验核算结果的稳健性，进一步借鉴王直等（2017a、2017b）的方法核算各省级区域行业的双重价值链嵌入位置。

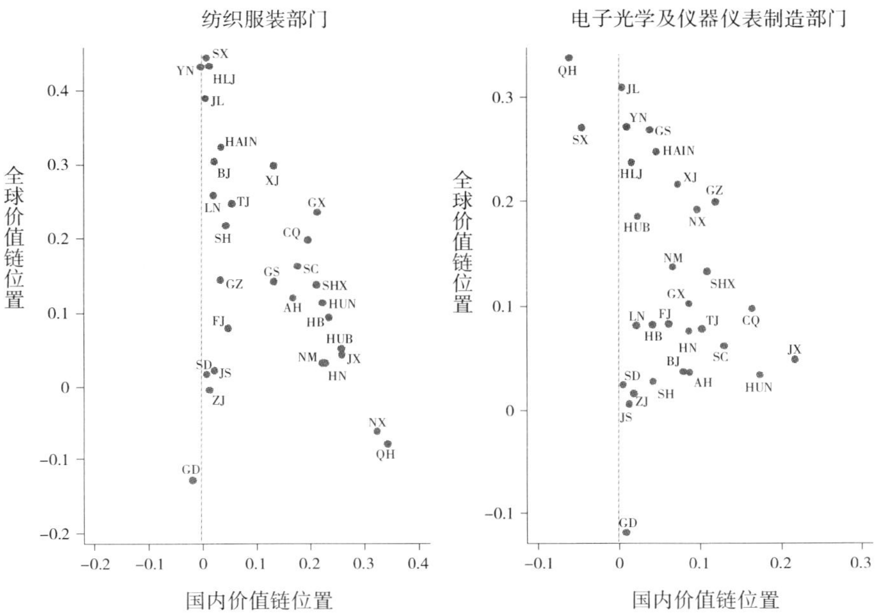

图 1-8　2010 年中国各省级区域典型行业的双重价值链嵌入位置

注:图中字母为各省级区域的缩写,分别为北京(BJ)、天津(TJ)、河北(HB)、山西(SX)、内蒙古(NM)、辽宁(LN)、吉林(JL)、黑龙江(HLJ)、上海(SH)、江苏(JS)、浙江(ZJ)、安徽(AH)、福建(FJ)、江西(JX)、山东(SD)、河南(HN)、湖北(HUB)、湖南(HUN)、广东(GD)、广西(GX)、海南(HAIN)、重庆(CQ)、四川(SC)、贵州(GZ)、云南(YN)、陕西(SHX)、甘肃(GS)、青海(QH)、宁夏(NX)、新疆(XJ)。由于统计数据所限,笔者采用的是 30 个省(自治区、直辖市)30 个部门地区间投入产出表,不包含西藏数据。

资料来源:笔者计算而得。

$$NVC\_POS_{ik} = \frac{PLv\_NVC_{ik}}{PLy\_NVC_{ik}} = \frac{(PLv\_NVC\_D_{ik} + PLv\_NVC\_F_{ik})}{(PLy\_NVC\_D_{ik} + PLy\_NVC\_F_{ik})} \quad (1-48)$$

$$GVC\_POS_{ik} = \frac{PLv\_GVC_{ik}}{PLy\_GVC_{ik}} = \frac{(PLv\_GVC\_D_{ik} + PLv\_GVC\_F_{ik})}{(PLy\_GVC\_D_{ik} + PLy\_GVC\_F_{ik})} \quad (1-49)$$

根据价值链分工的内涵,本节主要考察生产过程增加值跨境两次以上的深度价值链分工形式(王直等,2017a、2017b)。其中 NVC_POS_{ik} 、GVC_POS_{ik} 分别代表地区 i 行业 k 的国内价值链位置和全球价值链位置, PLv_NVC_{ik} 、PLy_NVC_{ik} 分别表示地区 i 行业 k 的国内价值链前向参与长度和后向参与长度, $PLv\_NVC\_D_{ik}$ 、$PLy\_NVC\_D_{ik}$ 为中间品经国内循环增加值折返形式的国内价值链前向参与（$vr1n+vr2$）长度和后向参与（dcn）长度，$PLv\_NVC\_F_{ik}$、$PLy\_NVC\_F_{ik}$ 为中间品间接流出形式的国内价值链前向参与（$iv1n+iv2n$）长度和后向参与（$fv1n$）长度。

同样 $PLv-GVC_{ik}$、$PLy-GVC_{ik}$ 分别代表地区 i 行业 k 的全球价值链前向参与长度和后向参与长度，$PLv\_GVC\_D_{ik}$、$PLy\_GVC\_D_{ik}$ 为中间品经外部循环增加值折返形式的全球价值链前向参与（$vr1g+vr'$）长度和后向参与（dcg）长度，$PLv\_GVC\_F_{ik}$、$PLy\_GVC\_F_{ik}$ 为中间品间接出口形式的全球价值链前向参与（$iv1g+iv2g+iv'$）长度和后向参与（$fv1g+fv2+fv'$）长度。

如表 1-5 所示，尽管两种测算方法的核算结果存在明显差异，但其揭示的规律大体相同，即中西部地区在双重价值链中的前向参与长度总体上大于东部沿海地区，表明由于提供了大量原材料及初级产品，该地区增加值更多以中间品形式包含在下游部门的产出中，单位增加值投入创造的产出水平相对更高。综合前向参与长度（上游程度）及后向参与长度（下游程度）来看，相对于东部沿海地区而言，作为“原材料、初级产品供给者”，大量以间接流出（出口）方式实现增加值的中西部地区更加靠近国内价值链和全球价值链的中上游位置，由此也进一步验证了以上核算结论的稳健性。

表 1-5　2010 年中国各省级区域电子光学及仪器仪表制造部门的双重价值链嵌入位置

省　份	库普曼等（2010）测算法				王直等（2017b）测算法			
	国内价值链		全球价值链		国内价值链		全球价值链	
	上游程度	下游程度	上游程度	下游程度	前向参与长度	后向参与长度	前向参与长度	后向参与长度
北　京	0.083	0.004	0.050	0.014	3.033	2.419	2.207	2.859
天　津	0.089	0.003	0.084	0.008	2.491	2.748	2.161	2.957
河　北	0.047	0.005	0.095	0.013	2.744	2.775	2.842	3.048
山　西	0.007	0.052	0.280	0.009	3.917	2.541	3.644	3.814
内蒙古	0.090	0.024	0.149	0.012	4.108	2.721	3.063	3.149
辽　宁	0.024	0.002	0.089	0.008	2.868	2.753	2.819	3.053

续表

省份	库普曼等(2010)测算法				王直等(2017b)测算法			
	国内价值链		全球价值链		国内价值链		全球价值链	
	上游程度	下游程度	上游程度	下游程度	前向参与长度	后向参与长度	前向参与长度	后向参与长度
吉　林	0.016	0.011	0.320	0.011	4.505	2.599	3.554	3.786
黑龙江	0.022	0.007	0.245	0.007	4.172	2.644	3.670	3.800
上　海	0.044	0.002	0.049	0.021	2.555	2.441	2.885	3.016
江　苏	0.016	0.003	0.087	0.081	2.384	2.564	2.604	2.998
浙　江	0.019	0.001	0.061	0.044	2.428	2.609	2.079	2.815
安　徽	0.093	0.005	0.040	0.003	2.693	2.736	2.778	2.811
福　建	0.061	0.001	0.097	0.014	2.492	2.739	2.908	3.364
江　西	0.217	0.000	0.053	0.004	2.783	3.187	2.774	2.790
山　东	0.005	0.000	0.030	0.005	2.368	2.331	2.506	3.004
河　南	0.105	0.003	0.081	0.003	2.997	2.850	2.781	2.885
湖　北	0.024	0.000	0.186	0.001	2.604	2.556	3.359	3.405
湖　南	0.175	0.001	0.042	0.008	2.807	2.917	2.775	3.062
广　东	0.015	0.007	0.059	0.167	2.498	2.456	2.672	3.356
广　西	0.087	0.000	0.112	0.010	3.236	2.761	2.811	3.139
海　南	0.047	0.000	0.292	0.044	2.862	2.687	3.748	3.805
重　庆	0.165	0.000	0.103	0.006	2.701	2.864	2.874	3.308
四　川	0.130	0.001	0.064	0.002	3.142	3.170	2.776	2.867
贵　州	0.121	0.003	0.217	0.017	4.120	2.659	3.631	3.667
云　南	0.013	0.003	0.276	0.005	4.161	2.551	3.696	4.350
陕　西	0.113	0.005	0.139	0.006	3.680	3.469	3.103	3.180
甘　肃	0.044	0.006	0.271	0.002	4.147	2.546	3.891	3.908
青　海	0.001	0.062	0.339	0.002	4.449	2.535	4.586	4.097
宁　夏	0.099	0.003	0.217	0.024	3.848	3.972	3.632	3.693
新　疆	0.074	0.001	0.256	0.040	3.521	3.018	3.733	3.986

注:由于统计数据所限,笔者采用的是30个省(自治区、直辖市)30个部门地区间投入产出表,不包含西藏数据。

资料来源:笔者计算而得。

第二，通过为其他区域提供中间品而间接流出（出口）实现区域增加值是前向参与价值链分工的主要形式。由表1-6的中国各省级区域间接流出（出口）嵌入度①可以呈现出两个特征：

表1-6　2010年中国各省级区域典型行业的间接流出（出口）行为

（单位：%）

省　份	电子光学及仪器仪表行业		服务行业		省　份	电子光学及仪器仪表行业		服务行业	
	国内价值链	全球价值链	国内价值链	全球价值链		国内价值链	全球价值链	国内价值链	全球价值链
北　京	1.198	5.142	1.178	47.564	河　南	9.262	8.421	24.782	3.492
天　津	7.193	8.678	2.672	42.210	湖　北	2.146	20.346	29.189	5.454
河　北	3.718	9.912	26.224	11.083	湖　南	18.859	4.281	24.721	12.601
山　西	10.176	32.273	0.701	56.848	广　东	0.070	0.762	0.082	3.337
内蒙古	7.429	16.019	24.930	5.775	广　西	8.910	11.867	23.461	28.725
辽　宁	8.697	9.253	0.361	32.082	海　南	4.767	33.935	3.643	42.576
吉　林	9.230	37.746	0.365	48.675	重　庆	17.639	10.831	21.404	22.981
黑龙江	10.811	27.682	0.692	55.271	四　川	12.993	6.578	18.895	17.937
上　海	0.619	4.870	0.857	39.738	贵　州	12.535	24.212	4.136	63.210
江　苏	0.799	1.612	1.761	4.870	云　南	10.936	31.807	0.422	58.648
浙　江	1.143	5.999	1.238	2.411	陕　西	11.053	14.914	23.668	20.245
安　徽	8.868	4.051	17.882	13.281	甘　肃	12.089	31.088	14.135	20.170
福　建	5.827	10.015	4.490	9.386	青　海	10.001	40.412	41.204	16.193
江　西	24.236	5.409	29.420	4.664	宁　夏	9.905	24.226	38.191	5.685
山　东	0.053	2.955	0.584	2.093	新　疆	7.490	29.168	12.228	35.449

注：由于统计数据所限，笔者采用的是30个省（自治区、直辖市）30个部门地区间投入产出表，不包含西藏数据。

资料来源：笔者计算而得。

① 国内价值链间接流出嵌入度 $=(\frac{iv1n_{ik}+iv2n_{ik}}{VA_{ik}+VA'_{ik}}\times 100\%)$，反映以提供中间品借助国内循环间接实现区域增加值形式参与国内价值链分工的程度。全球价值链间接出口嵌入度 $=(\frac{iv1g_{ik}+iv2g_{ik}+iv'_{ik}}{VA_{ik}+VA'_{ik}}\times 100\%)$，反映以提供中间品借助外部循环间接实现区域增加值形式参与国内价值链分工的程度。

一是相对于制造业(电子光学及仪器仪表制造部门),服务部门的间接流出(出口)嵌入度更加显著。这表明由于服务产品的特性,生产各环节隐含了大量服务要素及其增加值,通过为其他部门和地区提供中间服务而间接流出(出口)成为服务部门增加值来源的重要形式。

二是相对于东部沿海地区,中西部地区更多依靠间接流出(出口)的方式实现区域增加值,由此一定程度上印证了各省级区域参与双重价值链分工方式的差异,即在国内及外部生产循环中,中西部地区提供了大量中间产品和中间服务,并且通过其他区域的生产再加工而间接流出(出口)。而区位优势更加明显、制造基础相对发达的东部沿海地区则更多扮演了"加工制造者"的角色,由于更加靠近产品及服务的最终消费端,其中间产品和中间服务增加值的实现过程相对更加直接。

表 1-7　2010 年中国各省级区域典型行业的增加值折返行为

(单位:%)

省份	纺织服装行业		电子光学及仪器仪表制造行业		省份	纺织服装行业		电子光学及仪器仪表制造行业	
	国内价值链	全球价值链	国内价值链	全球价值链		国内价值链	全球价值链	国内价值链	全球价值链
北京	0.014	0.048	0.025	0.022	河南	0.921	0.109	1.463	0.066
天津	0.055	0.013	0.311	0.054	湖北	0.043	0.014	0.037	0.097
河北	0.599	0.005	0.215	0.050	湖南	2.309	0.013	1.256	0.027
山西	0.020	0.002	0.016	0.014	广东	0.029	0.027	0.007	0.107
内蒙古	3.227	0.017	0.600	0.011	广西	0.595	0.003	0.905	0.013
辽宁	0.003	0.017	0.095	0.123	海南	0.000	0.001	0.020	0.018
吉林	0.027	0.001	0.079	0.030	重庆	0.209	0.005	0.364	0.026
黑龙江	0.071	0.003	0.236	0.021	四川	0.680	0.012	0.477	0.028
上海	0.048	0.064	0.032	0.146	贵州	0.106	0.000	0.802	0.008
江苏	0.028	0.042	0.042	0.119	云南	0.035	0.001	0.076	0.012

续表

省份	纺织服装行业		电子光学及仪器仪表制造行业		省份	纺织服装行业		电子光学及仪器仪表制造行业	
	国内价值链	全球价值链	国内价值链	全球价值链		国内价值链	全球价值链	国内价值链	全球价值链
浙江	0.009	0.029	0.038	0.274	陕西	1.724	0.004	0.538	0.033
安徽	0.404	0.019	0.192	0.028	甘肃	0.548	0.001	0.014	0.002
福建	0.042	0.031	0.553	0.218	青海	0.025	0.000	0.000	0.000
江西	0.139	0.012	0.236	0.027	宁夏	0.023	0.000	0.096	0.002
山东	0.001	0.007	0.001	0.089	新疆	1.148	0.003	0.165	0.023

注：由于统计数据所限，笔者采用的是30个省（自治区、直辖市）30个部门地区间投入产出表，不包含西藏数据。

资料来源：笔者计算而得。

第三，通常中间品的增加值折返情况能较好地反映一个国家和地区参与价值链分工的行为特征（库普曼等，2010、2014；王直等，2015）。如表1-7中国各省级区域的增加值折返嵌入度①显示，内蒙古、湖南、陕西、新疆、河南等中西部地区的国内价值链增加值折返嵌入度相对较高，而广东、山东、上海、江苏、浙江等东部沿海地区的国内价值链增加值折返嵌入度较低，很大程度上表明中国各省级区域参与国内价值链分工的特征更多表现为：资源丰富的中西部地区为制造水平先进的东部沿海地区大规模提供原材料、初级产品等中间品，东部沿海地区加工制造后又大量回销至潜在消费能力强劲的广大中西部地区。

另一方面相对于中西部地区，东部沿海地区的全球价值链增加值折返嵌入度较高，一定程度上说明中国各省级区域参与全球价值链分工的特征主要

① 国内价值链增加值折返嵌入度 = $(\frac{vr1n_{ik} + vr2n_{ik}}{VA_{ik} + VA'_{ik}} \times 100\%)$，反映通过为国内其他地区提供中间品同时回购并最终吸收其制成品的形式参与国内价值链分工的程度。全球价值链增加值折返嵌入度 = $(\frac{vr1g_{ik} + vr'_{ik}}{VA_{ik} + VA'_{ik}} \times 100\%)$，表示通过为其他国家和地区生产提供中间品同时回购并最终吸收其制造品的形式参与全球价值链分工的程度。

表现为:中西部地区在全球价值链分工中更多单纯扮演“原材料、初级产品供给者”的角色,其出口原材料、初级产品的增加值大量通过间接形式实现。而作为“全球制造基地”,东部沿海地区参与全球价值链引致的中间品跨境流动不仅规模更大,而且更多呈现双向流动特征,即东部沿海地区不仅更多扮演进口中间品加工组装出口制成品的“加工制造者”角色,同时仍对部分国家和地区(如东盟国家、墨西哥等)提供中间品并通过进口折返,其参与全球价值链分工的深度无疑更为显著。

(三)双重价值链嵌入位置的动态变化

随着嵌入全球价值链程度的加深,中国开放型经济传统发展模式引发的行业垄断、环境污染、贸易摩擦等问题日益突出,似乎遭遇所谓“比较优势陷阱”(洪银兴,1997)、全球价值链升级的“俘获”或“低端锁定”(格里芬,1994;Humphrey 和 Schmitz,2004;Lall 等,2005;刘志彪和张杰,2007;卢福财和胡平波,2008)。为此中国政府频频出台诸如取消外资税收优惠、降低加工贸易退税、鼓励技术创新等政策,旨在以开放型经济发展模式的转型升级推动产业部门的全球价值链升级。那么,中国政府大力推动发展方式转型升级的成效如何呢?

仍然采用王直等(2017a、2017b)的方法核算 2002 年、2007 年和 2010 年中国电子光学及仪器仪表制造部门的双重价值链位置变化情况。图 1-9 的左图和右图分别描述的是 2002—2007 年、2007—2010 年各区域电子光学及仪器仪表制造部门双重价值链位置的变动情况,其中第一象限代表同时出现了国内价值链及全球价值链位置的提升;第三象限代表同时出现了国内价值链及全球价值链位置的下降;第二象限代表出现了国内价值链位置的下降及全球价值链位置的提升;而第四象限则代表出现了国内价值链位置的提升及全球价值链位置的下降。

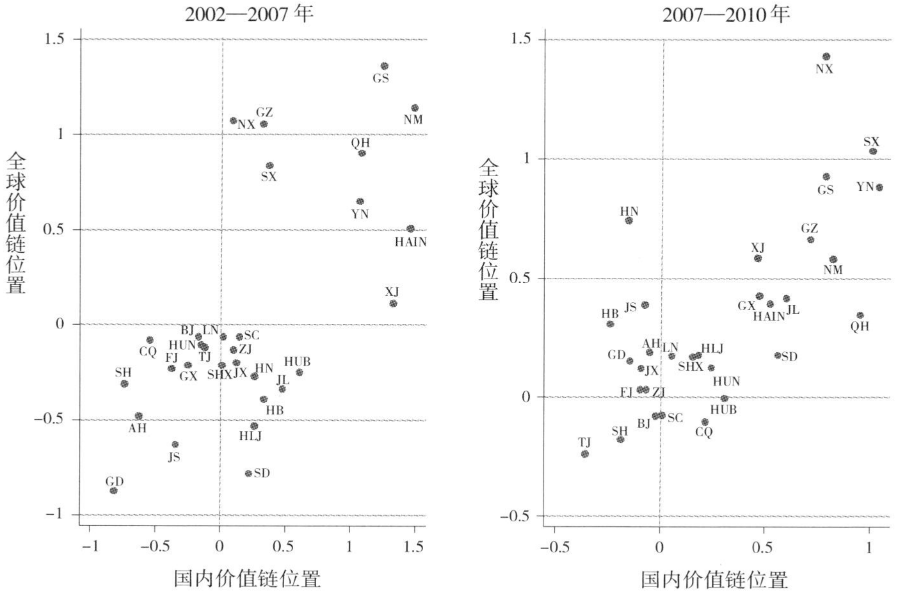

图 1-9　2002—2010 年中国各省级区域典型行业的双重价值链位置变化情况

注:图中字母为各省级区域的缩写,分别为北京(BJ)、天津(TJ)、河北(HB)、山西(SX)、内蒙古(NM)、辽宁(LN)、吉林(JL)、黑龙江(HLJ)、上海(SH)、江苏(JS)、浙江(ZJ)、安徽(AH)、福建(FJ)、江西(JX)、山东(SD)、河南(HN)、湖北(HUB)、湖南(HUN)、广东(GD)、广西(GX)、海南(HAIN)、重庆(CQ)、四川(SC)、贵州(GZ)、云南(YN)、陕西(SHX)、甘肃(GS)、青海(QH)、宁夏(NX)、新疆(XJ)。由于统计数据所限,笔者采用的是 30 个省(自治区、直辖市)30 个部门地区间投入产出表,不包含西藏数据。

资料来源:笔者计算而得。

如图 1-9 所示,2002—2007 年间,中国大部分省级区域电子光学及仪器仪表制造部门出现了全球价值链位置的下降,尤其以广东、江苏、山东等东部沿海地区最为明显,表明加入 WTO 推动了中国经济开始整体融入国际分工,更具有区位优势的东部沿海地区大力发展“进口引致出口”为特征的加工贸易(张杰等,2014),全球制造基地的分工定位自然意味着产品更加靠近最终消费端,占据全球价值链中低端的加工制造环节。

另一方面,中国大部分省级区域电子光学及仪器仪表制造行业的国内价值链位置波动态势出现了较为明显的分化,具体表现为:以甘肃、内蒙古、云南为代表的西部地区国内价值链位置出现较大幅度提升,与此相对的是,广东、上海、江苏等东部沿海地区的国内价值链位置明显下滑。很大程度上表明融入全球价值链程度的加深客观上有利于打破国内的行政壁垒和区域市场分割(陈敏等,2008),而资源能源主要集中在西部地区、生产制造主要布局在东部沿海地区的区域特征决定了中国国内价值链的分工格局更多表现为:东部沿海地区大量利用西部地区的资源能源等初级产品进行加工制造,而主要发挥资源禀赋优势的西部地区在国内价值链分工中扮演着“原材料、初级产品供给者”的角色。

而在2007—2010年间,中国各省级区域电子光学及仪器仪表制造行业的双重价值链位置变化呈现出新态势,主要体现为:

第一,更多区域的全球价值链位置出现了明显提升,尤其是宁夏、内蒙古、甘肃、云南、河南等中西部地区,而东部沿海地区全球价值链位置出现了“止跌回稳”的态势,江苏、广东两省的全球价值链位置甚至出现了小幅提升。可能的解释在于,2008年国际金融危机凸显了国内市场需求和生产配套的重要性,更为重要的是,2006年以后中国政府重视开放型经济转型升级的政策措施起到了明显成效,以东部沿海为主的加工制造地区积极发展中间品国内配套以降低对进口中间品的依赖,零部件、半成品等中间品配套能力的提升意味着生产环节逐渐向价值链中上游环节攀升。例如,苏州高新区围绕园区内外资重点项目,以发展外向配套为目标积极完善产业发展链和补链项目。外向配套的发展使得苏州民营经济迅速发展的同时进一步提升加工贸易增值率,有效推动了加工贸易转型升级。①

第二,在国内价值链分工中,山西、宁夏、云南等中西部地区国内价值链位置持续提升,而广东、江苏、浙江、上海等东部沿海地区的国内价值链位置仍有所回落,一定程度上表明与逆全球化迹象相对应的是,中国各区域积极发挥本地要素禀赋加快融入国内价值链分工,拥有资源能源要素优势的中西部地区

① 《苏州高新区成外资内资发展高地》,海外网,见 http://www.haiwainet.cn/n/2012/1126/c345846-17771430.html。

“原材料、初级产品供给者”的角色更加强化，而以加工制造见长的东部沿海地区不仅成为全球制造基地，同时也是国内的生产制造中心，中国区域间垂直专业化分工格局进一步凸显。

第二章　中国国内价值链是怎样形成的：基于生产网络的分析

改革开放以来，通过积极融入全球价值链提升资源配置效率、推动国内产业升级，中国经济实现了持续快速发展。然而2008年国际金融危机以来，全球主要经济体增长乏力，国际贸易及投资规模显著下降，国内生产要素成本急剧飙升，中国经济原有发展模式日益难以为继。为进一步释放国内发展活力与潜力，推动经济发展模式转型、国内产业整合及区域协调发展，中国政府提出"一带一路"倡议、京津冀协同发展、长三角一体化、粤港澳大湾区建设等重大部署，其中《推动共建丝绸之路经济带和21世纪海上丝绸之路的愿景与行动》①明确提出"充分发挥国内各地区比较优势，进一步加强东中西互动合作"的要求。可见作为一个区域发展水平、发展模式差距明显的大国，培育国内分工合作既具有现实基础，又有重大理论价值和政策意义。

早在改革开放之初，中国便存在较为明显的诸侯经济特征（沈立人和戴园晨，1990；王绍光和胡鞍钢，1993），仅仅在中央统一调配下存在区域间的物质交换（魏后凯，1991）。进入20世纪90年代，分税制改革及政绩考核体制在很大程度上激发地方发展积极性的同时，也导致明显的地方保护主义和国内

① 国家发展改革委、外交部、商务部：《推动共建丝绸之路经济带和21世纪海上丝绸之路的愿景与行动》，2015年3月。

市场分割，表现为各地区都拥有包括资源供给、半成品制造、加工组装甚至产品销售渠道等一整套相对完整的区域内分工体系，全国范围的区域间垂直专业化分工并未建立起来，由此导致严重的国内资源配置扭曲（扬，2000；白重恩等，2004；蓬塞，2003；钟昌标，2002；沈坤荣和李剑，2003）。然而，随着中国加快融入全球价值链分工体系，跨国公司对国内资源要素进行统一配置，客观上有利于打破原有的国内市场壁垒和市场分割，促进区域间的物资交流和经济关联（陈敏等，2008）。

对此刘志彪和张杰（2007、2009）、刘志彪和张少军（2008）提出中国应加快基于国内市场空间构建国内价值链，推动产业整合与升级，遗憾的是以上分析仅停留在定性的层面，并没有提出国内价值链的科学定量分析方法。张少军（2009）、张少军和刘志彪（2013）利用投入产出方法定量分析了中国国内价值链问题，但并没有形成相对系统的理论框架和分析方法。尤其在市场机制仍不完善、存在资源配置扭曲的条件下，中国国内价值链的发育程度、发育轨迹、发育特征怎样，国内价值链的布局是否合理，国内资源整合程度怎样等重要问题，现有文献并没有作出很好的回答。

与已有文献不同，在前文区域双重价值链理论分析框架及核算方法基础上，本章提出国内价值链发育度及匹配度概念，并基于区域间投入产出模型构建国内价值链生产网络的核算方法，进而从国内价值链广度、国内价值链深度及国内价值链匹配度等视角以中国为案例进行实证分析，从行业及区域层面分析中国国内价值链的发育特征及其不足之处，由此提出完善中国国内价值链的相关政策建议。

第一节　国内价值链的生产网络：理论内涵及核算方法

第一次工业革命以来，交通运输、信息技术的迅猛发展大大降低了交易成本,劳动分工不断深化的同时,分工的空间范围不断拓展并超越国界。通过推动并主导国际分工,英国、法国等第一批发达国家迅速实现工业化并积累大量财富。由于在与英法等老牌资本主义国家竞争中处于明显劣势,独立伊始的美国实施了保护主义战略,更多依托国内市场开展国内垂直专业化分工而实现了经济崛起(Hudson,2010)。[①] 从英法和美国的崛起历程看来,无论是国际分工还是国内分工,本质上都是生产过程中的资源配置方式即产品生产被细分为若干环节,每个环节被配置于能够以较低成本完成生产的地区,由此推动生产效率提升。

一、 国内价值链生产网络的理论内涵

如前所述,国内价值链很大程度上是国内资源配置整合的概念,即国内企业(包括内资企业及外资企业)凭借核心技术、品牌或营销渠道等优势,依托国内市场需求,充分整合利用国内原材料供给、零部件生产、成品组装、物流配送等环节,形成一套完整的国内生产分工体系。

(一)国内价值链发育度

国内价值链是主权国家内部分工合作的“体内”循环,通常国民经济不同行业的国内分工合作程度差异明显,其背后隐含的是各行业国内价值链发育程度的区别,为此本章提出国内价值链发育度概念。

通常国内价值链发育度包含两个维度,其一是广度,即行业开展国内价值链分工所实际依托的地理范围和市场空间。一般而言,某地区参与国内价值链可分为前向嵌入与后向嵌入两种方式。其中前向嵌入指该地区通过为国内其他地区提供中间品的形式参与国内价值链,而后向嵌入则更多表现为从国内其他地区调入中间品。因而,各地区两种形式的嵌入程度决定了国内价值链广度。

其二是深度,即国内价值链的上下游梯度分工链条是否全面铺开,是否在

① [美]迈克尔·赫德森:《保护主义:美国经济崛起的秘诀(1815—1914)》,贾根良等译校,中国人民大学出版社 2010 年版,第 17 页。

国内形成从研发设计、原材料供给、加工组装到市场销售的一整套相对完整的生产分工体系,这又涉及国内价值链定位的概念。按照全球价值链定位(库普曼等,2010;约翰逊等,2012;黄先海等,2010;黎峰,2015)及全球价值链上游度(Antràs 等,2012;樊茂清等,2014)的思路,更多以前向嵌入方式参与价值链分工的地区表现为较高的价值链定位,而更多以后向嵌入方式参与价值链分工的地区,其价值链定位往往较低。由于我们熟知的"微笑曲线"上下游与全球价值链定位的上下游并不完全相符(程大中,2015),有必要进行改进。

在全球价值链分工中,处于上游定位的国家和地区通常分为两类:一是能源资源供给国(如巴西、俄罗斯);二是技术、营销渠道提供国(如美国、日本),两者的贸易附加值率都位居前列(库普曼等,2014;约翰逊等,2012;Antràs 等,2012)。鉴于以上结论,加之战略性资源能源在经济增长中的重要性日益显著,本章把资源能源供给环节纳入传统"微笑曲线",形成一条由资源能源供给、研发、品牌及营销(上游环节),关键零部件及中间品生产、物流及技术服务(中游环节),以及简单加工、组装(下游环节)组成的完整的价值链,由此更加适合价值链分工的分析(见图 2-1)。

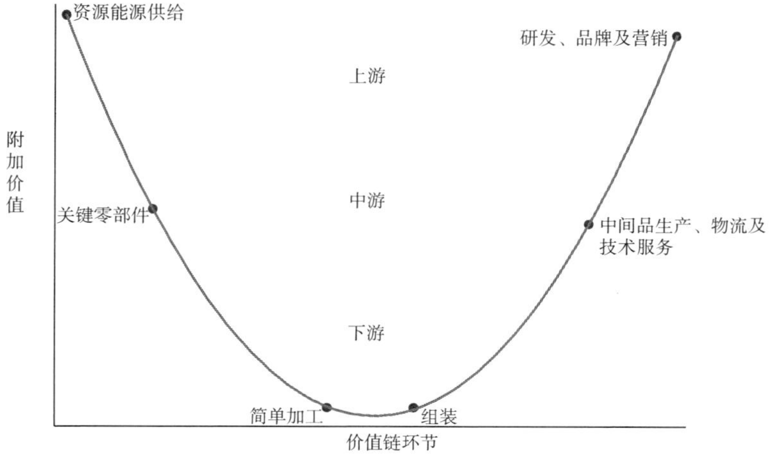

图 2-1　改进的"微笑曲线"

资料来源:笔者绘制而成。

可见,分析国内价值链的深度,需要结合其布局特征剖析价值链的各个环节。通常各个环节俱全且专业化程度显著的国内价值链深度较高,相反,存在价值链环节缺失专业化程度不显著的国内价值链深度较低。

(二)国内价值链匹配度

在研究国内价值链的空间覆盖和分工深度基础上,有必要深入分析其空间布局是否合理,资源配置是否有效。由此本章提出国内价值链匹配度概念,刻画参与主体在国内价值链分工中的角色是否与其自身能力特征相匹配,以及匹配程度如何。

判断国内价值链的布局是否合理,需要考量两个因素:一是各分工参与地区在国内价值链中处于何种定位;二是该定位与其自身条件、发展能力是否相符。因而有必要探讨如何衡量分工参与地区的基础条件及发展能力。

一个国家和地区基于何种条件和能力参与国际分工及其在国际分工中的定位,是国际贸易领域的研究重点。从古典国际贸易理论的比较优势差异、新国际贸易理论的规模经济差异,到新新国际贸易理论的劳动生产率差异,虽然对国际分工的动因各抒己见,但异曲同工之处在于均认为具有某种程度的相对成本优势是一个国家和地区参与国际分工的前提,而该相对成本优势很大程度上又取决于其要素禀赋结构。通常区域经济发展所拥有的生产要素包括劳动、资本、技术(人力资本)和资源能源,而在资源能源、技术相对稀缺,资本深化不断加强的现代化大生产时代,各种要素因在生产中的地位和作用差异被划分为初级要素和高级要素(Porter,1985;Lall,2000;张二震等,2005;张幼文,2013),因而拥有各种生产要素的数量和质量成为一个地区参与国内价值链的能力特征。

由此,国内价值链匹配度是各地区承担的分工角色与其要素禀赋匹配程度的度量,能否做到"因地制宜",尽可能地把价值链各环节布局到要素禀赋结构相适应的地区,决定了国内价值链匹配度的高低。

二、 国内价值链生产网络的核算方法

参照前文做法，在对省级区域双重价值链嵌入进行增加值完全分解的基础上，通过构建一系列经济指标对国内价值链发育度及国内价值链匹配度进行深入研究。

（一）国内价值链广度

国内价值链覆盖的广度通常可采用地理密度或经济密度来衡量，由于国土面积受行政区划影响容易出现较大偏差，借鉴克拉克等（Clark 等，2001）的做法，以经济规模占比作为权重来修正国内价值链分工的地理密度，为此首先构建国内价值链广度（NVC_Density，*NDS*）指标，即：

$$NDS_k = \frac{\sum_i (A_{ik} \times E_{ik})}{\sum_i (A_{ik} \times E_{ik}) + \sum_s (A_{sk} \times E_{sk})} \tag{2-1}$$

其中，k 代表行业，i 代表参与国内价值链分工的地区，s 代表没有参与国内价值链分工的地区，A_{ik}、E_{ik} 分别代表参与国内价值链分工地区的地理面积和经济规模占比，A_{sk}、E_{sk} 分别代表没有参与国内价值链分工地区的地理面积和经济规模占比，因而 NDS_k 值越大代表该行业国内价值链分工覆盖的地理范围和市场空间越广。

可见，NDS_k 的大小很大程度上取决于地区嵌入国内价值链的衡量。仍然采用借鉴王直等（2017b）思路构建的省级区域行业层面国内价值链嵌入度（NVC Participation，*NPA*）指标，即：

$$NPA_{ik} = \left(\frac{iv1n_{ik} + iv2n_{ik} + vr1n_{ik} + vr2_{ik}}{VA_{ik} + VA'_{ik}} + \frac{fv1n_{ik}}{X_{ik}}\right) \tag{2-2}$$

其中，i 表示区域、k 表示行业，各增加值部分含义如前文所述，式（2-2）分子 $iv1n_{ik} + iv2n_{ik} + vr1n_{ik} + vr2_{ik}$ 表示区域 i 行业 k 以提供中间品的形式参与

国内价值链分工创造的增加值;而$fv1n_{ik}$代表区域i行业k以利用外来中间品的形式嵌入国内价值链分工创造的增加值。分母VA_{ik}、VA'_{ik}分别代表区域i行业k通过国内流出和出口实现的区域增加值,X_{ik}表示区域i行业k的产出水平。因而,NPA_{ik}表示区域i行业k的国内价值链嵌入度,该值越大,代表该行业融入国内价值链的程度越深。其中,$\frac{iv1n_{ik}+iv2n_{ik}+vr1n_{ik}+vr2_{ik}}{VA_{ik}+VA'_{ik}}$衡量区域$i$行业$k$以前向参与(为其他地区提供中间品)的形式嵌入国内价值链的程度;$\frac{fv1n_{ik}}{X_{ik}}$则代表区域i行业k以后向参与(利用其他地区提供的中间品)的形式嵌入国内价值链的程度。

(二)国内价值链深度

国内价值链深度依赖于各地区分工合作及角色互补的程度,因而有必要明确各地区在国内价值链分工中的定位及差异。仍然采用借鉴库普曼等(2010)及王直等(2017b)思路构建国内价值链位置(NVC Position, NPO_{ik})指标,即:

$$NPO_{ik} = NPO_{ik}^{F} - NPO_{ik}^{B} = \ln\left(1+\frac{iv1n_{ik}+iv2n_{ik}+vr1n_{ik}+vr2_{ik}}{VA_{ik}+VA'_{ik}}\right) - \ln\left(1+\frac{fv1n_{ik}}{X_{ik}}\right) \tag{2-3}$$

其中各增加值部分含义如前所述,NPO_{ik}^{F}、NPO_{ik}^{B}分别表示区域i行业k的国内价值链上游程度及下游程度,NPO_{ik}^{F}越大,表示区域i行业k更多地对其他地区输出中间品,越靠近国内价值链上游;而NPO_{ik}^{B}越大则表示区域i行业k更多地由其他地区输入中间品,越靠近国内价值链下游。NPO_{ik}为地区i行业k的国内价值链位置,NPO_{ik}越大,表示该行业的国内价值链定位越靠近上游,反之则越靠近下游。

此外,鉴于国内价值链上游包括了"微笑曲线"的两端,有必要对资源能源供给,品牌和营销两个上游环节进行区分,分别核算其国内价值链定位及与国内价值链下游的"距离",由此汇总"微笑曲线"两端上下游距离来度量国内价值链深度（NVC_Depth，NDP），即：

$$NDP_k = [\text{Max}(NPO_{ik})^R - \text{Min}(NPO_{ik})] + [\text{Max}(NPO_{ik})^T - \text{Min}(NPO_{ik})] \tag{2-4}$$

其中，$\text{Max}(NPO_{ik})^R$、$\text{Max}(NPO_{ik})^T$ 分别代表行业 k 资源密集地区及技术密集地区国内价值链定位的最大值，$\text{Min}(NPO_{ik})$ 代表各地区国内价值链定位的最小值，可见 $\text{Max}(NPO_{ik})^R - \text{Min}(NPO_{ik})$ 表示“微笑曲线”左端的上下游距离，$\text{Max}(NPO_{ik})^T - \text{Min}(NPO_{ik})$ 则代表“微笑曲线”右端的上下游距离。NDP_i 表示行业 k 的国内价值链深度。由此可见，结合各地区的国内价值链定位及要素禀赋特征以确定“微笑曲线”的两端，是核算国内价值链深度的关键。

为此，分别核算出区域各行业的劳动密集度（L_{dik}）、资本密集度（K_{dik}）、技术密集度（T_{dik}）和资源密集度（R_{dik}）并进行 Min-max 标准化，以得到该行业各种要素的国内要素禀赋定位（EPL_{dik}、EPK_{dik}、EPT_{dik} 及 EPR_{dik}），该值越大，表示区域拥有的某种要素数量相对越多，属于该类要素密集区，反之则属于该类要素短缺区。

（三）国内价值链匹配度

以地区要素禀赋结构反映其参与国内价值链分工的能力特征，本章构建国内综合要素禀赋定位（Total Endowment Position，TEP）指标。按照细分要素的要素禀赋定位 EPL_{dik}、EPK_{dik}、EPT_{dik} 及 EPR_{dik}，可控制各区域的要素数量。鉴于各种要素在经济增长中的作用差异，对不同种类要素赋予不同的权重以控制其质量差异，进而加总得到各区域的国内综合要素禀赋定位，即：

$$TEP_{ik} = \alpha EPL_{dik} + \beta EPK_{dik} + \theta EPT_{dik} + \delta EPR_{dik} \tag{2-5}$$

其中，α、β、θ 和 δ 为各种要素的权重，TEP_{ik} 为地区 i 行业 k 的国内综合要素禀赋定位，代表该部门拥有生产要素的数量及质量，以此来衡量该地区参与国内价值链的能力特征,该值越大反映该地区要素禀赋优势越明显。

在此基础上,结合各地区的国内价值链定位,可以对不同行业的国内价值链匹配度进行衡量。为便于比较,在 TEP_{ik} 及 NPO_{ik} 进行 Min-max 标准化的基础上构建国内价值链匹配度(NVC_Fit,NF)指标,即:

$$NF_{ik}=\frac{NPO'_{ik}}{TEP'_{ik}} \tag{2-6}$$

其中,NPO'_{ik}、TEP'_{ik} 为地区 i 行业 k 标准化后的国内价值链定位及国内综合要素禀赋定位,NF_{ik} 为地区 i 行业 k 的国内价值链匹配度,$\frac{NPO'_{ik}}{TEP'_{ik}}$ 衡量该地区的国内价值链定位与其综合要素禀赋定位的匹配程度。因而,$NF_{ik}=1$ 代表最优匹配程度(即 $NPO'_{ik}=TEP'_{ik}$),该值与 1 的偏离程度越小,表明该地区参与国内价值链的匹配度越高,反之则表明该地区参与国内价值链的匹配度越低。值得注意的是,当 $NF_{ik}>1$,表明对于该地区国内综合要素禀赋定位而言,其国内价值链定位相对偏高,而 $NF_{ik}<1$ 则表明其国内价值链定位相对偏低。

根据区域各行业的国内价值链匹配度 NF_{ik},可以构建行业层面的国内价值链匹配度 NF_k,以度量该行业国内价值链的布局合理程度。通常各区域的国内价值链匹配度越高(NF_{ik} 越趋近于 1),则行业整体的匹配度越高,反之则行业整体的匹配度越低。借鉴统计学中的标准差(Standard Deviation)思路,构建行业的国内价值链匹配度指标,即:

$$NF_k=\sqrt{\frac{1}{N}\sum_i(NF_{ik}-1)^2} \tag{2-7}$$

其中,NF_{ik} 为地区 i 行业 k 的国内价值链匹配度,NF_k 表示该行业的国内价值链布局与其最优值的偏离程度,该值越小代表行业 k 的国内价值链布局越趋于最优,反之则表示该部门的国内价值链布局越不合理。

第二节　中国国内价值链发育度的实证分析

在构建国内价值链分析模型及核算方法基础上，利用中国 1997 年、2002 年和 2007 年的区域间投入产出表对国内价值链的发育度及匹配度进行实证分析。

一、　国内价值链广度

首先分别核算出中国八大区域①的国内价值链嵌入度，在此基础上，通过对地区参与国内价值链分工的程度设定不同阈值（threshold），可以核算出各地区不同行业的国内价值链广度。分别以同一地区各行业的国内价值链嵌入度均值、同一行业各地区的国内价值链嵌入度均值，以及全国各行业国内价值链嵌入度总体样本均值为阈值，行业国内价值链嵌入度超过该阈值的地区视为参与国内价值链分工，否则视为不参与。由表 2-1 可见各行业的国内价值链广度出现明显分化，从横向看，冶金、化工、机械、交通运输、电子等重化工部门的国内价值链广度明显大于食品、纺织服装、造纸等轻工部门。由此表明相对于轻工部门，中国重化工部门国内垂直专业化分工覆盖的地理范围和市场空间范围更广。

表 2-1　中国各行业的国内价值链广度　（单位：%）

行业	阈　值　1			阈　值　2			阈　值　3		
	1997 年	2002 年	2007 年	1997 年	2002 年	2007 年	1997 年	2002 年	2007 年
1	30.30	82.00	26.33	65.68	71.40	45.38	30.30	71.40	45.38
2	34.32	71.11	45.38	85.84	71.40	45.38	45.08	45.38	45.38

① 《中国区域间投入产出表》把我国划分为八大区域，分别是：东北区域（黑龙江、吉林和辽宁），京津区域（北京和天津），北部沿海区域（河北和山东），东部沿海区域（江苏、上海和浙江），南部沿海区域（福建、广东和海南），中部区域（山西、河南、安徽、湖北、湖南和江西），西北区域（内蒙古、陕西、宁夏、甘肃、青海和新疆），西南区域（四川、重庆、广西、云南、贵州和西藏）。

续表

行业	阈　值　1			阈　值　2			阈　值　3		
	1997 年	2002 年	2007 年	1997 年	2002 年	2007 年	1997 年	2002 年	2007 年
3	20.00	80.91	29.59	63.08	78.61	48.94	45.08	78.61	48.94
4	100.00	21.69	21.69	63.38	56.17	45.38	65.68	56.17	56.17
5	0.30	3.64	3.94	20.60	49.02	49.02	0.00	49.02	49.02
6	100.00	71.31	99.70	63.08	63.38	49.02	91.71	63.38	52.58
7	84.20	32.27	25.25	59.44	49.02	48.94	55.87	49.02	48.94
8	65.38	70.03	66.47	63.08	57.23	56.17	63.08	57.23	56.17
9	99.70	61.74	92.50	63.08	59.73	55.87	89.11	62.04	55.87

注:表头数字代表行业,其中 1 为食品制造及烟草加工业,2 为纺织服装业,3 为造纸印刷及文教用品制造业,4 为化学工业,5 为非金属矿物制品业,6 为金属冶炼及制品业,7 为机械工业,8 为交通运输设备制造业,9 为电气机械及电子通信设备制造业。阈值 1 为同一地区所有行业国内价值链参与度的平均值,阈值 2 为同一行业所有地区国内价值链参与度的平均值,阈值 3 为所有地区所有行业国内价值链参与度的平均值。

资料来源:笔者根据相应年度的中国区域间投入产出表测算而得。

从机理上讲,国内价值链广度刻画的是部门生产过程中的区域间分工协作关系,如国内区域间分工合作关系增强,更多地区较大程度地嵌入国内价值链分工,则体现为国内价值链广度上升;反之则为国内价值链广度下降。而区域间的分工协作关系很大程度上又取决于该部门的分工形态及空间布局特征。

垂直专业化分工程度通常与产品的技术复杂度显著正相关(胡梅尔斯等,2001;Daudin 等,2011;库普曼等,2010、2012、2014)。对于食品、纺织服装、造纸等轻工部门而言,产品的技术复杂度往往较低且对原材料(农产品、木材等)依赖明显,企业通常倾向于邻近原材料产地选址布局,由此更多表现为以资源依托型空间布局为特征的分工形态。而产品技术复杂度较高的冶金、化工、机械、交通运输、电子等重化工部门对关键零部件、销售市场依赖程度相对更高,相应地表现出临海港口型及市场邻近型等空间布局形态(徐康宁,2006)。由于中国的资源能源主要集中在中西部地区,沿海港口及消费市场大多分布在东部地区,临海港口型及市场邻近型产业空间布局形态扩大了区域的国内分工合作半径。因而相对于轻工部门,产品技术更为复杂、分工合作半径更大的重化工部门的国内价值链广度无疑更大。

纵向来看,轻工部门的国内价值链广度波动不大,而大多重化工部门的国内价值链广度呈现下降趋势,这恰与中国经济发展的独特轨迹密不可分。首先,分税制改革以来中国出现明显的区域贸易壁垒和市场分割。加之各地对跨国公司及其配套企业的引进相对盲目,出现产业同构现象(尤其是外资集聚的沿海发达地区)。由于各地都建立了一定规模的生产配套体系,表面上减少了区域运输成本,但就国家层面而言,市场分割和产业同构割裂了区域合作及垂直专业化分工(钟昌标,2002;徐康宁,2006)。其次,随着跨国公司日益把中国纳入其全球生产体系中的加工组装环节,"两头在外、大进大出"的特征很大程度上使得中国产业发展由原有的"体内循环"转变为全球价值链框架下的"体外循环"。

中国各制造部门遭受上述冲击的程度有所不同,通常区域产业同构的部门多为对地方产值及税收贡献显著的重工业部门(沈坤荣等,2003;徐康宁,2006),而技术水平较高部门的国际垂直专业化程度相对更高(胡梅尔斯等,2001;Daudin 等,2011;库普曼等,2010、2012、2014)。随着中国经济快速发展,重化工部门的产业同构现象更加严重,融入全球价值链分工水平更高,因而其国内价值链广度出现下滑。

从区域的层面看,如表 2-2 所示,各区域的国内价值链嵌入度呈现出"西高东低"的梯度递减格局,即以西北地区、中部地区为代表的中西部地区更多地嵌入国内价值链分工,而东部沿海地区、南部沿海地区、京津地区、东北地区等东部地区的国内价值链嵌入度相对较低。进入 21 世纪以来,各区域重化工部门的国内价值链嵌入度波动明显,其中东部沿海地区、南部沿海地区多数重化工部门的国内价值链嵌入度明显下降,表明作为中国经济的增长极,该地区与国内其他地区的分工合作程度相对较低。而中西部地区及东北地区嵌入国内价值链程度普遍上升,与国内其他地区的经济联系与日俱增。因而中国重化工部门国内价值链广度的降低很大程度上是由于沿海地区在国内价值链版图中"掉队"的结果。

表 2-2　1997—2007 年中国各区域重化工部门国内价值链嵌入度的动态变化

（单位：%）

区域＼行业	4	6	7	8	9
东北地区	25.77(+)	25.98(+)	16.07(+)	19.13(+)	26.05(-)
京津地区	42.86(+)	46.14(-)	24.36(+)	26.37(+)	23.82(+)
北部沿海地区	46.21(-)	50.88(+)	26.24(+)	39.21(-)	42.30(-)
东部沿海地区	40.66(-)	42.30(-)	31.17(-)	32.58(-)	34.03(+)
南部沿海地区	46.97(-)	50.62(-)	32.51(+)	39.97(-)	40.06(+)
中部地区	48.02(+)	59.83(-)	40.12(+)	42.19(+)	55.30(+)
西北地区	53.13(+)	80.30(-)	51.12(+)	66.45(+)	53.47(+)
西南地区	31.40(+)	37.88(+)	29.56(+)	25.28(+)	39.11(-)

注：表头数字代表行业，其中 4 为化学工业，6 为金属冶炼及制品业，7 为机械工业，8 为交通运输设备制造业，9 为电气机械及电子通信设备制造业。表格中为各区域 1997 年数据，“+”表示 2007 年较 1997 年有所提升，“-”表示 2007 年较 1997 年有所下降。

资料来源：笔者根据相应年度的中国区域间投入产出表测算而得。

二、 国内价值链深度

首先核算出各行业细分要素的国内要素禀赋定位。其中资本密集度（K_{dri}）以资本—劳动比（K_{ri}/L_{ri}）来衡量，劳动密集度（L_{dri}）则以劳动—资本比（L_{ri}/K_{ri}）来衡量，资本（K_{ri}）以行业的固定资产净值年平均余额表示①，劳动（L_{ri}）以行业全部从业人员年平均人数表示，数据来源于相应年度的《中国工业经济统计年鉴》。技术密集度（T_{dri}）以行业万人科技活动人员数（L_{ri}^{H}/L_{ri}）表示，L_{ri}^{H} 为部门科技活动人员数②，数据来源于相应年度的《中国科

① 按照固定资产价格平减指数统一为 1995 年的价格，数据来源为各年度《中国统计年鉴》。

② 由于各地区分行业的科技活动人员数据不可获得，本章采取推算方法。首先计算出全国范围内科技活动人员的行业分布 A_r，考虑到科技活动人员行业分布的地区差异，进一步以各地区的行业全员劳动生产率 y_{ri} 与该行业全国全员劳动生产率 y_i 之比 $C(C = y_{ri}/y_i)$ 进行修正，C 越大表示该行业的技术水平高于全国平均水平，因而其科技活动人员占比也应高于全国平均水平 A_r。以此为思路结合地区科技活动人员数 L_r^H 推算出其各行业的科技活动人员数 L_{ri}^H，即 $L_{ri}^H = L_r^H \times A_r \times C$。

技统计年鉴》。

有关区域的资源要素密集度，常用的方法如徐康宁等(2006)以采掘业从业人员数占当地从业人员比例来衡量，王军等(2009)以能源生产占全国产量比重来衡量。但上述方法刻画的更多是区域资源的开发情况，考虑到开发强度差异，本章采用人均矿产基础储量(区域矿产基础储量/区域就业人口数)来衡量区域资源密集度，主要考虑石油、天然气、煤炭及铁矿石四大消耗资源。假定四类资源对生产制造重要性相当前提下，首先把各区域石油、天然气、煤炭、铁矿石密集度 Min－Max 标准化，进而以相同的权重(0.25)进行加权平均，以此衡量区域的资源要素密集度，数据来源于相应年度的《中国统计年鉴》。

其次计算出各部门的国内价值链定位，由此确定各区域所处"微笑曲线"的位置。其中纵坐标以衡量附加价值水平的国内价值链定位来表示，横坐标以各种要素性质及密集程度大小来区分，如 1、2 代表资源密集型地区，7、8 代表技术密集型地区，3、6 代表资本密集型地区，4、5 代表劳动密集型地区①，由此得到各部门的国内价值链深度。

图 2-2 呈现了中国国内价值链深度的动态变化特征，可见除了电气机械及电子通信设备制造业外，中国制造部门的国内价值链深度均显著提升，表明随着经济发展和生产规模扩大，中国区域间的经济合作明显加强，国内垂直专业化分工进一步深化。

中国国内价值链深度的变动正是 20 世纪 90 年代中期以来各区域国内垂直专业化分工角色调整的体现。在本地市场效应(market potential effect)作用

① 例如地区某部门的要素禀赋定位表现为资源密集型，则进入横轴的 1—2 区间，如该地区的资源密集度高于同类区域平均水平，则标识为 1，反之标识为 2；技术密集型进入横轴的 7—8 区间，如该地区的技术密集度高于同类区域平均水平，则标识为 8，反之标识为 7；资本密集型进入 3 和 6 区间，如地区的资本密集度高于同类区域平均水平，则标识为 6，反之则标识为 3。劳动密集型进入 4 和 5 区间，如地区的劳动密集度高于同类区域平均水平，则标识为 4，反之则标识为 5。

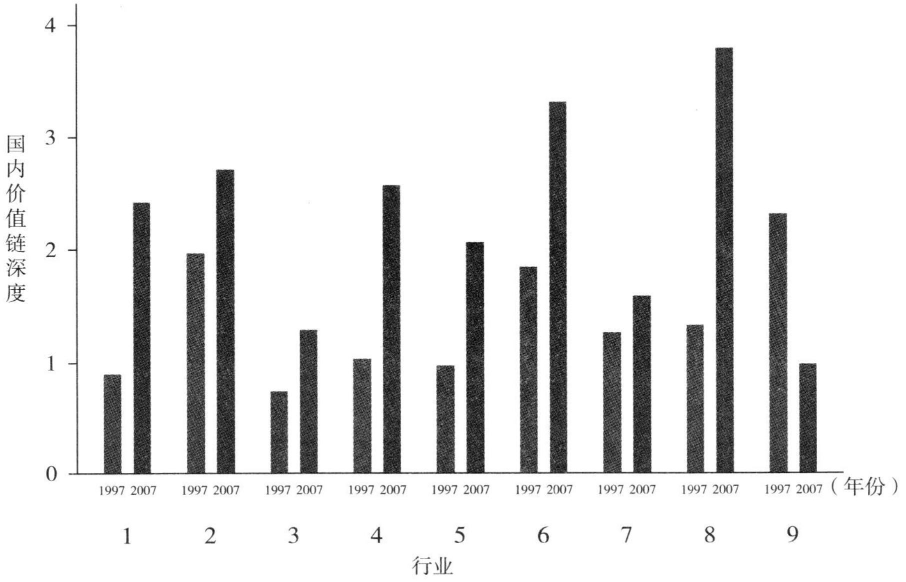

图 2-2 1997—2007 年中国制造部门国内价值链深度的动态变化

注:横坐标数字代表行业,其中 1 为食品制造及烟草加工业,2 为纺织服装业,3 为造纸印刷及文教用品制造业,4 为化学工业,5 为非金属矿物制品业,6 为金属冶炼及制品业,7 为机械工业,8 为交通运输设备制造业,9 为电气机械及电子通信设备制造业。

资料来源:笔者根据相应年度的中国区域间投入产出表测算而得。

下,具有上下游关联的企业大量集聚并形成规模巨大的产业集群。如东北地区、西北地区、西南地区大量制造企业转移到京津地区、东部沿海地区及南部沿海地区等发达地区,中国沿海地带集聚了全国大部分的制造产能(范剑勇,2004;范剑勇和谢强强,2010)。而东北地区、西北地区、西南地区企业的"东迁"降低了其生产制造能力,现实选择是加快其比较优势突出的资源能源部门,提升资源能源的国内供给。另外,产业集聚在推动沿海地区产能膨胀的同时扩大了其资源能源供需缺口,由此更加固化了以西北地区、东北地区为代表的资源能源密集区的"资源提供者"角色。

与此同时,对外开放政策、外资流入及产业集聚加剧了中国的区域间要素流动,改变了国内生产要素的空间布局。中国以东部沿海为重点的开放政策加速了区域间的发展不平衡，东部沿海地区集聚了大量国外资本、人才等高级要素，由此显著增强了该地区科技水平和产品的技术含量（Rodrik，2006；Xu，2009），在国内价值链分工中从事关键零部件、最终产品制造等生产环节。此消彼长的是，由于大量高级要素的流出，东北地区、中西部地区更多只能从事资源能源供给或初级产品加工等价值链环节。图 2-3 显示了中国国内价值链形态演变的轨迹：以西北地区、东北地区为代表的资源密集区占据了国内价值链“微笑曲线”的左端（资源能源供给），而以京津地区、东部沿海地区、南部沿海地区为代表的高级要素集聚区却更多处于国内价值链的生产制造环节，一定程度上表明国内价值链“微笑曲线”的右端（研发品牌及市场渠道）仍发育相对滞后。

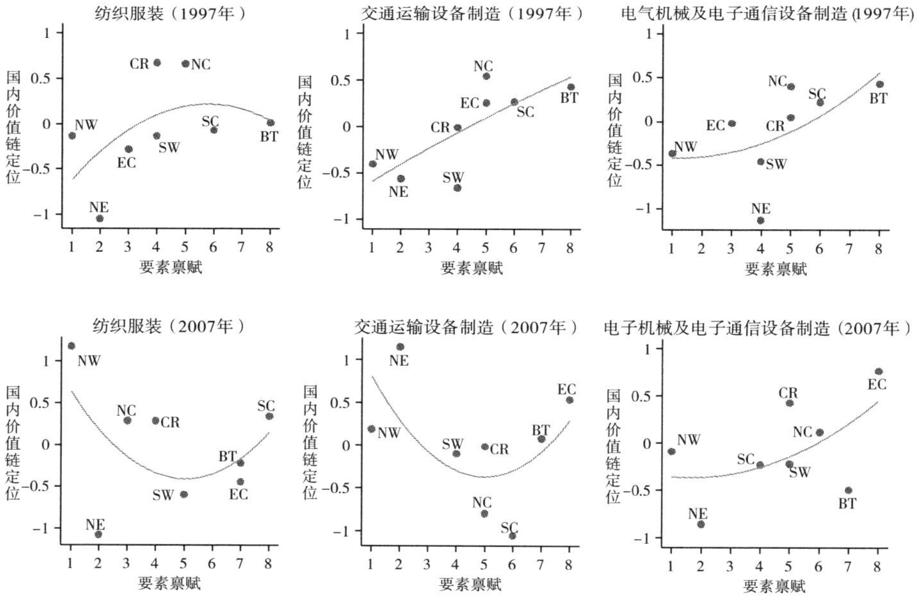

图 2-3　中国主要制造部门的国内价值链形态演变

注：图中的区域代码为东北地区（NE）、京津地区（BT）、北部沿海地区（NC）、东部沿海地区（EC）、南部沿海地区（SC）、中部地区（CR）、西北地区（NW）和西南地区（SW）。

资料来源：笔者根据对各地区国内价值链定位及要素密集度特征的测算而制作。

另一方面，图 2-2 反映各部门行业价值链深度呈现出明显的异质性，在轻工部门中，食品制造及烟草加工、纺织服装部门的国内价值链深度明显大于造纸印刷及文教用品部门。重化工部门中交通运输设备制造部门的国内价值链深度最为突出，而电气机械及电子通信设备制造部门的国内价值链深度最低。图 2-3 所示的各部门国内价值链形态同样揭示了该特征，即交通运输设备制造、纺织服装部门"微笑曲线"的左端相对较长，表明该部门对国内上游资源的依赖度较强，而电气机械及电子通信设备制造部门"微笑曲线"的左端较短，表明其国内后向关联相对较小。

国内价值链的主导力量及其推动方式很大程度上影响着其分工链条在国内的纵深程度。第一，通常内资企业更多依赖国内市场和资源构建其生产配套体系，以内资企业为主导的上下游分工合作将产生较强的国内经济关联（刘志彪和张杰，2007），其国内价值链深度往往相对较高。如表 2-3 所示，国内价值链深度较高的行业往往内资股权占比较大，如金属冶炼及制品、化学工业、食品制造及烟草加工、交通运输设备制造、纺织服装等行业，而内资股权占比相对较小的电气机械及电子通信设备制造、造纸印刷及文教用品制造行业的国内价值链深度较低。

表 2-3　2007 年中国各行业国内价值链深度及其股权结构和贸易方式

部　门	1	2	3	4	5	6	7	8	9
国内价值链深度	2. 42	2. 71	1. 29	2. 57	2. 07	3. 31	1. 59	3. 79	0. 99
内资股权占比（%）	70. 33	61. 20	55. 85	72. 35	75. 79	79. 64	68. 40	67. 69	41. 44
加工贸易占比（%）	24. 28	22. 07	56. 40	18. 04	15. 11	14. 83	75. 63	50. 96	72. 44
外资内销比重（%）	92. 61	77. 32	61. 70	85. 52	75. 18	75. 89	67. 06	85. 14	31. 04

注：表头数字代表行业，其中 1 为食品制造及烟草加工业，2 为纺织服装业，3 为造纸印刷及文教用品制造业，4 为化学工业，5 为非金属矿物制品业，6 为金属冶炼及制品业，7 为机械工业，8 为交通运输设备制造业，9 为电气机械及电子通信设备制造业。内资股权占比为部门所有者权益实收资本中扣除外商资本及港澳台资本后的剩余部分占比，数据来自 2008 年《中国工业经济统计年鉴》；加工贸易占比数据来自 2008 年《中国贸易外经统计年鉴》，行业分类按照《国民经济行业分类与代码（GB-T 4574-2002）》与 HS 码分类的贸易数据匹配而得。外资内销比重为各部门外资企业内销值占其产值比重，外资企业内销值为外资企业产值乘以产品销售率减去外资企业出口交货值，数据来自 2008 年《中国工业经济统计年鉴》。

资料来源：笔者自己整理测算而得。

第二，贸易模式也将导致行业间国内价值链深度的差异。通常加工贸易模式意味着更多利用其全球采购体系进行生产配套，对东道国上游物资配套需求相对较小。而一般贸易模式意味着本土化配套特征明显，对国内上游配套的需求有利于推动东道国国内垂直专业化分工的纵深开展。如图 2-3 所示，相对于纺织服装、交通运输设备制造部门，电气机械及电子通信设备制造部门更多地被纳入全球价值链分工体系，“两头在外、大进大出”的加工贸易模式决定了其对国内资源能源、初级产品等上游原材料需求相对较小，即生产的国内增值环节相对较短（Gereffi，2001；刘志彪和张杰，2007），因而“微笑曲线”的左端相对更短。

同样，外资进入导向也是影响国内价值链深度的重要因素。一般而言，市场导向型外资主要着眼于开拓东道国市场，为此更多开展本土适用性技术研发及市场营销网络建设，而成本导向型外资主要着眼于东道国低成本要素的整合，对产品研发、品牌及营销渠道投入的积极性并不强烈。如图 2-3 所示，通常电气机械及电子通信设备制造业外资的成本导向特征明显，其国内价值链“微笑曲线”的右端明显发育不足。而交通运输设备制造业更多表现出市场导向型特征，如汽车行业跨国公司更多是为占领中国市场而本地化生产，许多新车型几乎是中国大陆地区与全球同步上市，研发中心及地区总部也接踵而至。与此同时全球各大汽车品牌的 4S 店迅速遍及国内各级城市，一个覆盖中华大地、服务功能全的汽车营销体系已经基本形成，因而其国内价值链“微笑曲线”的右端相对较长。

第三节　中国国内价值链匹配度的实证分析

在核算出各行业细分要素的国内要素禀赋定位（EPL_{dik}、EPK_{dik}、EPT_{dik} 及 EPR_{dik}）基础上，鉴于资源供给地区及技术创新地区居于上游定位，劳动密集为特征的加工组装地区居于下游定位，资本密集为特征的中间品、零部件制造地区居于中游定位的事实特征,为控制不同生产要素的质量差异,本节的权重 α 、β 分别取 1/3 和 1/2,而 θ 、δ 设定为 1。以此为基础核算出各区域行业的国内价值链匹配度 NF_{ik} 及部门国内价值链匹配度 NF_k 。

图 2-4 显示了 20 世纪 90 年代中期以来中国主要制造部门的国内价值链匹配度动态演变情况。可见随着经济快速发展及国内生产要素布局调整,各区域的国内垂直专业化分工角色与其要素禀赋特征更加契合,国内价值链的空间布局日趋合理。

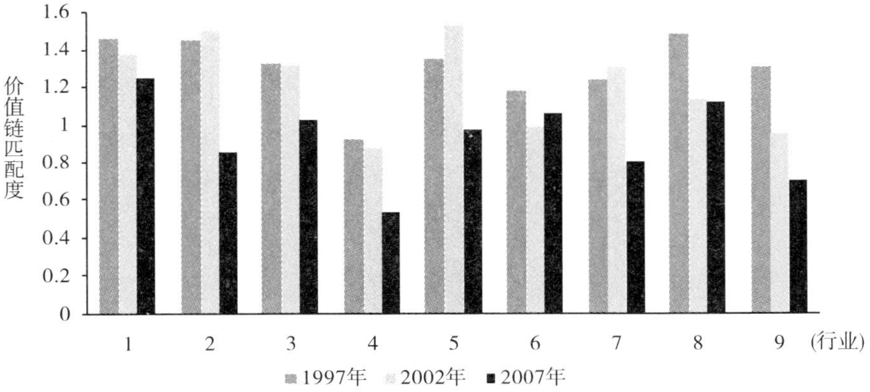

图 2-4　1997—2007 年中国各部门的国内价值链匹配度

注:数字代表行业,其中 1 为食品制造及烟草加工业,2 为纺织服装业,3 为造纸印刷及文教用品制造业,4 为化学工业,5 为非金属矿物制品业,6 为金属冶炼及制品业,7 为机械工业,8 为交通运输设备制造业,9 为电气机械及电子通信设备制造业。

资料来源:笔者测算而得。

仍以纺织服装、交通运输设备制造和电气机械及电子通信设备制造部门为例,图 2-5 坐标轴中的 45°线表示区域参与国内价值链分工的最优匹配度,位于 45°线右下方的点代表相对区域综合要素禀赋定位而言,其国内价值链定位相对偏低,反之位于 45°线左上方的点代表其国内价值链定位相对偏高。可见,三个行业国内价值链的匹配度逐步趋于优化,国内价值链的空间布局渐趋合理,这点从国内价值链形态的演变(图 2-3)也可以得到印证。

事实上,20 世纪 90 年代中期以来,伴随着中国产业空间布局调整及国内要素流动，东部沿海地区的要素禀赋特征逐渐由资本密集型演变为技术密集型；南部沿海地区纺织行业的要素禀赋特征提升显著，而电气机械及电子通信设备制造行业要素禀赋特征变动不大，这应该是与中国加入 WTO 以来尤其是“非典”影响下，跨国公司在中国沿海地区的产业布局调整有关。而由于资本、人才等高级要素外流，内陆地区的资源密集、劳动密集特征更加固化，其国内价值链定位也更为明确，即以西北地区为代表的资源密集区更多地提供资源能源等中间品，而以中部地区、西南地区为代表的劳动密集区更多扮演初级产品、零部件生产的角色。

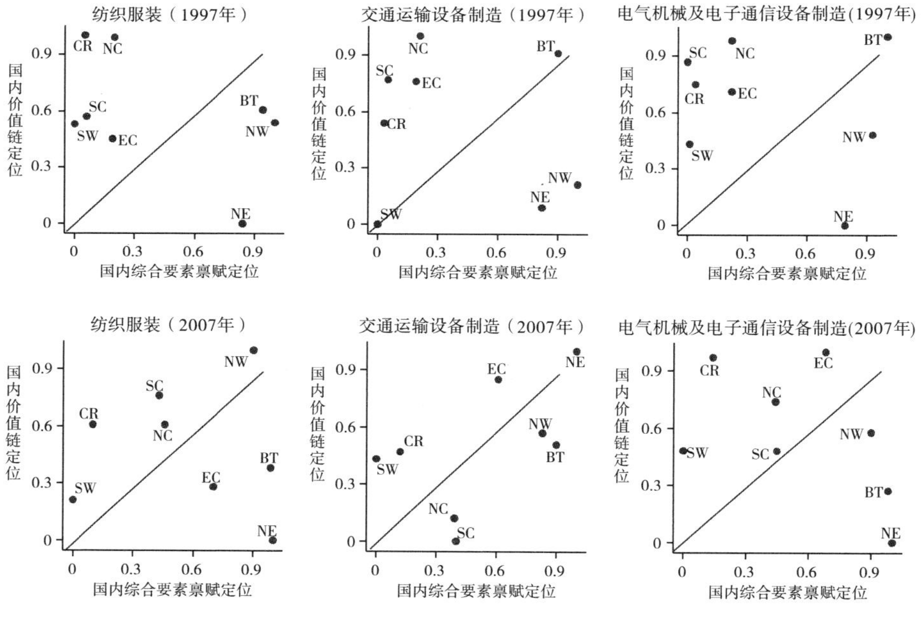

图 2-5　中国主要制造部门的国内价值链匹配度演变

注：图中的区域代码为东北地区（NE）、京津地区（BT）、北部沿海地区（NC）、东部沿海地区（EC）、南部沿海地区（SC）、中部地区（CR）、西北地区（NW）和西南地区（SW）。

资料来源：笔者根据对各地区国内价值链定位及要素密集度特征的测算而制作。

表 2-4 呈现了纺织服装和电气机械及电子通信设备制造部门各区域参与国内价值链方式的变化。20 世纪 90 年代中期以来，西北地区的国内价值链前向嵌入度大幅提升，表明在国内分工中更多地扮演“资源提供者”的角

色；而东部沿海地区的电气机械及电子通信设备制造部门、南部沿海地区的纺织服装部门前向嵌入度提升迅速，表明其开始向国内价值链的技术环节攀升。

表 2-4　中国各区域典型部门国内价值链嵌入方式的动态变化

（单位：%）

地区	纺织服装部门						电气机械及电子通信设备制造部门					
	前向嵌入度			后向嵌入度			前向嵌入度			后向嵌入度		
	1997 年	2002 年	2007 年	1997 年	2002 年	2007 年	1997 年	2002 年	2007 年	1997 年	2002 年	2007 年
NE	5.64	3.78	2.07	17.88	11.28	23.49	5.83	4.76	9.04	20.22	10.83	22.82
BT	15.30	11.84	44.35	15.20	40.93	55.45	14.63	28.38	20.82	9.19	23.25	35.06
NC	20.14	13.80	16.97	9.94	10.16	12.44	25.54	12.70	13.51	16.75	22.16	11.91
EC	8.29	8.43	6.25	11.29	6.82	10.34	16.80	26.89	30.06	17.23	10.73	13.49
SC	14.12	15.58	26.54	15.23	10.27	18.67	22.36	31.24	20.07	17.70	20.31	25.43
CR	22.29	18.45	19.00	10.93	9.55	13.91	28.30	23.28	47.48	27.00	26.48	30.90
NW	19.54	30.36	79.54	22.34	32.39	23.65	21.60	14.38	48.75	31.87	41.10	53.53
SW	14.13	19.58	10.17	16.22	13.75	19.28	14.87	13.14	16.93	24.24	13.61	21.39

注：图中的区域代码为东北地区（NE）、京津地区（BT）、北部沿海地区（NC）、东部沿海地区（EC）、南部沿海地区（SC）、中部地区（CR）、西北地区（NW）和西南地区（SW）。

资料来源：笔者根据相应年度的中国区域间投入产出表测算而得。

然而另一方面，图 2-5 显示大多数区域仍存在某种程度的资源配置扭曲，表现为技术密集度显著的京津地区、东部沿海地区、南部沿海地区的国内价值链定位相对偏低，与此相应的是，劳动密集型特征明显的中部地区、西南地区的国内价值链定位相对偏高。事实上，尽管中国东部地区资本、人才等高级要素密集度不断提升，但全球制造基地的定位造成该地区仍过多承担了加工制造终端环节，从表 2-5 显示的各地区中间品流出流入比（地区中间品流出额/中间品流入额×100%）来看，东部沿海地区、南部沿海地区、京津地区等东部地区仍很大程度上表现为从资源密集的东北地区、西北地区，甚至劳动密集的西南地区、中部地区调入资源能源、初级产品等中间品进行终端生产，而不是更多地充分发挥其技术、品牌优势，向生产终端地区提供关键零部件等中间产品。

表 2-5　2007 年各地区的中间品流出流入比　　（单位：%）

部门	NE	BT	NC	EC	SC	CR	NW	SW
1	2.16	0.77	0.70	0.19	0.20	1.07	1.89	1.46
2	0.04	0.45	0.99	0.39	1.29	1.02	3.09	0.28
3	0.89	0.25	0.99	0.93	2.32	1.45	0.82	0.64
4	5.25	2.14	0.95	1.53	0.55	1.27	4.03	1.03
5	2.64	0.78	2.22	0.14	1.57	1.74	1.70	0.34
6	1.76	1.12	1.80	0.31	1.42	1.81	3.13	2.96
7	0.41	1.05	0.56	1.09	4.91	0.25	0.18	0.19
8	3.35	0.98	0.31	1.08	0.19	0.50	0.50	0.73
9	0.25	0.31	0.69	1.50	0.59	1.17	0.78	0.53

注：表头的区域代码为东北地区（NE）、京津地区（BT）、北部沿海地区（NC）、东部沿海地区（EC）、南部沿海（SC）、中部地区（CR）、西北地区（NW）和西南地区（SW）。表头的数字代表行业，其中 1 为食品制造及烟草加工业，2 为纺织服装业，3 为造纸印刷及文教用品制造业，4 为化学工业，5 为非金属矿物制品业，6 为金属冶炼及制品业，7 为机械工业，8 为交通运输设备制造业，9 为电气机械及电子通信设备制造业。

资料来源：笔者根据 2007 年中国区域间投入产出表测算。

此外，东部地区制造部门规模过大导致某种程度的资源错配现象，即大量高级要素被集中投入加工制造的价值链终端，而没有被利用到技术密集程度突出的研发设计、品牌开发等高端环节。表 2-6 显示了各地区其他服务中间投入的区位分布，由于服务产品的特征，绝大部分的服务供给被当地直接消费，但仍表现出一定的异质性，南部沿海地区、东部沿海地区、京津地区等东部地区服务供给的本地吸收率明显高于内陆地区，一定程度上表明其大量服务供给被投入生产终端，而不是投入研发设计、关键零部件生产等前端环节并通过中间品间接流出。

表 2-6 2007 年各地区其他服务中间投入的区域分布占比 (单位:%)

部门	NE	BT	NC	EC	SC	CR	NW	SW
NE	91.85	1.20	1.40	2.30	1.19	1.19	0.40	0.46
BT	0.23	94.61	1.13	0.83	0.62	1.03	0.75	0.80
NC	0.40	2.06	87.50	1.18	0.70	3.40	3.06	1.70
EC	0.03	0.04	0.21	97.79	0.46	0.64	0.45	0.37
SC	0.03	0.02	0.10	0.63	97.81	0.38	0.31	0.72
CR	0.05	1.05	0.30	2.35	2.62	91.90	0.56	1.16
NW	0.20	0.24	1.74	3.16	1.01	2.32	84.85	6.49
SW	0.06	0.03	1.17	2.44	2.44	1.31	1.96	90.60

注:表头的区域代码为东北地区(NE)、京津地区(BT)、北部沿海地区(NC)、东部沿海地区(EC)、南部沿海地区(SC)、中部地区(CR)、西北地区(NW)和西南地区(SW)。其他服务业包括信息传输、计算机服务及软件、金融、研究与试验发展、综合技术服务、水利、环境和公共设施管理、居民服务和其他服务、教育、卫生社会保障和社会福利、文化体育和娱乐、公共管理和社会组织等服务部门。

资料来源:笔者根据 2007 年中国区域间投入产出表测算。

第三章　外资进入如何影响中国国内价值链分工

作为发展中大国，中国区域间经济发展、产业布局、资源分布极不平衡，客观上具备依托国内资源及市场开展国内垂直专业化分工的现实基础和条件。然而新中国成立以来中国区域间贸易和分工水平很低，仅存在中央统一调度下的区际物质交流（程必定，1988；魏后凯，1991）。而分权制改革在刺激地方政府发展积极性的同时，加剧了区域间贸易壁垒和市场分割，国内资源及市场未被充分挖掘、国内垂直专业化分工发育严重不足。对此，刘志彪和张杰（2007）、刘志彪和张少军（2008）提出中国应加快基于国内市场空间构建国内价值链，然而现有研究更多集中在定性层面，而对于中国国内价值链分工开展情况如何、存在什么问题，尤其作为世界第一大出口国、第二大进口国、第二大吸收外资国、第三大对外投资国，嵌入全球价值链行为对国内价值链构建会产生何种影响等重大现实问题涉及并不多。

利用外资是中国融入全球价值链的主要载体，许多研究以利用外资为视角切入该命题，第一类研究以商品零售价格指数省际差异度量国内市场分割，发现利用外资不利于国内垂直专业化分工（范爱军等，2007；刘小勇和李真，2008）。第二类研究以地区专业化指数直接衡量国内垂直专业化分工，发现外资进入导致沿海和内地产业结构差异进一步扩大（冼国明和文东伟，2006；

黄玖立和李坤望,2006)。

以上研究存在的不足之处在于:其一,价格法衡量的国内市场分割更多体现的是商品省际流动面临的“边界效应”(border effect),且多种商品价格加权使得行业层面的异质性难以观测。而以产业结构差异为衡量的地区专业化指数并不能观测到区域层面的异质性。其二,现有文献大多只关注外资进入规模的影响,而忽略了外资进入导向及其进入价值链环节的差异。事实上,随着中国市场准入政策的放松及营商环境的不断改善,20 世纪 90 年代中后期以来跨国公司进入中国呈现出明显的独资化态势,主要表现为:一是新投资企业基本采取独资方式;二是通过并购国内企业直接设立独资企业;三是现有合资企业外方通过不断增资扩股或买断合资中方股份逐步控股直至完全独资;四是合资企业外方转让股份,退出合资,另设独资企业(陈继勇,2004;陈霖,2005)。而同等外资进入规模条件下,市场导向型和成本导向型的差异,很可能决定了其对东道国区域间垂直专业化分工影响的差别。而外资进入国内价值链的不同环节,对东道国国内价值链构建的影响也必定存在明显差异。

本章以利用外资为视角研究全球价值链嵌入行为对中国国内价值链分工的影响,可能的贡献在于:第一,在考虑外资进入导向、外资进入价值链环节差异基础上构建计量模型,利用省级行业数据重点探讨外资进入对国内价值链嵌入行为的影响及其机理。第二,在数据使用方面,通过中国海关数据库与中国省际间投入产出表的匹配,更加细致地刻画省级行业层面外资的进入行为。

本章研究结果显示:第一,外资进入规模的扩大阻碍了中国国内价值链构建,而外资兼并收购的市场导向行为更加不利于国内区域间垂直专业化分工的深化。第二,外资进入及其市场兼并行为在沿海地区产生了更为明显的替代效应,沿海地区的国内价值链嵌入程度相对较低。同样的情况发生在技术复杂度更高、分工更为迂回的机电及高新技术行业,其国内垂直专业化分工水平相对较低。第三,外资进入的国内价值链环节越靠近上游,其对国内价值链分工的负面影响越加显著。外资的上游垄断阻碍了内资企业的国内价值链攀升,很大程度上切断了沿海地区与内陆地区的上下游关联,不利于国内价值链分工的开展。

基于以上思路,本章剩余部分的结构安排如下:第一节是理论假说及计量模型设定;第二节是实证结果及分析,就外资进入是否影响国内价值链构建进行初步考察;第三节、第四节是扩展分析,就外资进入影响国内价值链构建的机理进行深入探究;第五节是总结与政策启示。

第一节　理论假说及计量模型设定

一、　理论假说

针对中国区域间明显存在的市场分割现象,蓬塞(Poncet S.,2003)发现中国扩大对外开放的同时,省际贸易占比相对较小且呈递减态势。陆铭和陈钊(2009)认为伴随着利用外资规模不断扩大,地方政府在利用国际市场规模经济效应的同时放弃了国内市场规模经济效应,更加倾向于以地方保护和市场分割来促进地方经济发展。范爱军等(2007)、刘小勇和李真(2008)的实证分析也印证了上述结论。而陈敏等(2007)指出在对外开放程度较低时,外资进入会加剧国内市场分割,而随着对外开放步伐的不断加快,外资进入能够促进国内市场一体化。

另一方面,外资进入后呈现出不同的目标导向及行为特征,如成本导向型外资一般凭借其技术品牌、营销渠道等高级要素整合东道国的低成本要素,从而最大限度降低其生产运营成本;资源导向型外资通常靠近原料产地投资设厂进行生产,由此获取大量稀缺资源;市场导向型外资更多要求打入东道国市场,通过兼并收购、股权控制等途径整合东道国的营销渠道(许罗丹和谭卫红,2003);技术导向型外资则常见于发展中国家对发达国家的直接投资,意在通过融入发达国家的科技研发体系获取先进的技术资源。可见,对于东道国而言,外资行为导向差异往往意味着不同性质的国内要素被利用和整合,由此必然对国内原有的区域间垂直专业化分工产生显著影响。由此可以引申出假说1。

假说1:外资进入规模及其行为导向是影响东道国国内垂直专业化分工的重要因素,外资进入规模一定条件下,外资行为导向不同会导致其对东道国国内价值链分工的影响差异。

除了自身行为导向的异质性,外资进入还呈现出其进入区域、部门及价值链环节的差异。对于主权国家内部的次级区域而言,其面临的分工选择通常包括国际分工、国内区域间分工及区域内部分工三种形式,要素禀赋、产业基础、收入水平等差异很大程度上决定了各地区参与国内垂直专业化分工的水平各异(黎峰,2016),而外资进入很可能成为影响该地区分工形式选择的重要外力。

同样,对于不同类型产业部门而言,产品的技术复杂度、生产的迂回程度、供应链的长度及布局等因素很大程度上决定了其更多嵌入国际垂直专业化分工或国内垂直专业化分工,如技术更为复杂、生产更加迂回的产业部门通常更加倾向于参与全球价值链分工,通过全球范围内整合资源实现要素配置最优。基于以上分析,可以引申出假说2。

假说2:外资进入对东道国国内垂直专业化分工的影响存在着区域异质性及部门异质性,外资进入对不同地区及产业部门国内价值链嵌入水平的影响存在显著差异。

不同价值链环节在产品生产链条中的重要性存在差异。产品价值链的运行分为生产者驱动和购买者驱动两种模式(Gereffi,2001),即价值链各个环节在空间上的分离、重组和正常运行等是在生产者或者购买者的推动下完成,而能否掌握核心技术和营销渠道、如何成功打造国内价值链的"链主",则成为构建国内价值链的重中之重(刘志彪和张杰,2007)。

因而,外资进入及其行为导向差异对东道国国内价值链分工的影响,往往通过其冲击的国内价值链环节进行传导，外资整合的东道国国内价值链环节不同往往决定其影响差异。如外资一旦进入和控制国内价值链的核心技术和营销渠道环节，将替代原有国内价值链的“链主”，破坏其前向嵌入国内价值链分工行为，“链主”的缺失则往往导致国内价值链分工难以深化；而以获取廉价劳动力、资源能源等要素，整合东道国原材料供应及生产制造环节为行为导向的外资进入，对东道国国内垂直专业化分工开展的不利影响可能会相对较小。基于以上分析，可以引申出假说3。

假说3：外资进入对东道国国内价值链分工影响的方向及程度，很大程度上取决于其进入及整合的东道国国内价值链环节。

二、 计量模型设定

相对于全球价值链分工，国内价值链分工的动因及影响因素相关文献较少。作为由计划经济转型的发展中大国，中国区域间发展模式、发展差距明显，已有研究大多是以中国作为案例展开，如程必定（1988）、沈立人和戴园晨（1990）、魏后凯（1991）指出由于受计划经济体制影响，改革开放前的中国几乎不存在区际贸易和分工，仅存在中央统一调度下区际物质交流。然而随着中央与地方的分权制改革实施，中国地方政府之间基于财政创收及政绩考核目的展开激烈竞争，导致严重的区域分割及贸易壁垒（Young A.，2000）。围绕中国区域间存在的区域壁垒和市场分割，国内学者研究纷纷从不同视角探寻其间影响因素及机理原因：

一是国内经济因素。企业是参与分工的主体，市场推动无疑是影响国内价值链分工的重要因素。从比较优势理论、HO理论到HOV理论，经典贸易分工理论表明要素禀赋差异对国内垂直专业化分工的影响不可忽略。随着产业间分工逐渐演变为产业内分工，以迪克西特（Dixit）、斯蒂格利茨（Stigliz）、克鲁格曼（Krugman）等为代表的新贸易理论指出企业追求规模经济而进行专业化生产，同样成为国际分工的动因。如冼国明和文东伟（2006）、黄玖立和李坤望(2006)均指出要素禀赋结构差异仍是推动区域间垂直专业化分工的主要推动力,而行业规模经济程度有利于扩大国内垂直专业化分工。

二是国内行政因素。通常市场推动因素是决定分工的基础,但对于由计划经济体制转轨、政府干预市场色彩较浓的中国而言,行政干预因素同样不可忽略。在财税分成及政绩考核条件下,追求经济发展、维持社会稳定成为地方政府的主要目标,因而行业利税占比(Bai 等,2004;黄玖立和李坤望,2006)、国有经济比重(Bai 等,2004;黄玖立和李坤望,2006;陈敏等,2007;刘小勇和李真,2008)、行业就业比重(Poncet S.,2005)较高的行业容易出现明显的地方保护和较低的区域垂直专业化分工。

三是外部经济因素。经济全球化决定了一个国家(地区)的发展不可能再闭关锁国,而是或多或少地融入国际分工。外部高级要素的引进显著改变了国内的要素禀赋结构(张幼文,2005),先进设备、关键零部件的流入大大提升了国内企业的生产效率(张杰等,2014),沿海加工贸易的发展明显改变了国内要素的流向和产品的销售渠道,由此必然对国内垂直专业化分工产生重要影响。冼国明和文东伟(2006)、黄玖立和李坤望(2006)、陈敏等(2007)发现外资进入有利于缓解国内的地方保护和区域市场分割,而刘小勇和李真(2008)的研究得到相反的结论。

四是地理区位因素。鉴于中国区域间区位特征、发展模式差异,地理区位因素也是影响国内垂直专业化分工(区域市场分割)水平的重要因素。如蓬塞(2003)、冼国明和文东伟(2006)、黄玖立和李坤望(2006)发现距海外市场距离成为影响区域地方保护和市场分割的重要因素,相对于内陆地区,中国沿海地区市场分割程度相对较小。陈敏等(2007)、刘小勇和李真(2008)指出区域间的空间距离及运输成本同样影响着区域间垂直专业化分工合作程度。

在以上文献研究基础上,本章重点关注外资进入规模及行为导向对国内价值链分工的影响及其机理,利用中国科学院区域可持续发展分析与模拟重点实验室编制的 2002 年和 2010 年中国省际间投入产出数据构建计量模型如下：

$$\ln NPA_{ik} = \beta_0 + \beta_1 \ln FS_{ik} + \beta_2 \ln FO_{ik} + \gamma \ln X_{ik} + \varepsilon_{ik} \quad (3-1)$$

其中下标 i、k 分别表示地区及行业，FS、FO 为核心解释变量，X 为其他控制变量。

（一）被解释变量（NPA_{ik}）

以各行业的国内价值链嵌入度来衡量其参与国内价值链分工的水平，仍然采用借鉴王直等（2017b）思路构建的省级区域行业层面国内价值链嵌入度指标，即 $NPA_{ik} = (\frac{iv1n_{ik} + iv2n_{ik} + vr1n_{ik} + vr2_{ik}}{VA_{ik} + VA'_{ik}} + \frac{fv1n_{ik}}{X_{ik}})$。其中，$iv1n_{ik} + iv2n_{ik} + vr1n_{ik} + vr2_{ik}$ 表示区域 i 行业 k 以提供中间品的形式参与国内价值链分工；而 $fv1n_{ik}$ 代表区域 i 行业 k 以利用外来中间品的形式嵌入国内价值链分工。VA_{ik}、VA'_{ik} 分别代表区域 i 行业 k 通过国内流出和出口实现的区域增加值，X_{ik} 表示区域 i 行业 k 的产出水平。数据来源为相应年度中国省际间投入产出表与 WIOD 数据库的匹配。

（二）核心解释变量

1. 外资进入规模（$FDI\ Scale$，FS_{ik}）

以各行业所有者权益中港澳台资本及外商资本存量之和来衡量外资进入规模，为避免对数取值为 0 的情况，以 $\ln(FDI_{ik} + 1)$ 来衡量各行业的外资进入数量，数据来源为相应年度《中国工业经济统计年鉴》。

2. 外资进入导向（$FDI\ Orient$，FO_{ik}）

通常外资进入中国的目标取向主要包括两类：一是通过本地生产及销售占领中国国内市场的市场导向，二是利用本地廉价生产要素加工出口制造品的成本导向，因而本章以外资销售倾向来刻画其进入导向，外资内销倾向①越

① 外资内销倾向=（外资销售产值-外资出口交货值）/外资销售产值。

高表示外资的市场导向特征越明显，反之则成本导向特征显著。

为分析中国省级层面产业部门的外资销售倾向，使用相关年度的省级统计年鉴及中国海关数据库，其中外资出口值来源于中国海关数据库，先借鉴盛斌(2002)、周申(2006)的做法，根据出口商品的HS编码进行行业归并，在此基础上按照外资企业出口生产地①进行区域划分，使之与省级层面相匹配。

以山东省为例，外资内销倾向高的行业包括电力、热力、燃气及水的生产和供应业，石油加工、炼焦及核燃料加工业，金属冶炼及压延加工工业，造纸印刷及文教体育用品制造业等，而通信设备、计算机及其他电子设备制造业，纺织业，金属制品业等行业的外资内销倾向相对较低。而从纵向来看，随着利用外资规模的扩大，仪器仪表及文化办公用机械制造业、金属制品业、电气机械及器材制造业等部门的外资内销倾向逐步提升，而采掘业，石油加工、炼焦及核燃料加工业，造纸印刷及文教体育用品制造业等行业的外资内销倾向有所下降。

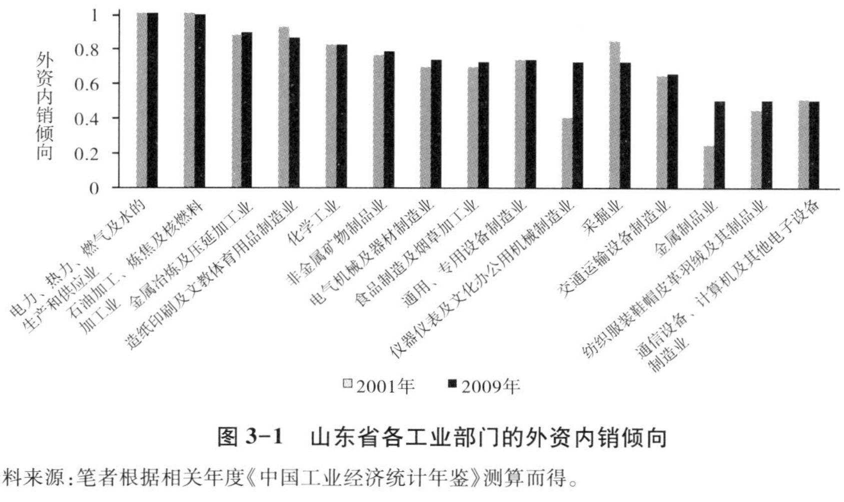

图 3-1　山东省各工业部门的外资内销倾向

资料来源：笔者根据相关年度《中国工业经济统计年鉴》测算而得。

① 在中国海关数据库中，第一，根据生产地区(出口)指标中包含的省级名称(如北京市、河北省等)进行筛选和区域划分。第二，对未包含省级名称字眼(主要包括各开放载体，尤其是国家级开发区、高新区、保税区、工业园区等)的出口生产地进行省级区域划分。

（三）其他控制变量

1. 国内价值链定位（*NVC Position*，NPO_{ik}）

在贸易分工中，要素禀赋结构差异往往直接表现为分工定位差异，拥有更多高级生产要素的国家和地区往往在全球价值链分工中占据有利位置（库普曼等，2010；Antràs 等，2012），而由于高级生产要素的相对稀缺，发展中国家往往处于不利的定位，由此本章以价值链定位作为行业要素禀赋特征的衡量指标。

为考察外资进入行业的国内价值链定位差异，仍然采用借鉴库普曼等（2010）及王直等（2017b）思路构建国内价值链位置（NVC Position，NPO_{ik}）指标，即 $NPO_{ik} = NPO_{ik}^F - NPO_{ik}^B = \ln(1 + \frac{iv1n_{ik} + iv2n_{ik} + vr1n_{ik} + vr2_{ik}}{VA_{ik} + VA'_{ik}}) - \ln(1 + \frac{fv1n_{ik}}{X_{ik}})$。其中各增加值部分含义如前所述，$NPO_{ik}^F$、$NPO_{ik}^B$ 分别表示地区 i 行业 k 的国内价值链上游程度及下游程度，NPO_{ik}^F 越大表示该行业更多地对其他地区输出中间品，越靠近国内价值链上游；而 NPO_{ik}^B 越大则表示该行业更多地由其他地区输入中间品，越靠近国内价值链下游。NPO_{ik} 为地区 i 行业 k 的国内价值链位置，NPO_{ik} 越大表示该行业的国内价值链定位越靠近上游，反之则越靠近下游。为避免对数取值为负数的情况，以 $\ln(NPO_{ik} + 1)$ 来衡量各行业的国内价值链定位，数据来源为相应年度中国省际间投入产出表与 WIOD 数据库的匹配。

2. 规模经济水平（*Scale Economy*，SE_{ik}）

参照白重恩等（2004）的思路，以工业企业的平均产出规模来衡量各行业的规模经济水平，以此探讨对规模经济的追求如何影响国内价值链嵌入行为，数据来源为相应年度《中国工业经济统计年鉴》。

3. 国有经济比重（*Share of State - owned Enterprises*，SOE_{ik}）

借鉴白重恩等（2004）的思路，以国有及国有控股工业企业工业总产值占比来衡量各行业的国有经济比重，以此分析国有经济垄断程度是否会对国内价值链嵌入行为产生影响。为避免对数取值为 0 的情况，以 $\ln(SOE_{ik}+1)$ 来衡量各行业的国有经济比重，数据来源为相应年度各省市统计年鉴。

4. 利税总额占比（*Share of Tax - plus - profit*, TP_{ik}）

参照白重恩等（2004）的思路，以各行业利润总额及应交增值税之和代表其利税总额，因而行业利税总额占比 = 行业利税总额/地区工业利税总额×100%，以此分析行业的获利能力是否会影响其嵌入国内价值链行为。为避免对数取值为 0 的情况，以 $\ln(TP_{ik}+1)$ 来衡量各行业的利税总额占比，数据来源为相应年度《中国工业经济统计年鉴》。

5. 就业占比（*Share of Employment*, EMP_{ik}）

参照蓬塞（2003）的思路，以各行业就业人数占地区工业就业总人数比重来衡量，以此分析地方政府是否会出于扩大就业及社会稳定的考量而干预本地产业部门参与国内价值链分工。为避免对数取值为 0 的情况，以 $\ln(EMP_{ik}+1)$ 来衡量各行业的就业占比，数据来源为相应年度《中国工业经济统计年鉴》。

（四）交互项（$FS \times FO_{ik}$、$FS \times NPO_{ik}$）

引入外资进入规模及外资进入导向，外资进入规模及国内价值链定位的交互项，由此分析外资的进入导向、进入行业的价值链环节差异如何影响国内价值链嵌入行为。

第二节　外资进入对国内价值链分工影响的实证分析

在建立计量模型基础上，本节首先采用 *FGLS* 估计方法就外资进入对国内价值链分工的影响进行实证分析。鉴于国内价值链分工嵌入度与解释变量之间可能存在双向因果关系，为尽可能克服模型估计的内生性问题，均采用解释变量的滞后一期值。

一、 基准回归估计结果

就全国样本层面的估计结果来看，由表 3-1 可以得到以下结论。第一，外资规模越大的行业，其嵌入国内价值链的程度越低，表明外资进入一定程度上阻碍了国内区域间垂直专业化分工，由此验证了本章的假说 1。对于国内价值链分工而言，外资的进入通常会产生两种效应：一是替代效应，即跨国公司拥有从原材料供给、中间品制造、生产加工到营销渠道一套完整的生产分工体系，外资进入在兼并国内品牌及大企业的同时，往往把配套企业也纳入其全球生产体系，从而很大程度上表现为对国内原有生产配套体系的替代；二是溢出效应，即外资通过本地采购会一定程度上带动国内的垂直专业化分工。外资进入与部门国内价值链嵌入程度显著负相关，则表明外资进入的替代效应超过了溢出效应。

表 3-1 外资进入对国内价值链嵌入程度影响的基本估计结果

变 量	2002 年			2010 年		
	全国	沿海地区	内陆地区	全国	沿海地区	内陆地区
外资进入规模（*FS*）	-0.102*** (-8.62)	-0.200*** (-5.468)	-0.159*** (-4.517)	-0.084*** (-5.68)	-0.179*** (-3.699)	-0.102** (-3.756)
外资进入导向（*FO*）	-0.115** (-2.11)	-0.006 (-0.133)	-0.162* (-1.952)	-0.291*** (-3.86)	-0.289*** (-5.104)	-0.190* (-1.929)
国内价值链定位（*NPO*）	0.485*** (10.60)	0.291*** (3.841)	0.616*** (11.398)	0.814*** (16.43)	0.521*** (9.082)	1.101*** (14.965)
规模经济（*SE*）	0.017 (1.00)	0.016 (0.693)	-0.014 (-0.673)	0.023 (1.12)	0.004 (0.204)	0.048 (1.482)
国有经济比重（*SOE*）	0.004 (0.34)	0.013 (0.702)	0.027 (1.412)	0.014 (0.75)	0.017 (0.872)	0.020 (0.734)
利税总额占比（*TP*）	-0.013 (-0.62)	-0.005 (-0.133)	0.016 (0.723)	-0.060** (-2.03)	-0.024 (-0.622)	-0.043 (-1.062)

续表

变　量	2002 年			2010 年		
	全国	沿海地区	内陆地区	全国	沿海地区	内陆地区
就业占比(*EMP*)	-0.016 (-0.73)	0.006 (0.161)	-0.022 (-0.981)	-0.010 (-0.32)	-0.024 (-0.643)	-0.004 (-0.094)
外资进入规模×外资进入导向(*FS*×*FO*)	0.011 (0.40)	-0.025 (-0.582)	0.595 (1.230)	-0.037* (-1.76)	-0.055 (-1.421)	-0.452*** (-2.978)
外资进入规模×国内价值链定位(*FS*×*NPO*)	-0.668*** (-5.02)	-0.624*** (-3.517)	-0.198 (-0.213)	-0.397*** (-6.73)	-0.200*** (-4.058)	-2.830*** (-5.443)
常数	0.721*** (13.24)	0.709*** (7.956)	0.593*** (6.726)	0.956*** (13.08)	0.934*** (11.810)	0.988*** (9.245)
Adjusted R^2	0.614	0.543	0.444	0.533	0.512	0.542
F 值	74.680	19.863	25.212	57.340	18.120	39.677
样本量	418	144	274	445	150	295

注：括号内为 t 值，*、** 及 *** 分别表示在 10%、5%及 1%的显著性水平上显著。

第二，外资市场导向特征明显的行业，其嵌入国内价值链的程度越低，表明外资的市场导向不利于国内价值链构建，换言之，外资的成本导向反而有利于拉动国内区域间经济关联，由此也与本章的假说 1 相印证。

对于外资的进入导向而言，通常认为市场导向型外资倾向于本地生产和采购，有利于拉动国内区域间垂直专业化分工，而成本导向型外资具有明显的“两头在外”特征，对推动国内价值链贡献不大。然而市场导向型外资明显的溢出效应背后，可能产生了更大程度的替代效应。以占领中国潜力巨大的市场为目标，市场导向型外资的进入通常表现为更多的兼并重组和行业垄断行为，把大量内资企业纳入其全球生产配套体系，由此产生国际经济关联取代“体内循环”的替代效应。

以内销倾向较高的汽车产业为例，在“以市场换技术”的政策引导下，跨国公司通过大举进军中国汽车零部件、整车制造、销售及售后市场等价值链各个环节，到 2007 年外资企业已占据中国轿车零部件市场 80%以上的份额。在高科技及核心技术如汽车电子和发动机零部件等关键领域，外资控制的市场份额高达 90%①，而几乎整个产业链的外资控制行为自然意味着以往国内垂直专业化分工被跨国公司主导的全球价值链分工所替代。

表 3-2 显示了典型外资市场导向型行业（交通运输设备制造业）及外资成本导向型行业（通信设备、计算机及其他电子设备制造业）国内经济关联程度的比较。中国加入 WTO 前，两者单位产出国内配套水平不相上下，而随着外资的大量涌入，相对于加工配套出口的成本导向型行业，市场导向型行业产生的国内经济关联水平反而更低。

表 3-2　市场导向型及成本导向型外资部门的国内关联比较

年份	交通运输设备制造业			通信设备、计算机及其他电子设备制造业		
	国内中间配套消耗（亿元）	总产出（亿元）	单位产出国内配套（元）	国内中间配套消耗（亿元）	总产出（亿元）	单位产出国内配套（元）
1990	480. 69	665. 45	0. 72	502. 44	680. 29	0. 74
1992	1129. 63	1541. 43	0. 73	777. 12	1035. 79	0. 75
1995	3073. 42	4050. 70	0. 76	2734. 17	3764. 43	0. 73
1997	3920. 90	5313. 84	0. 74	3654. 67	4896. 37	0. 75
2002	7117. 48	9646. 70	0. 74	10249. 40	12977. 37	0. 79
2007	13878. 93	17663. 24	0. 79	23769. 54	28183. 29	0. 84
2010	26555. 16	32978. 44	0. 81	34382. 57	41190. 25	0. 83

资料来源：笔者根据相应年度中国投入产出表计算而得。

事实上，外资的溢出效应（外资与本土企业的上下游关联）在其进入前就是“体内循环”的一部分，只不过由于兼并行为而转变为外资的国内经济关联，从这个层面来说，市场导向型外资的溢出效应可能被“放大”了。反观成

① 蒋婷婷：《外资零部件供应商　独资化倾向日益加重》，《第一财经日报》2008 年 4 月 21 日。

本导向型外资在没有显著改变国内市场结构的基础上，通过市场空间的扩大充分调动了国内闲置生产要素，推动国内区域垂直专业化分工的深化，事实上，当前中国国内价值链分工很大程度上表现为大规模出口而引致的区域垂直专业化分工和区际贸易（倪红福和夏杰长，2016；黎峰，2016）。

就交互项的估计结果而言，随着中国利用外资规模的持续扩大，外资进入导向对国内价值链构建的影响逐渐显著，市场导向型外资规模越大表明外资对国内市场采购和营销渠道的控制力越强，外资进入对国内区域垂直专业化分工的替代效应愈加明显，很大程度上，价值链分工配套的国内循环被“大进大出”特征明显的国外循环所取代。

外资进入规模与国内价值链定位的交互项对部门国内价值链分工呈现显著负相关，一定程度上表明外资进入部门的国内价值链定位越靠近上游，外资的替代效应更为明显。可能的原因在于品牌研发、营销渠道等上游环节往往成为外资与内资激烈争夺的“主战场”，外资进入及兼并行为“扼杀”了一批中国的民族品牌及领军型企业，导致其原本构建的国内生产配套体系分崩瓦解（任保全和刘志彪，2016）。

纵向来看，中国加入 WTO 以来外资进入规模对国内价值链分工的阻碍作用略有下降，而外资内销倾向的负面影响愈加明显，一定程度上表明就外资进入对国内价值链分工的影响而言，外资的行为特征甚于其进入规模。

二、 外资进入对国内价值链嵌入程度影响的异质性

由于外资进入中国的规模及行为导向具有明显的区域特征，表 3-1 分区域考察外资进入对国内价值链嵌入行为的影响。参照许政等（2010）、陆铭和向宽虎（2012）的思路，以省会城市距三大港口（天津、上海和香港）的最近距离来衡量该地区的地理区位，距三大港口 500 公里以内的定义为沿海地区，500 公里以外的则定义为内陆地区。为剔除地形的影响，采用公路距离来衡量，数据来源为当年的中国公路交通里程图册。可以看出，外资进入及其市

场导向行为的影响呈现出明显的区域异质性特征，即外资进入对嵌入国内价值链的阻碍更多体现在沿海地区，可能的解释在于区位条件更优的东部沿海地区成为外资的主要集聚地，外资的兼并收购及市场扩张行为也大多集中在沿海地区，由此导致更为显著的替代效应，而外资本地采购的溢出效应往往大量引致对内陆地区资源原材料等初级产品的配套需求，因而外资集聚的东部沿海地区嵌入国内价值链的程度相对较低，由此得以验证本章的假说 2。

另一方面，中国利用外资仍表现出明显的行业差异性，按照行业的特征差异，把各制造部门划分为两大类，即一般制造部门（纺织服装鞋帽皮革羽绒及其制品业、食品制造及烟草加工业、金属制品业、非金属矿物制品业、造纸印刷及文教体育用品制造业）和机电及高新技术制造部门（化学工业，通用、专用设备制造业，电气机械及器材制造业，通信设备、计算机及其他电子设备制造业，交通运输设备制造业，仪器仪表及文化办公用机械制造业），从而进一步探讨外资进入对国内价值链嵌入水平影响的行业异质性。

由表 3-3 可见，相对于一般制造部门，机电及高新技术制造部门对外资进入相对更为敏感，这很大程度上由其行业特征决定。通常机电及高新技术制造部门的技术复杂度更高，生产流程更加迂回，分工的地理半径相对更广，其最终品出口还是内销、中间品进口还是国内配套很大程度上决定着其国内价值链嵌入水平，由此得以验证了本章的假说 2。

表 3-3　外资进入对国内价值链嵌入程度影响的行业异质性估计结果

变　量	2002 年		2010 年	
	一般制造部门	机电及高新技术制造部门	一般制造部门	机电及高新技术制造部门
外资进入规模（*FS*）	−0.085** (−2.411)	−0.087*** (−3.556)	−0.047*** (−2.811)	−0.104*** (−2.910)
外资进入导向（*FO*）	−0.057 (−0.293)	−0.198** (−2.060)	−0.063 (−0.924)	−0.374*** (−4.832)

续表

变　量	2002 年		2010 年	
	一般制造部门	机电及高新技术制造部门	一般制造部门	机电及高新技术制造部门
国内价值链定位(*NPO*)	0.536*** (6.267)	0.760*** (11.392)	0.948*** (14.116)	1.119*** (14.745)
规模经济(*SE*)	−0.029 (−0.574)	−0.036 (−1.133)	−0.039 (−1.023)	−0.022 (−0.502)
国有经济比重(*SOE*)	−0.009 (−0.412)	0.036* (1.864)	0.019 (1.011)	0.014 (0.373)
利税总额占比(*TP*)	−0.034 (−0.933)	−0.040 (−0.973)	−0.019 (−0.543)	−0.022 (−0.272)
就业占比(*EMP*)	−0.006 (−0.142)	−0.025 (−0.534)	−0.017 (−0.474)	−0.073 (−0.861)
外资进入规模×外资进入导向(*FS*×*FO*)	0.037 (0.154)	0.041 (0.331)	−0.057*** (−2.719)	−0.017 (−0.230)
外资进入规模×国内价值链定位(*FS*×*NPO*)	−1.937*** (−11.126)	−2.245*** (−4.556)	−0.422*** (−10.117)	−0.295*** (−3.603)
常数	0.671*** (5.517)	0.585*** (5.799)	0.756*** (9.378)	1.176*** (8.406)
Adjusted R^2	0.630	0.663	0.729	0.770
F 值	32.033	31.331	54.564	55.032
样本量	165	140	180	146

注:括号内为 t 值,*、** 及 *** 分别表示在 10%、5%及 1%的显著性水平上显著。

与之前结论类似,外资进入行业的价值链环节越靠近上游,对其参与国内价值链的阻碍作用更为显著,由此表明对于国内价值链构建而言,摆脱对国外品牌及海外市场的依赖,推进自主品牌建设及国内市场培育至关重要。

第三节　外资进入对国内价值链嵌入水平影响的再检验

一、　差分方程模型的再检验

为进一步验证外资进入与国内价值链分工嵌入水平的因果关系，利用2002年和2010年两年数据构建差分方程如下：

$$\Delta \ln NPA_{ik} = \beta_0 + \beta_1 \Delta \ln FS_{ik} + \beta_2 \Delta \ln FO_{ik} + \gamma \Delta \ln X_{ik} + \varepsilon_{ik} \qquad (3-2)$$

在对差分方程估计之前，对被解释变量和主要解释变量对数差分值的散点图（见图3-2）统计显示，外资进入规模、外资内销倾向与部门国内价值链嵌入度均呈现出较为明显的负相关关系。初步表明，随着中国加入WTO以来外资不断涌入及外资市场导向型倾向的增强，很大程度上阻碍了国内价值链构建。而从拟合线的斜率来看，外资内销倾向波动对部门国内价值链嵌入度的边际影响更为明显，说明外资市场兼并行为对国内区域间垂直专业化分工的负向效应相对更大。

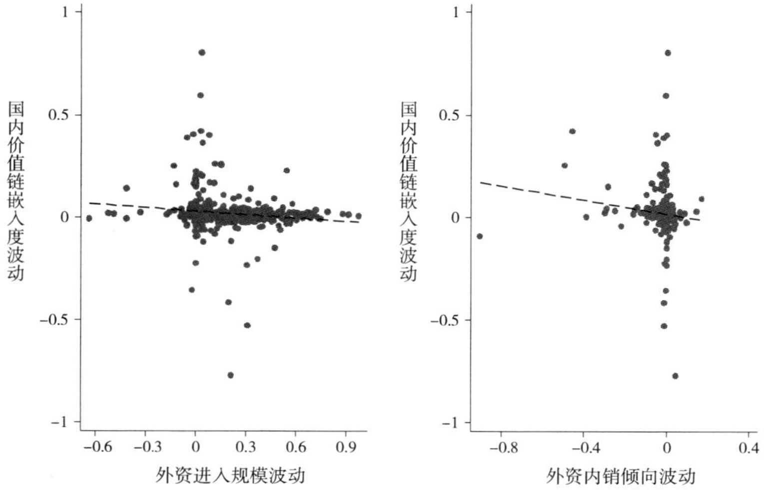

图3-2　外资进入规模及内销倾向波动对行业国内价值链嵌入度影响的散点图

资料来源：笔者测算而得。

进一步对差分方程进行估计，并考虑到外资进入区域及行业的异质性，估计结果如表3-4所示。

表3-4　外资进入对国内价值链嵌入程度影响区域异质性的再验证

变　量	沿海地区	内陆地区	一般制造部门	机电及高新技术制造部门
外资进入规模（*FS*）	−0.045* （−1.934）	−0.012 （−0.201）	−0.049 （−0.707）	−0.089 （−1.251）
外资进入导向（*FO*）	−0.341*** （−3.278）	−0.137 （−0.467）	−0.154 （−1.093）	−0.452*** （−4.702）
国内价值链定位（*NPO*）	0.935*** （13.291）	1.590*** （19.102）	1.171*** （14.310）	1.008*** （12.032）
规模经济（*SE*）	0.004 （0.043）	−0.014 （−0.178）	−0.047 （−0.522）	−0.022 （−0.231）
国有经济比重（*SOE*）	0.015 （0.401）	−0.026 （−0.681）	0.007 （0.221）	0.056 （1.642）
利税总额占比（*TP*）	0.251 （0.813）	0.112 （0.766）	0.080 （0.242）	−0.517 （−1.301）
就业占比（*EMP*）	0.013 （0.114）	−0.055 （−0.551）	−0.027 （−0.245）	0.157 （1.156）
常数	0.067* （1.772）	0.195** （2.512）	0.195** （2.112）	0.442*** （4.812）
Adjusted R^2	0.581	0.581	0.544	0.570
F值	30.102	54.568	34.062	27.106
样本量	144	274	165	140

注：括号内为t值，*、** 及 *** 分别表示在10%、5%及1%的显著性水平上显著。

第一，外资进入规模及市场导向与国内价值链嵌入度均呈现出明显的负相关，表明随着外资进入规模扩张及市场导向增强，客观上不利于国内区域间垂直专业化分工的开展。此外，与前文结论相呼应的是，外资市场导向对国内价值链构建的负向影响要强于外资进入规模，表明外资进入对国内价值链分工影响的根源在于其兼并扩张的市场导向行为。

第二，分区域而言，外资进入的负向影响在沿海地区表现得尤为明显。对国内垂直专业化分工而言，外资集聚一方面有利于打破国内市场壁垒，沿海地区生产和出口规模的扩大充分调动了内陆地区的闲置资源，很大程度上把广大的内陆地区拉入国内经济循环。而另一方面，外资的市场扩张及兼并收购行为更多发生在经济发达的沿海地区，把一批技术水平较高、经营效益较好的企业和部门纳入跨国公司主导的全球生产网络，降低了沿海地区与国内其他地区的经济关联，由此一定程度上导致了沿海地区的国内价值链嵌入度普遍低于内陆地区。

第三，分部门而言，外资进入的负向影响在机电及高新技术制造部门的表现更为强烈。相对于一般制造部门，机电及高新技术制造部门的技术复杂度相对更高，由于中国国内配套水平所限，技术更为复杂的中间品更多依赖进口，从而削弱了其溢出效应。此外，被外资纳入全球生产网络的往往是技术更为复杂、生产更为迂回的机电及高新技术制造部门，同时也是外资在华并购重组的主要领域，诸多自有品牌的消亡、原有国内生产配套体系的瓦解意味着更为明显的替代效应①，由此一定程度上导致机电及高新技术制造部门的国内价值链嵌入程度整体低于一般制造部门。

二、 稳健性检验

为检验模型估计的稳健性，采用三种方法进行稳健性检验。一是重新估算核心解释变量，借鉴安特拉斯等（Antràs 等，2012）的上游度指标对外资进入行业的国内价值链定位进行重新估算。二是变换核心解释变量的统计口径，以外商资本衡量外资进入规模对模型进行再估计。三是采用不同的估计

① 外资并购主要集中在感光胶卷、机械装备、软饮料、家用洗涤剂、护肤护发品等机电及高新技术制造行业。如 2001 年德国 FAG 公司并购西北轴承，加拿大格林格尔公司控股科龙；2003 年达能收购乐百氏 92%的股权，美国吉列集团收购南孚电池；2005 年卡特彼勒收购山东山工机械有限公司；2006 年美国威士伯公司收购华润涂料，法国 SEB 收购国内第一品牌苏泊尔，法国欧莱雅收购小护士；2007 年 4 月美国强生收购大宝；2010 年 12 月科蒂集团收购丁家宜；等等。

方法,使用稳健性最小二乘法对模型进行再估计。

表 3-5 中的估计(1)是重新估算国内价值链定位的估计结果,估计(2)代表外商资本进入的影响,估计(3)是稳健性最小二乘法的估计结果,可以看出采用不同的稳健性检验方法,主要解释变量的显著性及影响方向并未明显改变,表明模型的估计结果相对稳健。

表 3-5　外资进入对嵌入国内价值链程度影响的稳健性检验结果

变　量	(1)	(2)	(3)
外资进入规模(*FS*)	-0.103** (-2.478)	-0.083*** (-5.845)	-0.074*** (-2.722)
外资进入导向(*FO*)	-0.254*** (-9.011)	-0.304*** (-4.010)	-0.151 (-1.221)
国内价值链定位(*NPO*)	0.341*** (6.367)	0.898*** (16.564)	1.722*** (7.078)
规模经济(*SE*)	0.098*** (2.780)	0.025 (1.123)	0.061 (1.477)
国有经济比重(*SOE*)	0.018 (0.614)	0.016 (0.801)	-0.059 (-1.172)
利税总额占比(*TP*)	-0.100 (-1.441)	-0.095*** (-2.909)	-0.049 (-0.689)
就业占比(*EMP*)	0.165*** (2.815)	0.017 (0.481)	0.033 (0.314)
外资进入规模×外资进入导向(*FS*×*FO*)	-0.022*** (-3.795)	-0.002*** (-2.802)	-0.185** (-2.572)
外资进入规模×国内价值链定位(*FS*×*NPO*)	0.475 (0.943)	-0.759*** (-6.514)	-0.534*** (-4.002)
常数	1.702*** (4.758)	0.941*** (12.457)	1.201*** (6.558)
Adjusted R^2	0.448	0.484	0.645
F 值	34.981	47.237	20.032
样本量	445	445	445

注:括号内为 t 值,*、** 及 *** 分别表示在 10%、5%及 1%的显著性水平上显著。

第四节 外资进入影响中国国内价值链分工的机理

前文分析表明,外资进入对于中国国内价值链分工产生了明显的替代效应,不利于中国国内价值链的构建,那么该替代效应是如何产生的呢?为进一步厘清其影响机制,需要从外资进入对行业国内价值链嵌入方式影响的角度进行分析。

按照在价值链分工中的角色差异,国内价值链嵌入方式通常表现为前向嵌入和后向嵌入,为探讨外资进入对国内价值链分工的影响机理,对计量模型适当修正如下:

$$\Delta \ln FPA_{ik} = \beta_0 + \beta_1 \Delta \ln FS_{ik} + \beta_2 \Delta \ln FO_{ik} + \gamma \Delta \ln X_{ik} + \varepsilon_{ik} \quad (3-3)$$

$$\Delta \ln BPA_{ik} = \beta_0 + \beta_1 \Delta \ln FS_{ik} + \beta_2 \Delta \ln FO_{ik} + \gamma \Delta \ln X_{ik} + \varepsilon_{ik} \quad (3-4)$$

其中如前所述,$FPA_{ik} = \frac{iv1n_{ik} + iv2n_{ik} + vr1n_{ik} + vr2_{ik}}{VA_{ik} + VA'_{ik}}$、$BPA_{ik} = \frac{fv1n_{ik}}{X_{ik}}$ 分别为地区 i 行业 k 的国内价值链前向嵌入度和后向嵌入度,数据来源为相应年度中国省际间投入产出表与 WIOD 数据库的匹配。通常 FPA_{ik} 越大,代表该行业愈加靠近国内价值链上游,而 BPA_{ik} 越大,则表示该行业更加靠近国内价值链下游。其他变量及数据来源同上,由表 3-6 可以进一步得出以下结论。

第一,外资进入对国内价值链前向嵌入行为的阻碍作用更大。更多前向嵌入国内价值链的部门通常处于品牌研发、营销渠道等上游环节,而后向嵌入国内价值链的部门往往处于生产制造、加工组装等下游环节,可见外资进入的替代效应更多发生在国内价值链的上游环节。

事实上,受外资进入及其市场导向行为冲击最大的恰恰是中国民族品牌,以及拥有一定市场份额、初步建立国内生产配套体系的领军型企业,外资的兼并收购行为使其品牌研发行为、国内市场配套体系建设、关键零部件生产等国内前向经济联系被迫中断。由此一定程度上表明，内资企业寻求国内价值链攀升的努力必定会遭受到外资的阻挠，甚至出现国内价值链的“俘获”和“低端锁定”，由于外资对价值链上游环节的控制和垄断，中国国内价值链构建并非坦途。

相比之下，国内生产配套型企业所受冲击相对较小。随着国内大企业在“与狼共舞”中不断失利，其相关配套企业纷纷转投跨国公司的全球采购体系从事外向配套，而外向配套的发展有利于增强国内上下游关联，产生了一定程度的溢出效应（包群等，2015）。

表 3-6　外资进入对国内价值链嵌入方式的影响

变　量	前向嵌入（*FPA*）		后向嵌入（*BPA*）	
	沿海地区	内陆地区	沿海地区	内陆地区
外资进入规模（*FS*）	-0. 114 (-1. 132)	-0. 209*** (-2. 667)	-0. 097* (-1. 778)	-0. 023* (-1. 689)
外资进入导向（*FO*）	-0. 508*** (-2. 845)	-0. 450** (-2. 132)	-0. 046 (-1. 282)	-0. 096*** (-5. 878)
国内价值链定位（*NPO*）	2. 401*** (17. 767)	2. 521*** (22. 934)	-0. 003*** (-5. 631)	-0. 024 (-0. 943)
规模经济（*SE*）	-0. 080 (-0. 533)	-0. 150 (-1. 271)	-0. 072** (-2. 070)	-0. 006 (-0. 231)
国有经济比重（*SOE*）	0. 045 (1. 063)	0. 039 (0. 810)	0. 051 (1. 282)	0. 021 (0. 989)
利税总额占比（*TP*）	-0. 135 (-1. 272)	-0. 006 (-1. 062)	-0. 004 (-1. 071)	-0. 043 (-1. 161)
就业占比（*EMP*）	-0. 062 (-1. 331)	-0. 172 (-1. 053)	-0. 001*** (-3. 956)	-0. 001 (-0. 803)
常数	-1. 684*** (-11. 278)	-1. 260*** (-12. 261)	-1. 003*** (-14. 011)	-1. 195*** (-22. 745)
Adjusted R^2	0. 689	0. 704	0. 232	0. 174
F 值	47. 621	92. 903	7. 135	8. 982
样本量	150	295	150	295

注：括号内为 t 值，*、** 及 *** 分别表示在 10%、5%及 1%的显著性水平上显著。

第二，分地域而言，外资的市场导向行为对国内价值链前向嵌入的阻碍更多发生在沿海地区，而对内陆地区后向嵌入国内价值链的负面影响更为明显。可能的解释为以占领中国市场为目的，市场导向型外资对国内领军型企业的兼并行为更多发生在经济较为发达的沿海地区，对于沿海地区的品牌研发、市场渠道等上游环节打击尤为明显，导致沿海地区与国内其他地区原有的供给配套体系中断或被纳入跨国公司主导的全球价值链。因而，外资进入很大程度上切断了沿海地区对内陆地区的前向关联，对于中国国内价值链构建而言产生了严重的替代效应。

第五节　基本结论及政策启示

充分利用国内资源及市场空间实现规模经济，是大国崛起的重要路径（陆铭，2015）。中国地大物博、区域间发展模式和发展水平差异显著，通过构建国内区域间的梯度分工推动产业协调和区域整合，是充分实现大国规模经济的有效途径，同时也是对中国当前面临的全球价值链低端锁定的有效应对（刘志彪，2007）。

然而长时期以来，中国更多是以大规模利用外资的形式主动融入跨国公司主导的全球价值链。考虑到外资行为方式差异，本章研究发现外资进入及其市场导向行为对国内价值链构建产生明显的阻碍作用，其中外资兼并收购行为的不利影响相对更大。就外资进入对国内价值链分工影响的异质性而言，沿海地区更多被纳入跨国公司主导的全球价值链分工，其国内价值链嵌入程度较低。同样，外资进入在技术复杂度更高、生产更为迂回的机电及高新技术制造部门产生更大的替代效应，导致其国内价值链分工程度相对较低。

就外资进入对国内价值链构建的影响机理而言，外资进入及市场兼并行为主要打击了国内价值链上游环节，很大程度上隔绝了其先进技术、营销渠道、中间品输出等形式的国内前向关联。外资进入及其市场导向行为一定程度上阻碍了内资企业的国内价值链攀升，切断了沿海地区与内陆地区的上下游经济关联，不利于中国国内价值链分工的构建。

改革开放以来，第一波进入中国的外资主要表现出成本导向型特征。通过控制全球价值链品牌设计及市场渠道环节，成本导向型外资更多利用国内低要素成本进行加工制造，从而最大限度降低其生产成本。该利用外资模式条件下，中国提供低廉成本的同时得到了巨大的国外市场资源，虽付出了包括国际分工收益的不对等，资源消耗及环境污染等代价，但通过融入国际分工充分激活了闲置资源要素，释放出巨大的生产和出口能力，迅速发展成为全球第一制造大国和出口大国。经过多年的发展，中国人力资本不断累积，国内购买力日益增强，国内市场空间巨大，充分利用国内技术能力和需求潜力构建国内价值链，实现国内资源整合和区域协调，正是恰逢其时。

相对于成本导向型外资，外资研发机构、地区总部及市场导向型外资的进入将产生更大的溢出效应，有利于提升当地人力资本、延长全球价值链的国内环节。但与此同时不可忽视的是，随着在华外资市场导向增强及外资更多进入国内价值链上游部门，相对于溢出效应，外资进入的替代效应将更加明显。

随着中国利用外资政策对技术导向型、市场导向型外资的倾斜，以抢占中国国内市场、控制品牌研发等上游环节为目的，越来越多市场导向型外资，以及服务于本地化生产的外资研发机构和技术中心进入研发设计、市场销售等价值链上游环节。表面看来，技术导向型、市场导向型外资替代了成本导向型外资，利用外资实现了结构升级，通过技术溢出及本地市场化采购，技术导向型、市场导向型外资进入将带来更大的溢出效应。但在溢出效应的背后，基于国内需求的内资企业生存空间进一步被压缩，中国市场及技术等高级要素日益面临被跨国公司所整合和蚕食的危险，缺乏民族企业、国内市场空间及技术能力的支撑，国内价值链构建和价值链升级根本无从谈起，内资企业仍然只能为外资企业提供生产配套，区别只是在于生产制造的产品更多销往国内而不是国外市场。

因而,相对于把中国低成本要素纳入全球生产网络的成本导向型外资,着眼于整合中国市场、技术等高级要素的技术导向型、市场导向型外资可能潜在的威胁更甚。着眼于国内价值链的构建及大国规模经济的有效发挥,提出以下政策建议:

第一,进一步调整利用外资的目标取向。中国现阶段利用外资政策的调整不应仅停留在扩大利用外资规模层面,除了注重单位外资企业规模、税收贡献、产品附加值、就业比重等效益指标,而更应关注及监控外资在工业总产值、内销总额、行业研发支出,及新产品出口所占比重等结构性指标,在有效利用外资的同时应更加重视外资进入的国家风险。

第二,更加重视民营企业成长。应通过完善市场机制创造公平的竞争环境,通过加强公共服务及适当的政策倾斜使得民营企业获得更多的融资渠道和投资机会。在对接国际新规则、继续扩大利用外资领域的基础上,应逐步取消地方政府对利用外资各种形式的优惠政策,对外资在中国的市场扩张及技术兼并行为加以限制。

第三,推动国内要素禀赋结构升级。应鼓励企业发展模式的转型升级,引导企业重视高级要素培育,更加依靠资本深化、科技投入、品牌创建及销售渠道的拓展,不断提升产品的技术含量及附加价值,而不是单纯依靠成本价格优势。

第四,营造良好的国内营商环境。应进一步打破区域间市场壁垒,完善要素市场体系和资源产品定价机制,推进户籍制度改革完善人员流动机制,促进国内资源、人才等生产要素的优化配置。进一步加强知识产权保护,提高全民的知识产权保护意识,创建一个尊重知识产权的社会氛围。

第四章　进口贸易、本土关联与国内价值链分工

作为幅员辽阔、人口众多、资源丰富的大国，中国各区域发展水平、发展模式差异显著，理论上具备了依托国内资源及市场空间推动本土关联、开展国内价值链分工(National Value Chain，NVC)(刘志彪和张杰，2007；刘志彪和张少军，2008)的现实基础和条件。随着近年来"逆全球化"迹象的初步显现，及中国开放战略由偏重对外开放向内外开放并重转型，通过开展国内垂直专业化分工推动国内资源整合和区域协调发展，成为现阶段中国经济发展的重要任务。然而长期以来中国经济发展模式主要表现为，以政策优惠及成本优势推动本国产业体系嵌入跨国公司主导的全球价值链分工，大量利用进口机械装备及资源能源、关键零部件等中间品从事加工组装，由此形成巨大的生产和出口能力。而"进口引致型出口"(张杰等，2014)也决定了第一出口大国的背后，进口规模的持续膨胀。1978 年中国进口规模仅为 108.9 亿美元，2014 年迅速增长至 19592.3 亿美元，年均增速为 15.5%。由此产生的研究命题是，对于大国发展而言，嵌入全球价值链对其国内垂直专业化分工会产生何种影响？利用国外资源的进口贸易究竟是如何影响了国内垂直专业化分工？

有关进口贸易对国内垂直专业化分工的影响，现有文献出现了明显分

歧,第一类研究发现进口贸易阻碍了国内垂直专业化分工,如范爱军等(2007)、刘小勇和李真(2008)以商品零售价格指数省际差异度量国内市场分割,发现进口贸易阻碍了区域间市场整合。第二类研究如冼国明和文东伟(2006)、黄玖立和李坤望(2006)以地区垂直专业化指数直接衡量国内垂直专业化分工,发现贸易开放有效推动了沿海和内地形成垂直专业化分工。第三类研究则指出两者之间存在非线性关系,如陈敏等(2007)以商品零售价格指数度量地区间市场分割程度,发现在外贸依存度较低时,对外贸易加剧了国内市场的分割,但进一步的经济开放能够促进国内市场一体化。

以上研究引起了该问题的关注,但不足之处在于:第一,价格法衡量的国内市场分割更多体现了商品省际流动面临的国内"边界效应"(border effect),且多种商品价格的加权使得行业层面的异质性难以观测。而以产业结构差异为衡量的地区专业化指数并不能观测到区域层面的差异。第二,已有文献更多局限于较为笼统地度量国内垂直专业化分工,没有深入考察国内价值链分工形式的多样性。第三,既有研究关于进口贸易对国内垂直专业化分工的影响机制分析欠缺深入,无法回答贸易方式、贸易类型、贸易主体、贸易伙伴等进口异质性因素的影响差异。此外,既有文献通常探讨的是进口对区域间垂直专业化分工整体水平的影响,没有从更为细致的区域间双边垂直专业化分工视角,就该影响的不同传导渠道进行深入研究。

与已有文献相比,本章的特点在于:第一,利用省级行业数据重点探讨进口贸易对国内价值链分工的影响,在控制市场推动、行政干预、空间区位等因素基础上,基于进口异质性分析进口贸易对区域间双边价值链分工水平及分工模式的影响,由此揭示进口贸易对国内价值链分工的影响机理。第二,在数据使用方面,创新性地将中国区域间投入产出表与中国海关数据库进行匹配,得以从进口产品种类、进口贸易方式等细分层面就进口贸易对国内价值链分工影响展开更为深入的分析。

第一节　基于区域双边视角的国内价值链分工

如前所述，按照价值链分工的内涵，借鉴王直等（2017b）的思路构建省级区域行业层面的国内价值链嵌入度（NVC Participation，NPA），反映不同区域各行业的国内价值链参与程度，即：

$$NPA_{ik} = \left(\frac{iv1n_{ik} + iv2n_{ik} + vr1n_{ik} + vr2_{ik}}{VA_{ik} + VA'_{ik}} + \frac{fv1n_{ik}}{X_{ik}}\right) \tag{4-1}$$

其中，$iv1n_{ik} + iv2n_{ik} + vr1n_{ik} + vr2_{ik}$ 表示区域 i 行业 k 以提供中间品的形式参与国内价值链分工；而 $fv1n_{ik}$ 代表区域 i 行业 k 以利用外来中间品的形式嵌入国内价值链分工。VA_{ik} 、VA'_{ik} 分别代表区域 i 行业 k 通过国内流出和出口实现的区域增加值，X_{ik} 表示区域行业 k 的产出水平。

从区域间双边价值链分工的角度而言，区域各行业参与国内价值链是通过与国内其他地区分工合作实现的，根据 iv_{ik} 、vr_{ik} 、fv_{ik} 的定义可进一步对式（4-1）进行分解，即：

$$NPA_{ik} = \left(\frac{\sum_{n\neq i}\sum_{p\neq i} V^i L^{in} X^{np}}{VA_{ik} + VA'_{ik}} + \frac{\sum_{n\neq i} V^i L^{in} X^{ni}}{VA_{ik} + VA'_{ik}} + \frac{\sum_{n\neq i} V^n L^{ni} X^{i*}}{X_{ik}}\right)$$

$$= \left(\frac{\sum_{p\neq i} V^i L^{i1} X^{1p} + \sum_{p\neq i} V^i L^{i2} X^{2p} + \cdots + \sum_{p\neq i} V^i L^{in} X^{np}}{VA_{ik} + VA'_{ik}} + \frac{V^i L^{i1} X^{1i} + V^i L^{i2} X^{2i} + \cdots + V^i L^{in} X^{ni}}{VA_{ik} + VA'_{ik}} + \frac{V^1 L^{1i} X^{i*} + V^2 L^{2i} X^{i*} + \cdots + V^n L^{ni} X^{i*}}{X_{ik}}\right)$$

$$= \left(\frac{iv1n_{i1k} + iv2n_{i1k} + vr1n_{i1k} + vr2_{i1k}}{VA_{ik} + VA'_{ik}} + \frac{fv1n_{i1k}}{X_{ik}}\right) + \left(\frac{iv1n_{i2k} + iv2n_{i2k} + vr1n_{i2k} + vr2_{i2k}}{VA_{ik} + VA'_{ik}} + \frac{fv1n_{i2k}}{X_{ik}}\right) + \cdots +$$

$$\left(\frac{iv1n_{ink} + iv2n_{ink} + vr1n_{ink} + vr2_{ink}}{VA_{ik} + VA'_{ik}} + \frac{fv1n_{ink}}{X_{ik}}\right)$$

$$= NPA_{i1k} + NPA_{i2k} + \cdots + NPA_{ink}(n \neq i) \tag{4-2}$$

其中，$iv1n_{ink}$、$iv2n_{ink}$ 为地区 i 行业 k 通过为地区 n 提供中间品而间接实现的本地区增加值，$vr1n_{ink}$ 、$vr2_{ink}$ 为地区 i 行业 k 通过地区 n 而实现的增加值折返，$fv1n_{ink}$ 为地区 i 行业 k 使用了地区 n 提供的中间品而实现地区 n 的区域增加值。由此，地区 i 行业 k 的国内价值链参与度（ NPA_{ik} ）可分解为该地区与国内其他地区之间双边价值链分工水平（ NPA_{ink} ）之和，NPA_{ink} 越大，表示地区 i 与地区 n 在行业 k 的国内垂直专业化分工合作水平越高。

通过区域间双边价值链分工参与度指标，可以从更加细致的层面对中国地区间垂直专业化分工水平进行分析。以江苏的通信设备、计算机及其他电子设备制造行业为例，如图 4-1 所示，更多与江苏开展国内价值链分工的有两类地区：一类是以广东、天津、福建、北京等为代表的东部沿海地区，另一类是新疆、安徽、陕西、河北、河南等中西部地区。

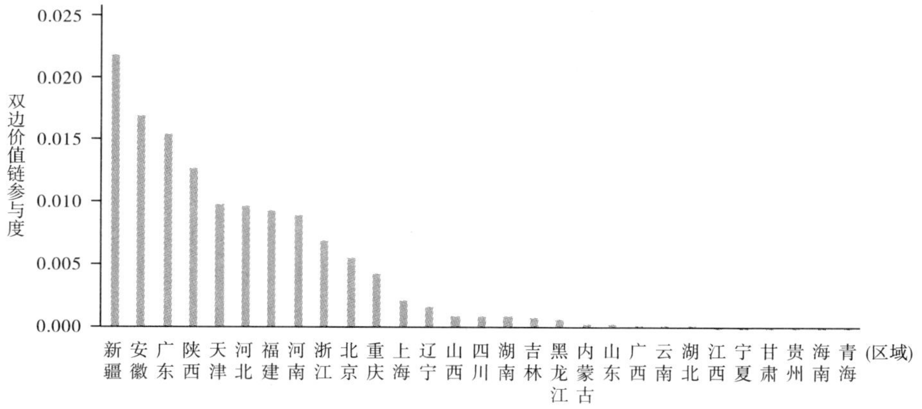

图 4-1　2010 年江苏通信设备、计算机及其他电子设备制造部门的双边价值链参与度

注：由于统计数据所限，笔者采用的是 30 个省（自治区、直辖市）30 个部门地区间投入产出表，不包含西藏数据。

资料来源：笔者在区域增加值分解基础上测算而得。

此外，以中国经济发展最具活力的两个地区（江苏和广东）为例，如图 4-2 所示，两省在造纸印刷及文教体育用品制造业、纺织业、化学工业、食品制造及烟草加工业等传统制造部门及通信设备、计算机及其他电子设备制造部门保持较高的垂直专业化分工水平，而在交通运输设备制造业，通用、专用设备制造业等机电部门的垂直专业化分工水平相对较低。

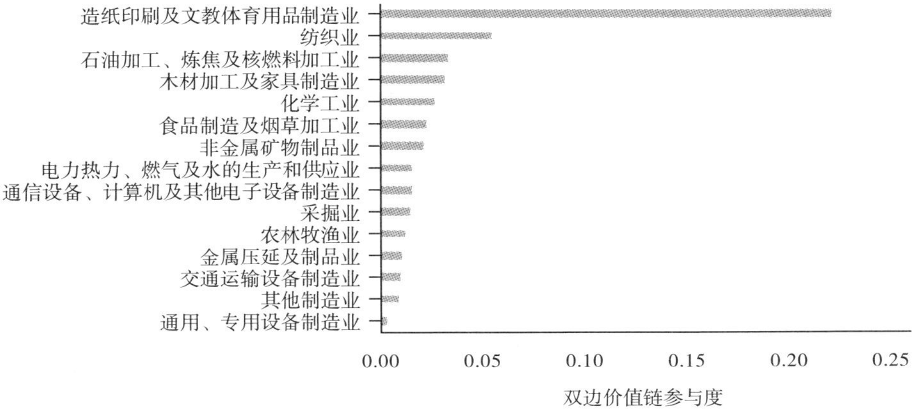

图 4-2　2010 年江苏和广东主要制造部门的双边价值链参与度

资料来源：笔者在区域增加值分解基础上测算而得。

第二节　进口贸易与国内价值链分工的经验分析

一、模型设定和变量说明

基于既有文献分析，构建国内价值链分工水平影响因素的计量模型如下：

$$\ln NPA_{ik}^{t} = b_0 + b_1 \ln IM_{ik}^{t} + g\ln X_{ik}^{t} + e_{ik}^{t} \tag{4-3}$$

其中，下标 i 表示地区、k 代表行业，上标 t 表示年份，IM 为核心解释变量，X 为其他控制变量。

（一）被解释变量

国内价值链嵌入度（NPA_{ik}^{t}）。以地区 i 行业 k 的国内价值链嵌入度 NPA_{ik}^{t} 衡量该行业参与国内垂直专业化分工的程度，数据来源为相应年度中国省际间投入产出表与 WIOD 数据库的匹配。

（二）核心解释变量

进口规模（*Imports*，IM_{ik}^{t}）。以进口渗透度即行业进口额占总产出比重来衡量进口规模，为避免对数取值为 0 的情况，以 $IM_{ik}^{t}+1$ 来衡量各行业的进口规模。为更细致地刻画进口结构、进口方式等异质性情况，对中国省际间投入产出表与中国海关数据库进行匹配，即借鉴盛斌（2002）、周申（2006）的做法，根据进口商品的 HS 编码进行行业归并，在此基础上按照进口商品的消费地①进行区域划分，使之与中国省际间投入产出表相匹配。

（三）控制变量

1. 市场推动因素

从比较优势理论、HO 理论到 HOV 理论，经典贸易分工理论表明要素禀赋特征对垂直专业化分工的影响不可忽略，已有文献大多以传统的资本密集度来衡量要素禀赋结构，本章同时考虑了资本密集度和技术密集度。其中，资本密集度（*Capital Intensity*，CI_{ik}^{t}）以资本—劳动比（K_{ik}^{t}/L_{ik}^{t}）来衡量，资本以行业的固定资产净值年平均余额②表示，劳动以行业全部从业人员年平均人数表示；技术密集度（*Technology Intensity*，TI_{ik}^{t}）以全员劳动生产率衡量。以上数据来源于相应年度的《中国工业经济统计年鉴》。

2. 行政干预因素

行政干预因素对国内垂直专业化分工的影响同样不可忽视，白重恩等（2004）、黄玖立和李坤望（2006）、陈敏等（2007）、刘小勇和李真（2008）均发

① 在中国海关数据库中，根据消费地区（进口）指标中包含的省级名称（如北京市、河北省等）进行筛选和区域划分。进而对未包含省级名称（主要包括各开放载体，尤其是国家级开发区、高新区、保税区、工业园区等）的进口交易进行省级区域划分。

② 按照固定资产价格平减指数统一为 2000 年的价格，数据来源为各年度《中国统计年鉴》。

现国有企业占比较高的行业往往存在对资源配置较强程度的行政干预；白重恩等（2004）、黄玖立和李坤望（2006）发现出于获取“财源”的目的，地方政府更多倾向于对利税占比较高的行业实行市场分割；此外，蓬塞（2005）指出除发展经济外，地方政府还承担社会稳定的使命，主要劳动就业部门往往受到较强的地方保护。

由此，分别引入国有经济比重（*Share of SOEs*，SOE_{ik}^{t}）、利税总额占比（*Share of Tax-plus-profit*，TP_{ik}^{t}）、就业占比（*Share of Employment*，EMP_{ik}^{t}）作为衡量行政干预因素的控制变量。其中，国有企业比重以各行业所有者权益中国有资本占比来衡量，行业利税总额占比以各行业利税总额占该地区工业利税总额比重来衡量，就业占比则以各行业就业人数占地区工业就业总人数比重来衡量，为避免对数取值为 0 的情况，分别以 $SOE_{ik}^{t}+1$、$TP_{ik}^{t}+1$、$EMP_{ik}^{t}+1$ 来衡量各行业的国有经济比重、利税总额占比及就业占比，以上数据来源均为相应年度的《中国工业经济统计年鉴》。

3. 其他对外开放因素

为控制其他对外开放因素的影响，引入出口规模（*Exports*，EX_{ik}^{t}）及利用外资规模（*Foreign Direct Investment*，FDI_{ik}^{t}）作为控制变量。其中，出口规模以地区各行业出口额占总产出比重来衡量，数据同样来源于中国省际间投入产出表与中国海关数据库的匹配，为避免对数取值为 0 的情况，以 $EX_{ik}^{t}+1$ 来衡量各行业的出口总额。利用外资规模以各行业所有者权益中港澳台资本及外商资本存量①之和占总产出比重来衡量，为避免对数取值为 0 的情况，以 $FDI_{ik}^{t}+1$ 来衡量各行业的外资进入数量，数据来源为相应年度的《中国工业经济统计年鉴》。

---

① 以永续盘存法（张军等，2004）计算资本存量，即 $K_t = I_t/P_t + (1-\delta)K_{t-1}$，其中 K_t、K_{t-1} 分别为 t 期和 $t-1$ 期的实际资本存量，I_t 是名义固定资产投资，P_t 为固定资产投资价格指数，按照固定资产价格平减指数统一为 2000 年的价格，δ 是资产年折旧率，按照张军等（2004）的处理方法取 δ 为 9.6%，数据来源为各年度《中国统计年鉴》。

二、 基准回归及分析

在建立计量模型基础上,就进口贸易对国内价值链分工的影响进行初步分析,通过 F 检验及 Hausman 检验,确定面板固定效应估计方法相对更优,由表 4-1 的 FE 估计可得到以下结论。

表 4-1 进口贸易对国内价值链分工影响的基本估计结果

变 量	FE	IV-FE
进口规模(IM_{ik}^{t})	-0.002 (-1.04)	-0.609* (-1.77)
资本密集度(CI_{ik}^{t})	0.054 (0.43)	0.098 (0.48)
技术密集度(TI_{ik}^{t})	0.065 (0.43)	0.047 (0.52)
国有经济比重(SOE_{ik}^{t})	-0.118 (-1.36)	0.243 (0.34)
利税总额占比(TP_{ik}^{t})	-0.184 (-1.22)	-1.631** (-1.97)
就业占比(EMP_{ik}^{t})	-0.534*** (-5.35)	-0.475*** (-3.87)
出口规模(EX_{ik}^{t})	0.075* (1.74)	0.287 (1.12)
利用外资规模(FDI_{ik}^{t})	-0.071 (-0.80)	-0.034 (-0.13)
年份固定效应	是	是
地区固定效应	是	是
行业固定效应	是	是
第一阶段 F 值	—	105.625
常数项	-2.756*** (-5.92)	-1.468** (-2.08)
样本量	1066	1066
R^2	0.115	0.032

注:括号内为 t 值,*、** 及 *** 分别表示在 10%、5%及 1%的显著性水平上显著。

第一，进口贸易某种程度上不利于国内价值链分工的开展。进口规模的扩大意味着更多地利用国外资源和要素，对于国内价值链分工而言，扩大进口通常会产生两种效应：一是替代效应，对外进口更多是对国外资源要素的引进和利用，跨国公司主导的全球生产网络已拥有从研发设计、原材料供给、中间品生产、加工组装、产成品销售等一整套生产配套体系。在国内资源要素充分利用条件下，更多地利用和嵌入全球价值链分工，很大程度上是对国内资源要素的替代和挤出。二是溢出效应，进口贸易尤其是对于关键零部件、机器设备等中间品进口，有利于推动国内企业提高生产效率、提升产品质量（毛其淋和许家云，2015），而国内企业成长基础上的生产扩大及其本土配套，有利于调动更多的国内资源要素，引致更大规模的国内垂直专业化分工。表 4-1 估计结果显示，进口规模的扩大一定程度上导致各地区国内价值链嵌入水平的降低，可见对于国内价值链分工而言，通过对国内资源要素在两个生产网络（全球生产网络和国内生产网络）流动及分布的影响，进口贸易很大程度上表现出国内资源配置的作用。

第二，就控制变量的影响而言，利税占比及就业占比与国内价值链分工水平均呈现负相关，表明处于垄断利润及社会稳定考虑，地方政府加强贸易保护和市场分割的动力仍然很强。出口扩大促进了国内价值链分工，表明市场范围的延伸导致分工的深化。

考虑到进口贸易与国内价值链分工可能存在的双向因果关系，需要进一步探讨模型估计的内生性问题。由于中国的进出口企业主要集中在各类开发区（经济开发区、高新区、工业园区、科技园区、保税区等），以 1995 年各地区分行业的开发区企业①产值占比作为行业进口规模的工具变量，采用工具变量固定效应模型（IV-FE）对式（4-3）进行再检验。由表 4-1 可见工具变量估

① 首先利用中国工业企业数据库的地址代码及行业代码进行省级部门层面的匹配，在此基础上按照企业详细地址筛选出位于各类开发区（经济开发区、高新区、工业园区、科技园区、保税区等）的企业。

计下主要解释变量的方向及显著性并未改变，由于处理了可能存在的内生性问题，进口规模对国内价值链分工的负向影响更为显著，表明进口贸易推动中国大多数行业进入全球价值链分工体系，对国外配套及国外市场的过于依赖很大程度上抑制了本土配套及国内市场的发育，降低了开展国内价值链分工的内生能力（任保全和刘志彪，2016）。

三、稳健性检验

本章从三个方面展开稳健性分析：一是利用2002年、2007年和2010年的数据构建差分方程模型，采用GLS方法对式（4-3）进行再估计；二是采用沿海地区及内陆地区①的分样本进行再估计；三是采用剔除异常值样本进行估计。表4-2显示了差分方程模型的估计结果，中国加入WTO以来随着中国进口规模的逐步扩大，相应降低了各区域的国内价值链嵌入程度，由此验证了上述结论的稳健性。值得注意的是，国际金融危机以来，进口贸易对国内价值链分工形式的影响趋于降低，可能的解释在于中国政府加快推动经济发展方式转型、促进区域经济一体化，同时也与中国进口贸易结构调整有关。②

此外，分样本及剔除异常值估计表明前述核心结论仍然稳健成立，同时揭示进口贸易对国内价值链分工形式的影响呈现出一定程度的区域异质性。作为中国对外开放的前沿，沿海地区的进口依赖度相对更高，进口贸易在推动其更多参与全球价值链分工的同时，对其国内价值链嵌入水平产生更为明显的替代效应。

---

① 参照许政等（2010）、陆铭和向宽虎（2012）的思路，以省会城市距三大港口（天津、上海和香港）的最近距离来衡量该地区的地理区位，距三大港口500公里以内的定义为沿海地区，500公里以外的则定义为内陆地区。

② 按照进口贸易结构划分，进口可以分为中间品进口与最终品进口、加工贸易进口与一般贸易进口等多种形式，不同进口形式对两类国内价值链分工形式的影响各异，本章在影响机制部分将深入展开讨论。

表 4-2　进口贸易对国内价值链分工影响的稳健性检验

变　量	2002—2007 年	2007—2010 年	沿海地区	内陆地区	剔除异常值
进口规模(IM_{ik}^t)	-0.052 (-1.54)	-0.046* (-1.98)	-0.084 (-1.84)	-0.044 (-0.59)	-0.082* (-1.70)
资本密集度(CI_{ik}^t)	0.075 (1.42)	0.372*** (3.26)	0.272 (1.44)	0.205 (1.06)	0.168 (1.53)
技术密集度(TI_{ik}^t)	0.248 (1.10)	0.481*** (2.71)	0.275 (1.04)	0.240 (1.22)	0.264** (2.11)
国有经济比重(SOE_{ik}^t)	0.469 (1.00)	0.106 (0.31)	-0.103 (-0.20)	0.147 (0.34)	0.201 (0.78)
利税总额占比(TP_{ik}^t)	-0.606 (-0.51)	-0.468* (-1.72)	-1.568 (-1.02)	-0.901 (-0.89)	-0.059 (-0.09)
就业占比(EMP_{ik}^t)	-0.569*** (-4.22)	-0.320*** (-2.75)	-0.558*** (-3.31)	-0.606*** (-4.53)	-0.348*** (-4.02)
出口规模(EX_{ik}^t)	0.067* (1.88)	0.033* (1.86)	0.126 (1.46)	0.035 (0.58)	0.037 (0.97)
利用外资规模(FDI_{ik}^t)	-0.093 (-0.69)	-0.305*** (-3.75)	0.131 (0.87)	-0.230** (-2.07)	-0.118* (-1.70)
年份固定效应	否	否	是	是	是
地区固定效应	是	是	是	是	是
行业固定效应	是	是	是	是	是
常数项	0.593*** (2.83)	0.127 (1.34)	-2.854*** (-3.97)	-2.665** (-4.09)	-1.591*** (-4.16)
样本量	360	360	429	634	1037
R^2	0.058	0.074	0.445	0.364	0.451

注:括号内为 t 值,*、** 及 *** 分别表示在 10%、5%及 1%的显著性水平上显著。

第三节　进口贸易对国内价值链分工影响的机制分析

鉴于进口贸易对国内价值链分工的影响呈现出明显异质性,为深入地探讨其影响机制,需要从更加细致的双边国内价值链分工层面切入。

一、计量模型的修正

在式(4-3)基础上,构建区域间双边价值链分工水平影响因素的计量模型如下:

$$\ln NPA_{ijk}^{t} = b_0 + b_1 \ln IM_{ik}^{t} + g\ln X_{ijk}^{t} + e_{ijk}^{t} \quad (4-4)$$

其中,下标 i、j 表示地区,k 代表行业,上标 t 表示年份,IM 为核心解释变量,X 为其他控制变量。

(一)被解释变量

区域间双边价值链分工水平(NPA_{ijk}^{t})。$NPA_{ijk}^{t} = (\frac{iv1n_{ijk} + iv2n_{ijk} + vr1n_{ijk} + vr2_{ijk}}{VA_{ik} + VA'_{ik}} + \frac{fv1n_{ijk}}{X_{ik}})$ 表示地区 i 与地区 j 在行业 k 的双边垂直专业化分工程度,数据来源同上。

(二)解释变量

1. 进口规模($Imports$,IM_{ik}^{t})

同样以进口渗透度衡量地区 i 行业 k 的进口规模,数据来源及处理方法同上。

2. 市场推动因素

以区域间资本—劳动比差异 $DCI_{ijk}^{t} = \left|\frac{K_{ik}^{t}}{L_{ik}^{t}} - \frac{K_{jk}^{t}}{L_{jk}^{t}}\right|$ 衡量行业的资本密集度差异(*Difference of Capital Intensity*, DCI_{ijk}^{t}),由此控制资本深化差距对区域间垂直专业化分工的影响。以区域间全员劳动生产率差异 $DTI_{ijk}^{t} = |T_{ik}^{t} - T_{jk}^{t}|$ 衡

量行业的技术密集度差异（*Difference of Technology*, DTI_{ijk}^{t}），由此控制技术差距对区域间垂直专业化分工的影响。以上数据来源于相应年度的《中国工业经济统计年鉴》。

3. 行政干预因素

在财税分成及绩效考核体制下，地方政府有区域市场分割和设置贸易壁垒的动力，而出于整合国内资源及扩大市场效应的考虑，中央政府倾向于推动区域一体化进程。因而中国的国内价值链分工实际上同时面临着分割与整合两种力量：

（1）区域市场分割程度（*Market Segment*, MS_{ij}^{t}）。参照桂琦寒等（2006）、陈敏等（2007）、陆铭和陈钊（2009）的做法，采用相对价格指数分析方法计算区域间双边市场分割程度。首先计算出区域间 16 类主要商品零售价格的环比指数差异 $DQ_{ijk}^{t}=\ln(P_{ik}^{t}/P_{jk}^{t})-\ln(P_{ik}^{t-1}/P_{jk}^{t-1})=\ln(P_{ik}^{t}/P_{ik}^{t-1})-\ln(P_{jk}^{t}/P_{jk}^{t-1})$，其中 P_{ik}^{t}、P_{ik}^{t-1} 分别表示区域 i 第 k 种商品第 t 和 $t-1$ 年度的零售价格，P_{jk}^{t}、P_{jk}^{t-1} 则分别表示区域 j 第 k 种商品第 t 和 $t-1$ 年度的零售价格。其次，采用去均值（de-mean）方法消除与该特定商品种类相联系的固定效应，得到仅与地区间市场分割因素和一些随机因素相关部分 $q_{ijk}^{t}=|\Delta Q_{ijk}^{t}-\overline{Q_{k}^{t}}|$，其中，$\overline{Q_{k}^{t}}$ 代表区域间第 k 种商品零售价格差异的均值。最终用以计算方差的相对价格变动部分 $\mathrm{Var}(q_{ijk}^{t})$ 来衡量区域间双边市场分割程度。数据来源于相应年度的《中国统计年鉴》。

（2）区域一体化政策（*Regional Integration*, RI_{ij}^{t}）。在中央政府推动下，中国逐渐形成了长江三角洲①、珠江三角洲②、环渤海经济区③三大经济圈，各经

① 2016 年，国家发展改革委制定《长江三角洲城市群发展规划》，规定长三角城市群的范围包括上海、江苏、浙江及安徽。

② 2003 年，在中央政府指导下，由广东省倡导并成立泛珠三角区域合作（即“9+2”），其中包括广东、福建、江西、湖南、广西、海南、四川、贵州、云南和香港、澳门特别行政区。

③ 狭义上是指以辽东半岛、山东半岛、京津冀为主的环渤海滨海经济带。从更大的范围来说，已形成了“5+2”战略合作格局的框架，即河北、山西、辽宁、山东、内蒙古五省（自治区），以及北京和天津两个直辖市。

济圈内基础设施连通、资源要素流动、相关政策对接等工作取得一定程度进展。为控制区域一体化政策对国内价值链分工的影响，借鉴贸易引力模型的做法，把是否同属于同一经济圈作为虚拟变量，如该年度分工参与地区属于同一经济圈，则取值为 1，否则取值为 0。

4. 空间区位因素（$Distance, DIST_{ij}^{t}$）

地理距离往往是影响贸易规模及流向的重要因素，同样借鉴贸易引力模型的做法，引入分工参与地区间的地理距离作为控制变量。为剔除地形的影响，采用省会城市之间的公路距离来衡量，数据来源为当年的中国公路交通里程图册。

二、 基于进口异质性的分析

为进一步厘清进口贸易对区域间双边价值链分工的影响机制，分别以中间品进口、最终产品进口、加工贸易进口和一般贸易进口替代进口总额对式(4-4)进行估计。其中省级行业层面中间品进口的处理方法为：利用中国海关数据库 HS 编码与 BEC 编码的对应，BEC 编码为“111”“121”“21”“22”“31”“322”“42”“53”的属于中间产品，进而通过中国海关数据库与中国省际间投入产出表的匹配，可以得出省级行业层面的中间品及最终品贸易规模。由表 4-3 可以看出：

第一，尽管存在产品种类及贸易方式差异，进口贸易对区域间双边价值链分工的影响呈现出共同特征，即随着进口贸易规模扩大，一定程度上阻碍了国内价值链分工的培育。

第二，就进口异质性而言，最终品进口及一般贸易进口对国内价值链分工的抑制作用更为明显。可能的解释在于，尽管进口贸易对国内价值链分工开展产生了明显的替代效应，但由于中间品进口及加工贸易进口的产品质量相对更优，通过推动企业生产率提升、扩大再生产以及对配套企业的知识外溢，内资企业成长能引致明显的本土关联和国内垂直专业化分工，从而产生较大程度的溢出效应。① 而由于溢出效应相对较小，最终品进口及一般贸易进口对区域间双边价值链分工的替代效应更为明显，而且随着区域间要素禀赋差异的扩大，该抑制作用愈发显著。

表 4-3　进口贸易对区域间双边价值链分工的影响（基于进口异质性）

变　量	中间品进口	最终品进口	加工贸易进口	一般贸易进口
进口规模（ IM_{ik}^{t} ）	−0.072*** （−4.38）	−0.131*** （−4.07）	−0.070*** （−4.63）	−0.143*** （−3.73）
资本密集度差异（ DCI_{ijk}^{t} ）	0.003 （1.28）	0.010*** （2.70）	0.004 （1.48）	0.010*** （2.82）
技术密集度差异（ DTI_{ijk}^{t} ）	0.008*** （3.67）	0.007* （1.88）	0.010*** （4.81）	0.002 （1.56）
区域市场分割程度（ MS_{ij}^{t} ）	−0.002 （−0.93）	−0.007* （−1.72）	−0.003 （−1.32）	0.005 （1.22）
区域一体化政策（ RI_{ij}^{t} ）	0.009 （0.90）	0.005 （0.46）	0.004 （0.41）	0.014 （1.11）
地理距离（ $DIST_{ij}^{t}$ ）	−0.005 （−0.84）	−0.006 （−0.89）	−0.001 （−0.15）	−0.009 （−1.32）
进口规模与资本密集度差异交互项（ $IM_{ik}^{t}\times DCI_{ijk}^{t}$ ）	−0.012*** （−9.44）	−0.634*** （−16.69）	−0.082*** （−13.49）	−0.015*** （−19.06）
进口规模与技术密集度差异交互项（ $IM_{ik}^{t}\times DTI_{ijk}^{t}$ ）	−0.013*** （−19.16）	−0.541*** （−15.63）	−0.080*** （−20.70）	−0.016*** （−12.40）
常数项	0.062 （1.28）	0.230*** （3.18）	0.046 （1.00）	0.219*** （2.77）
年份固定效应	是	是	是	是
地区固定效应	是	是	是	是
行业固定效应	是	是	是	是

① 如阿米蒂和科宁斯（Amiti 和 Konings，2007）基于 1991—2001 年印度尼西亚制造业企业数据研究发现，中间品进口对企业生产率的影响程度至少是最终产品进口的两倍。哈尔彭等（Halpern 等，2009）基于匈牙利的微观企业数据研究发现，进口投入品使得企业生产率提高了 14%，其中近 2/3 是由中间品进口增加贡献的。

续表

变　量	中间品进口	最终品进口	加工贸易进口	一般贸易进口
样本量	28334	28334	28334	28334
Adjusted R^2	0.018	0.023	0.016	0.014

注：括号内为 t 值，*、** 及 *** 分别表示在 10%、5%及 1%的显著性水平上显著。

三、 基于分工模式异质性的分析

中国区域间发展水平、发展模式差异显著，按照分工参与地区的区位特征，区域间双边价值链分工模式可以划分为沿海地区—沿海地区分工、内陆地区—内陆地区分工和沿海地区—内陆地区分工三大类，分别采用三类分样本对式（4-4）再估计，估计结果如表 4-4 所示，可以得出以下结论。

表 4-4　进口贸易对区域间双边价值链分工的影响（基于分工模式异质性）

变　量	沿海—沿海	内陆—内陆	沿海—内陆
进口规模（IM_{ik}^t）	-0.055 (-1.37)	-0.062** (-2.05)	-0.107*** (-3.51)
资本密集度差异（DCI_{ijk}^t）	0.005 (0.56)	0.010* (1.68)	0.003 (0.64)
技术密集度差异（DTI_{ijk}^t）	0.009 (1.57)	0.006 (0.97)	0.003 (0.55)
区域市场分割程度（MS_{ij}^t）	-0.017 (-1.64)	-0.005* (-1.69)	-0.003 (-0.53)
区域一体化政策（RI_{ij}^t）	0.009 (0.36)	0.040*** (3.08)	0.077*** (3.51)
地理距离（$DIST_{ij}^t$）	-0.009 (-0.56)	-0.014 (-1.58)	-0.064*** (-3.98)
进口规模与资本密集度差异交互项（$IM_{ik}^t \times DCI_{ijk}^t$）	-0.010*** (-8.23)	-0.014*** (-14.99)	-0.798** (-2.11)

续表

变　量	沿海—沿海	内陆—内陆	沿海—内陆
进口规模与技术密集度差异交互项（ $IM_{ik}^{t} \times DTI_{ijk}^{t}$ ）	−0.012*** （−7.78）	−0.014*** （−14.31）	−0.260*** （−9.70）
常数项	0.231* （1.68）	0.211*** （3.58）	−0.247** （−2.49）
年份固定效应	是	是	是
地区固定效应	是	是	是
行业固定效应	是	是	是
观察值	2961	12313	13060
Adjusted R^2	0.040	0.013	0.018

注：括号内为 t 值，*、** 及 *** 分别表示在 10%、5%及 1%的显著性水平上显著。

第一，进口规模的扩大不利于国内价值链分工的开展。“进口引致出口”的开放模式下，国内资源要素更多集中于外向型生产环节或配套部门，相应地压缩了内需型生产环节或配套部门的成长空间，外部体系循环很大程度上替代了国内体系循环。就该角度而言，进口贸易的开展通过影响国内资源配置，在推动全球价值链嵌入的同时，阻碍了区域间垂直专业化分工的开展。

第二，进口贸易对国内价值链分工的抑制作用主要体现在沿海—内陆垂直专业化分工，而且随着区域间要素禀赋结构差异的扩大，其阻碍作用更为明显。可能的原因在于，融入全球价值链分工对“内部循环”的国内垂直专业化分工产生了明显的替代效应，“两头在外、大进大出”的加工贸易模式，以及大量中间品及机器设备进口很大程度上冲击了沿海与内陆地区的原有生产配套体系，切断了沿海与内陆地区的上下游经济关联，不利于基于国内资源及国内市场的国内价值链构建。

第四节　延展分析：进口贸易替代效应与溢出效应的行业特征

如前所述，对于国内价值链分工而言，进口贸易的影响来自两个方面：一是替代效应，即由于更多利用了进口产品而相应减少了对国内产品的需求；二是溢出效应，即由于使用进口产品（尤其是进口中间品）导致企业生产率提高、生产规模扩大，由此引致出更多对国内其他产品的需求。进口贸易对区域间国内价值链分工影响的大小及方向很大程度上取决于进口贸易的替代效应与溢出效应。

那么值得进一步研究的是，究竟是哪些因素决定了进口贸易的替代效应与溢出效应？在前文分析基础上，本节对式（4-3）适当加以修正，分析哪些行业的进口能产生更大规模的溢出效应，而哪些行业的进口却产生了更显著的替代效应。

$$\ln D_{ik} = b_0 + b_1 \ln IM_{ik} + g \ln X_{ik} + e_{ik} \tag{4-5}$$

其中，下标 i 表示地区，k 代表行业，被解释变量 D_{ik} 代表地区 i 行业 k 对国内其他地区的中间品需求，数据来源为相应年度中国省际间投入产出表与 WIOD 数据库的匹配。核心解释变量 IM_{ik} 的定义及数据来源同上。

为进一步控制进口部门的行业特征，模型控制变量包括：资本密集度（Capital Intensity，CI_{ik}），仍以资本—劳动比（K_{ik}/L_{ik}）来衡量；技术密集度（Technology Intensity，TI_{ik}），仍以全员劳动生产率（T_{ik}）来衡量；规模经济水平（Scale Economy，SE_{ik}），以工业企业的平均产出规模来衡量，即规模经济水平=行业总产值/企业数×100%；产品内销倾向（Domestic Sale，DE_{ik}），以该行业产品的国内销售占比来衡量，即内销倾向=（行业销售产值-行业出口交货值）/行业销售产值。数据来源均为《中国工业经济统计年鉴》。

在建立计量模型基础上，采用 FGLS 方法对式（4-5）进行估计，为尽量避免模型估计的内生性问题，控制变量采用滞后一期值。本节重点关注进口规模与控制变量的交叉项，以分析行业特征对进口贸易替代效应及溢出效应的影响，由表 4–5 和表 4–6 可以得到以下结论。

表 4–5　进口贸易替代效应及溢出效应的影响因素估计结果（分产品结构）

变　量	进口总额	中间品进口	最终产品进口
进口规模与行业资本密集度交互项（$IM_{ik} \times CI_{ik}$）	0. 016* （1. 78）	0. 055** （2. 30）	0. 002 （0. 33）
进口规模与行业技术密集度交互项（$IM_{ik} \times TI_{ik}$）	−0. 013 （−0. 82）	−0. 051* （−1. 77）	−0. 016 （−1. 46）
进口规模与行业规模经济交互项（$IM_{ik} \times SE_{ik}$）	−0. 007* （−1. 96）	−0. 004* （−1. 68）	0. 004 （0. 19）
进口规模与行业内销规模交互项（$IM_{ik} \times DE_{ik}$）	0. 001*** （3. 11）	0. 007*** （3. 20）	0. 001 （1. 57）
常数项	0. 398*** （4. 64）	0. 243*** （3. 72）	0. 588*** （3. 42）
样本量	390	390	390
Adjusted R^2	0. 714	0. 841	0. 690
F 值	97. 19	205. 3	90. 16

注：括号内为 t 值，*、** 及 *** 分别表示在 10%、5%及 1%的显著性水平上显著。

表 4–6　进口贸易替代效应及溢出效应的影响因素估计结果（分贸易模式）

变　量	加工贸易进口	一般贸易进口
进口规模与行业资本密集度交互项（$IM_{ik} \times CI_{ik}$）	0. 101*** （4. 02）	−0. 015 （−0. 97）
进口规模与行业技术密集度交互项（$IM_{ik} \times TI_{ik}$）	−0. 081** （−2. 24）	0. 011 （0. 27）
进口规模与行业规模经济交互项（$IM_{ik} \times SE_{ik}$）	−0. 019** （−2. 29）	0. 012 （0. 75）

续表

变量	加工贸易进口	一般贸易进口
进口规模与行业内销规模交互项（$IM_{ik} \times DE_{ik}$）	0.004*** (4.34)	0.003** (2.11)
常数项	0.497*** (5.54)	0.411*** (4.94)
样本量	390	390
Adjusted R^2	0.711	0.703
F 值	95.52	91.91

注：括号内为 t 值，*、** 及 *** 分别表示在 10%、5%及 1%的显著性水平上显著。

第一，进口规模与行业要素禀赋结构交互项符号为正，而与行业生产率交互项符号为负，表明随着行业资本密集度的逐步升级，进口贸易尤其是中间品进口和加工贸易进口导致该行业对国内其他地区中间品需求不断上升，呈现出明显的溢出效应；而随着要素禀赋结构的进一步提升，技术密集度较高地区的进口，尤其是中间品进口和加工贸易进口则难以产生显著的溢出效应，相反，由于进口产品对国产中间品的“挤出”，产生了更为明显的替代效应。

可见，进口贸易对区域间国内价值链分工替代效应和溢出效应大小，很大程度上取决于该行业的要素禀赋特征。在资本、技术等高级要素相对稀缺阶段，通过发展加工贸易、扩大中间品进口，有利于弥补国内生产制造能力的不足，而随着经济增长和要素禀赋结构不断升级，中间品过多依赖进口会导致对国内生产配套和本土关联的替代。

第二，进口规模与行业规模经济交互项符号为负，预示着与要素禀赋结构类似，随着行业规模经济的逐步提升，进口贸易尤其是中间品进口和加工贸易进口的增加使得该部门对国内其他地区中间品需求反而趋于减少，呈现出较为明显的替代效应。

可见，进口贸易对区域间国内价值链分工替代效应和溢出效应大小受行业的规模经济特征影响。在规模不经济阶段，由于存在着大量资源要素闲置，扩大中间品进口、发展加工贸易能有效调动闲置资源，优化资源配置，进口贸易的溢出效应更为明显。而随着行业规模经济水平不断提升，扩大中间品进口往往导致对国内资源要素的“挤出”，进口贸易的替代效应更为明显。

第三，进口规模与行业内销倾向交互项符号为正，表明随着行业内销倾向的扩大，进口贸易尤其是中间品进口和加工贸易进口的增加扩大了该部门对国内其他地区中间品的需求，产生了明显的溢出效应。可能的解释为相对于出口产品，内销产品的品质和技术复杂度相对较低，通过进口获得先进设备和关键零部件，能有效提升内销产品质量，显著扩大生产规模，由此引致更大规模的本土关联和国内专业化分工。

第五节　基本结论及政策启示

通过构建国内区域间垂直专业化分工推动产业整合和区域协调，是充分实现大国规模经济的有效途径，同时也是对中国当前面临的全球价值链“低端锁定”的有效应对（刘志彪和张杰，2007）。然而长时期以来，中国更多以“两头在外、大进大出”的形式融入跨国公司主导的全球价值链分工，进口贸易对国内价值链的构建势必产生重大影响。

通过构建计量实证模型，利用中国省际间区域投入产出表与中国海关数据库的匹配，从省级行业层面分析进口贸易对国内价值链分工的影响，研究发现进口贸易对国内价值链分工的开展实际上发挥着资源配置的作用，进口规模的扩大一定程度上阻碍了国内价值链的培育。

结合进口异质性的影响机理分析，发现所有形式的进口均形成对构建国内价值链的替代效应，但相对而言，中间品进口和加工贸易进口更有利于促进国内企业生产效率提升和生产规模扩大，带动国内生产配套需求，对于国内价值链分工的开展产生了更大程度的溢出效应。进一步考虑到分工模式差异，发现进口贸易主要影响了沿海地区—内陆地区垂直专业化分工。“进口引致型出口”通过市场边界的外延，推动了以“内陆地区提供资源能源—沿海地区生产制造—最终品出口国外”为主要模式的全球价值链分工。但由于全球生产网络对国内原有生产配套体系的替代，进口规模的扩大很大程度上切断了沿海与内陆地区“内部循环”的经济关联，对国内价值链的构建产生了一定的阻碍作用。

在此基础上，本章进一步探讨了进口贸易替代效应和溢出效应的行业特征，研究发现，随着要素禀赋结构升级、规模经济水平提升，进口贸易对国内专业化分工和本土关联的替代效应和溢出效应呈现此消彼长态势。同时内销占比高的部门往往获得更多的溢出效应。

全球价值链分工条件下，通过进口渠道充分利用国外资源要素、增强内生增长能力、推动产品质量升级是后发国家参与国际分工的主要诉求。然而随着国内经济发展和要素禀赋结构升级，应妥善处理进口贸易与国内配套的关系，如何最大限度限制进口的替代效应，充分创造和发挥进口的溢出效应，是推动基于内生能力的国内价值链分工的关键。着眼于促进中国进口贸易转型升级、推动国内价值链重构及大国规模经济的有效发挥，提出以下政策建议：

第一，优化进口产品结构，促进内资企业成长。鼓励先进技术装备、关键零部件等高技术含量中间品进口，通过进口渠道获取国外先进技术并积极推动技术本地化基础上的集成创新，由此促进内资企业生产效率进步和产品质量提升。在内资企业成长基础上积极发展面向国内市场的本土生产配套和上下游关联，推动基于内生能力的国内垂直专业化分工。

第二，实施区域差别的进口政策，协调区域间垂直专业化分工。对于自然资源丰裕而制造能力有限、空间区位相对不利的西部地区而言，应积极以国内资源和国内市场为依托，在机械装备、零部件、半成品等中间品采购方面更多向国内配套倾斜，同时充分发挥自然资源优势积极融入国内价值链分工，打造为国内的资源能源产地及初级产品加工地；中部地区应重视扩大高技术含量的中间品进口，在增强制造能力、完善配套体系基础上积极发展面向国内市场和本土配套的加工制造，建设成为国内生产制造基地；而对于经济发达的东部沿海地区，则应实施一定程度的进口替代政策，更多鼓励企业进行本地配套，尤其是对原材料、初级产品、一般零部件等技术含量较低的中间品进行国内采购。同时充分发挥其生产技术优势开展品牌研发和技术创新，不断提升关键设备及零部件的国产化水平，进而为国内垂直专业化分工提供核心技术和自主品牌，及机械装备、关键零部件等高技术含量中间品，发展成为国内价值链的“发包者”和“链主”。

第三，消除区域市场分割，推动区域经济一体化。深入推进社会主义市场经济体制和行政管理体制改革，彻底打破地方保护主义和区域市场壁垒，鼓励各省市（尤其是要素禀赋结构差异明显的地区）在基础设施一体化基础上，重点推进要素市场一体化和公共服务一体化，进一步消除要素区域间流动障碍，促进区域间开展垂直专业化分工与合作。

第五章　国内价值链分工条件下的收益分配

如前所述,国内价值链分工概念包含两个特征:一是从初始投入、生产制造到最终消费的整个价值链链条布局在国内,这保证了垂直专业化分工、价值链构建能力的内生;二是增加值在省级区域间跨境两次及以上,这意味着围绕国内垂直专业化分工,国内各区域间开展生产各环节的接力,呈现出上下游分工合作关系。由于存在中间品的大量跨省境流动,由此引出的一个重要命题是,各地区通过参与国内价值链分工获取了多少收益?该收益分配体现出什么特点和规律?更重要的是,该收益分配对区域协调发展意味着什么?

第一节　国内价值链分工条件下的收益分配核算

通过区域间上下游的国内价值链分工,国内中间品贸易很大程度上刺激了各地区生产能力扩张,推动了国内贸易发展。然而,各地区参与国内价值链分工的收益水平怎样?其收益分配背后的逻辑和规律是什么?

由于中间品的大量跨省境流动,各地区参与国内价值链实现的地区增加值实际上由四部分组成:一是中间品国内流出而间接实现的本地区增加值

($iv1n + iv2n$)；二是中间品国内流出后的增加值折返部分($vr1n + vr2$)；三是由于使用了其他地区中间品而间接实现的中间品来源地的地区增加值($fv1n$)；四是由于中间品多次跨省境流动而导致重复计算部分(dcn)。显然，前两部分属于参与国内价值链分工而实现的本地区增加值。

基于以上思路，以国内价值链分工实现的本地区增加值比重(*National Value-added Ratio*, *NVAR*)来衡量地区收益水平，则地区行业层面的国内价值链收益率为：

$$NVAR_{ik} = \frac{NVA_{ik}}{VA_{ik}} = \frac{(iv1n_{ik} + iv2n_{ik}) + (vr1n_{ik} + vr2_{ik})}{(iv1n_{ik} + iv2n_{ik}) + (vr1n_{ik} + vr2_{ik}) + fv1n_{ik} + dcn_{ik}} \times 100\% \tag{5-1}$$

其中 $NVAR_{ik}$ 为地区 i 行业 k 的国内价值链收益率，NVA_{ik} 为该行业参与国内价值链分工所创造的本地区增加值，而 VA_{ik} 则为该行业参与国内价值链分工所创造的总增加值，包括本地区增加值、国内其他地区增加值和国内重复计算三部分。数据来源为相应年度中国省际间投入产出表与 WIOD 数据库的匹配。

由表 5-1 可以看出，中国省级区域制造部门的国内价值链收益率呈现出明显由西向东逐级递减的规律，即广大西北地区、西南地区的国内价值链收益率最高，中部地区次之，而以广东、江苏、浙江、上海为代表的东部沿海地区参与国内价值链分工获取的收益水平最低。

表 5-1　2010 年中国各省级区域制造部门的国内价值链收益率

（单位：%）

省　份	食品制造	纺织服装	造纸印刷	化工	装备制造	电子光学	交通设备
北　京	88.96	94.08	47.59	44.10	85.67	23.52	25.84
天　津	78.09	82.78	80.55	60.85	84.16	65.18	70.70
河　北	52.80	91.64	38.84	21.52	63.40	53.05	73.74
山　西	80.24	95.26	94.76	58.88	80.22	95.60	86.90

续表

省　份	食品制造	纺织服装	造纸印刷	化工	装备制造	电子光学	交通设备
内蒙古	67.34	94.83	62.26	73.50	47.10	94.96	71.86
辽　宁	30.00	17.16	14.29	11.04	10.87	24.54	64.42
吉　林	74.24	74.45	73.23	58.78	82.12	64.56	44.43
黑龙江	72.76	79.49	91.11	84.30	44.35	63.15	98.19
上　海	62.77	40.25	48.26	24.67	24.16	11.22	4.36
江　苏	11.84	12.13	31.67	6.20	12.80	6.27	12.31
浙　江	39.58	4.89	14.01	8.02	18.25	31.98	77.94
安　徽	15.87	83.90	52.94	33.87	72.97	50.72	57.94
福　建	63.81	32.65	53.55	64.24	96.60	85.50	96.18
江　西	63.71	94.78	45.55	76.29	90.46	94.92	98.16
山　东	2.92	15.58	13.16	1.87	7.11	1.97	7.06
河　南	7.35	85.60	63.93	18.36	32.04	72.38	73.84
湖　北	36.70	95.71	13.97	57.43	95.37	94.35	94.42
湖　南	35.21	93.20	83.77	73.03	34.01	91.69	93.43
广　东	11.90	0.30	1.35	3.96	11.29	0.82	14.17
广　西	39.45	97.65	91.72	79.27	81.35	94.83	92.96
海　南	99.42	99.90	97.86	99.65	99.30	98.83	97.27
重　庆	90.30	98.56	93.25	88.58	89.14	95.49	55.34
四　川	28.95	91.34	76.34	46.24	53.52	86.26	96.63
贵　州	96.54	99.43	96.28	97.62	97.48	97.69	98.92
云　南	57.38	97.93	88.19	85.34	76.80	89.99	93.46
陕　西	87.60	98.27	79.21	72.52	89.36	86.80	91.26
甘　肃	97.92	99.44	98.25	71.68	96.53	86.71	99.38
青　海	99.97	99.93	99.79	99.55	98.40	99.04	99.92
宁　夏	99.80	99.86	98.18	98.37	99.67	99.50	99.87
新　疆	91.86	91.42	95.72	88.62	93.99	99.08	83.31

注：由于统计数据所限，笔者采用的是30个省（自治区、直辖市）30个部门地区间投入产出表，不包含西藏数据。

资料来源：笔者计算而得。

在地区行业层面国内价值链收益率基础上，按照各行业参与国内价值链分工创造的总增加值占比 $\omega_k = VA_{ik}/\sum_k VA_{ik}$ 为权重，可以核算出地区层面的国内价值链收益率，即：

$$NVAR_i = \sum_k \omega_k NVAR_{ik} \quad (5-2)$$

图 5-1 显示了中国各省级区域的国内价值链分工收益水平，可见中国国内价值链分工收益率同样呈现出“西高东低”的现象。

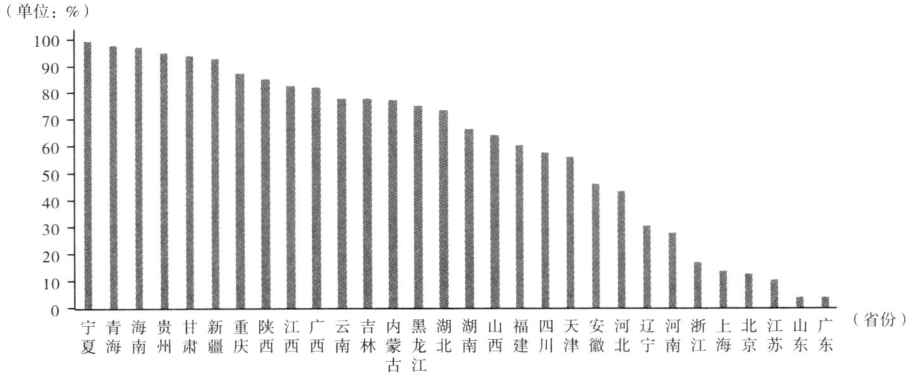

图 5-1　2010 年中国各省级区域国内价值链收益率

注：由于统计数据所限，笔者采用的是 30 个省（自治区、直辖市）30 个部门地区间投入产出表，不包含西藏数据。

资料来源：笔者计算而得。

第二节　国内价值链分工条件下收益分配的影响因素

通过对国内价值链分工条件下省级区域产业部门的收益水平核算，发现中国国内价值链收益分配格局呈现出“西高东低”态势，由此引出的命题是：为什么同一主权国家内相同行业的分工收益水平会出现明显差异？在国内价值链分工条件下，价值链收益是如何决定的？

一、 国内价值链分工的收益分配：理论分析

根据库普曼等(2010)的国际分工地位指标内涵,对于全球价值链上游环节(如资源能源供给、技术研发等)的行业而言,一方面表现为更大规模的间接贸易增加值(iv);另一方面,在出口规模不变的情况下,由于出口中包含的他国贸易增加值(fv)规模较小则意味着出口品中的国内增加值部分规模较大,因而表现为更高的贸易收益。反之,处于全球价值链下游环节(如加工制造)的行业则表现为较低的贸易收益水平。由此可以得出的基本假设是,价值链定位是影响分工参与者收益水平的主要因素。

为更好地印证价值链定位对分工收益的影响,就两者关系进行简单的数理推导。首先根据式(5-1),地区行业层面的国内价值链收益率可变形为:

$$NVAR_{ik} = 1 - \frac{fv1n_{ik} + dcn_{ik}}{(iv1n_{ik} + iv2n_{ik}) + (vr1n_{ik} + vr2_{ik}) + fv1n_{ik} + dcn_{ik}} \times 100\% = 1 - FVAR_{ik} - DCNR_{ik} \tag{5-3}$$

$$FVAR_{ik} = \frac{FVA_{ik}}{VA_{ik}} = \frac{fv1n_{ik}}{(iv1n_{ik} + iv2n_{ik}) + (vr1n_{ik} + vr2_{ik}) + fv1n_{ik} + dcn_{ik}} \times 100\% \tag{5-4}$$

$$DCNR_{ik} = \frac{DCN_{ik}}{VA_{ik}} = \frac{dcn_{ik}}{(iv1n_{ik} + iv2n_{ik}) + (vr1n_{ik} + vr2_{ik}) + fv1n_{ik} + dcn_{ik}} \times 100\% \tag{5-5}$$

其中,FVA_{ik} 为地区 i 行业 k 参与国内价值链分工所创造的其他地区增加值,$FVAR_{ik}$ 为该行业所创造的中间品来源地国内价值链收益率。同样,$DCNR_{ik}$ 表示地区 i 行业 k 参与国内价值链分工导致的国内重复计算率。

其次,国内价值链定位指标($NVC\ Position$,NPO)可以表示为:

$$NPO_{ik} = \ln(1 + \frac{iv_{ik}}{VA_{ik}}) - \ln(1 + \frac{fv_{ik}}{VA_{ik}}) = \ln(1 + IVAR_{ik}) - \ln(1 + FVAR_{ik}) \tag{5-6}$$

其中，IVA_{ik} 为地区 i 行业 k 参与国内价值链分工而间接实现的本地区增加值，$IVAR_{ik}$ 为该行业间接实现的国内价值链收益率。把式（5-6）前后两项分别进行泰勒展开并且保留前两项，并进一步化简，可得：

$$NPO_{ik} = (IVAR_{ik} - FVAR_{ik})[1 - \frac{1}{2}(IVAR_{ik} + FVAR_{ik})] \tag{5-7}$$

此外，按照国内价值链分工参与度指标（*NVC participation*，*NPA*），即：

$$NPA_{ik} = (\frac{iv_{ik}}{VA_{ik}} + \frac{fv_{ik}}{VA_{ik}}) = IVAR_{ik} + FVAR_{ik} \tag{5-8}$$

联立式（5-3）、式（5-7）与式（5-8）可得：

$$NVAR_{ik} = [NPO_{ik}/(1 - \frac{1}{2}NPA_{ik})][1 + \frac{1 - DCNR_{ik}}{NPO_{ik}/(1 - \frac{1}{2}NPA_{ik})}] \tag{5-9}$$

对式（5-9）两边取对数，可得：

$$\ln NVAR_{ik} = \ln NPO_{ik} - \ln(1 - \frac{1}{2}NPA_{ik}) + \varepsilon_{ik} \tag{5-10}$$

由此可见，国内价值链分工定位是影响其价值链收益的主要因素。

二、 国内价值链分工的收益分配：实证检验

（一）模型设定及数据说明

在理论分析的基础上，进一步从行业层面构建计量模型，并利用 2002 年、2007 年、2010 年《中国 31 省区市区域间投入产出表》数据库中 30 个省级区域（每个区域 17 个行业）的样本就国内价值链分工定位对价值链收益水平的影响进行实证检验。根据式（5-10），国内价值链分工定位及国内价值链分工参

与度均为影响价值链收益的主要因素，此外参照李春顶（2010）、汤二子等（2011）、张杰等（2013）研究引入行业生产效率（TFP），并考虑其他解释变量与核心变量的交叉影响作用，构建计量模型如下：

$$\ln NVAR_{ikt} = \beta_0 + \beta_1 \ln NPO_{ikt} + \beta_2 \ln NPA_{ikt} + \beta_3 \ln TFP_{ikt} + \beta_4 NPO \times NPA_{ikt} + \beta_5 NPO \times TFP_{ikt} + \varepsilon_{ikt} \quad (5-11)$$

其中下标 i、k、t 分别表示地区、行业及年份。

模型中涉及的变量包括如下几项。

1. 国内价值链收益水平（ $NVAR_{ikt}$ ）

以国内价值链收益率来衡量参与国内价值链分工的收益水平，核算方法如式（5-1）所示，数据来源为相应年度中国省际间投入产出表与 WIOD 数据库的匹配。

2. 国内价值链定位（ NPO_{ikt} ）

借鉴库普曼等（2010）的国际分工地位指标思路，采用前文构建的国内价值链位置指标 $NPO_{ik} = \ln(1 + \frac{iv1n_{ik} + iv2n_{ik} + vr1n_{ik} + vr2_{ik}}{VA_{ik} + VA'_{ik}}) - \ln(1 + \frac{fv1n_{ik}}{X_{ik}})$，该指标越大，表明地区 i 行业 k 在国内价值链的位置越靠近上游，反之则越靠近国内价值链下游。考虑到许多数据结果为负数无法取对数，以 $NPO_{ik}+1$ 代表国内价值链定位，数据来源为相应年度中国省际间投入产出表与 WIOD 数据库的匹配。

3. 国内价值链参与度（ NPA_{ikt} ）

借鉴库普曼等（2010）的国际分工参与度指标思路，采用前文构建的国内价值链参与度指标 $NPA_{ik} = (\frac{iv1n_{ik} + iv2n_{ik} + vr1n_{ik} + vr2_{ik}}{VA_{ik} + VA'_{ik}} + \frac{fv1n_{ik}}{X_{ik}})$，该指标越大，表明参与国际分工的程度越高，反之则代表参与国际分工的程度越低，数据来源为相应年度中国省际间投入产出表与 WIOD 数据库的匹配。

4. 行业生产效率（ TFP_{ikt} ）

以全要素生产率衡量行业的生产效率水平，参照李春顶（2010）、汤二子等(2011)的研究方法,具体公式为:$TFP=\ln Q/L-s\ln K/L$。其中 s 表示资本贡献度,按照霍尔和琼斯(Hall 和 Jones,1999)的方法,设定 $s=1/3$。Q 为行业产出规模,K 为行业考虑折旧因素的固定资本存量(按当年汇率统一折算为美元),L 为行业就业人数,数据来源为 WIOD 数据库。

(二)实证分析及结论

在建立计量模型基础上,就国内价值链定位对国内价值链收益的影响进行初步分析,通过 F 检验及 Hausman 检验,确定面板固定效应估计方法相对更优,由表 5-2 的 FE 估计可得到以下结论。

表 5-2　国内价值链定位对国内价值链收益率影响的基准回归估计结果

变　量	(1)	(2)	(3)
国内价值链定位(NPO_{ikt})	1.601*** (54.57)	1.277*** (31.61)	1.375*** (47.43)
国内价值链参与度(NPA_{ikt})	-0.015*** (-3.59)	-0.013** (-2.02)	-0.013*** (-2.94)
生产效率(TFP_{ikt})	—	-0.349*** (-10.23)	-0.157*** (-7.89)
国内价值链定位与国内价值链参与度交互项($NPO_{ikt}\times NPA_{ikt}$)	—	—	0.001*** (9.63)
国内价值链定位与生产效率交互项($NPO_{ikt}\times TFP_{ikt}$)	—	—	0.064*** (8.12)
常数项	4.68*** (33.98)	4.67*** (31.1)	4.58*** (27.08)
年份固定效应	是	是	是
地区固定效应	是	是	是
行业固定效应	是	是	是
Adjusted R^2	0.260	0.275	0.257
样本量	1530	1530	1530

注:括号内为 t 值,*、** 及 *** 分别表示在 10%、5%及 1%的显著性水平上显著。

第一，国内价值链定位是影响国内价值链收益的决定性因素。与封闭经济条件相比，融入国内垂直专业化分工通常会同时产生两种效应：一是收益转移效应，即由于生产使用了其他地区的中间品，因而在本地流出中，必须转移（支付）相应部分收益给其他地区，在收益核算中表现为 fv。在其他条件不变时，收益转移效应与本地国内价值链收益成反比。二是收益创造效应，即由于本地区为其他地区国内价值链生产（并非本地消费）提供中间品，因而在其他地区的产出中，有相应部分是间接为本地区创造的增加值，在收益核算中表现为 iv。在其他条件不变时，收益创造效应与本地国内价值链收益成正比。

从国内价值链定位指数来看（见表 5-3），国内价值链的上游意味着更大的收益创造效应及更小的收益转移效应，因而行业国内价值链收益取决于其国内价值链定位，随着国内价值链位置向上游攀升，该行业的国内价值链收益将显著改善。

表 5-3　2010 年电子光学行业国内价值链定位及国内价值链收益率情况

省　份	NPO_{ikt}	NVA_{ik}（亿元）	$fv1n_{ik}$（亿元）	$NVAR_{ikt}$（%）
北　京	0.0094	44.67	111.42	23.52
天　津	0.0114	137.68	53.95	65.18
河　北	0.0070	36.44	23.74	53.05
山　西	-0.1037	0.29	0.00	95.60
内蒙古	0.0009	18.15	0.61	94.96
辽　宁	0.0014	16.94	36.44	24.54
吉　林	0.0360	3.80	1.46	64.56
黑龙江	0.0034	5.23	2.53	63.15
上　海	0.0028	129.63	454.07	11.22
江　苏	-0.0067	136.65	1210.60	6.27
浙　江	0.0030	79.37	63.25	31.98
安　徽	0.0049	52.08	42.43	50.72
福　建	0.0214	147.68	8.08	85.50
江　西	0.0886	138.26	0.36	94.92

续表

省　份	NPO_{ikt}	NVA_{ik}（亿元）	$fv1n_{ik}$（亿元）	$NVAR_{ikt}$（%）
山　东	0.0007	54.34	161.36	1.97
河　南	0.0141	60.66	16.81	72.38
湖　北	0.0036	147.66	0.64	94.35
湖　南	0.0885	76.10	1.16	91.69
广　东	-0.0124	67.95	6139.05	0.82
广　西	0.1210	61.90	0.26	94.83
海　南	0.1351	8.75	0.00	98.83
重　庆	0.0513	80.64	0.51	95.49
四　川	0.0256	114.89	10.35	86.26
贵　州	0.1823	17.48	0.09	97.69
云　南	0.0308	6.55	0.23	89.99
陕　西	0.0407	48.04	5.82	86.80
甘　肃	0.0144	1.85	0.25	86.71
青　海	0.2062	0.00	0.00	99.04
宁　夏	0.1677	6.20	0.02	99.50
新　疆	0.0559	24.43	0.07	99.08

注：由于统计数据所限，笔者采用的是30个省（自治区、直辖市）30个部门地区间投入产出表，不包含西藏数据。

资料来源：笔者计算而得。

第二，国内价值链参与度与国内价值链收益水平呈现出明显的负相关关系。对于省级区域产业部门而言，国内价值链参与度的提升意味着更大程度地利用其他地区中间品或为其他地区提供中间品，抑或两者同时提升。而对于国内价值链收益而言，随着融入国内价值链程度的加深，更多为其他地区生产提供中间品的地区表现为收益水平的改善，否则表现为收益恶化。而吸收或提供中间品的规模及增长速度显然取决于该行业在国内价值链分工中的角色和地位，因而国内价值链参与度对收益水平的影响是其与国内价值链定位交叉作用的结果。国内价值链定位与国内价值链参与度交叉项的系数为正，表明随着国内价值链定位的不断提升，国内价值链参与度对其收益水平的影响逐渐转为正相关且贡献渐强，因而，越是处于国内价值链上游，越应该积极地参与国内垂直专业化分工。

第三，生产效率与国内价值链收益水平表现为明显的负相关关系。就生产效率与国内价值链收益的关系而言，一方面，不同的生产效率意味着不同的投入产出比例，在其他条件不变的前提下，生产效率高的部门单位投入能获得更多的收益，即价值链分工的增加值水平较高。另一方面，生产效率的提升引致更大规模的中间品需求，而在国内价值链分工条件下，生产的投入并非仅仅由本地区提供，根据卢锋（2004）、文东伟和冼国明（2010）、于津平等（2014）、孙少勤等（2014）研究，技术程度越复杂、生产效率越高，越能促进行业的垂直专业化，而垂直专业化（*VS*）水平越高，则意味着更大规模的收益转移效应，故表现为较低的贸易收益。

因而，生产效率的提升对国内价值链收益的影响，主要取决于其是创造了更大规模的本地增加值，还是引致了更多对其他地区的中间品需求。故生产效率提升对国内价值链收益的影响也取决于该部门的国内价值链定位，是其与国内价值链定位交叉作用的结果。国内价值链定位与生产效率交叉项的系数为正，表明与国内价值链参与度的影响类似，生产效率提升对国内价值链收益的负面影响只是短期现象，随着国内价值链定位的提升，生产效率提升对收益水平的影响逐渐转为正相关且贡献渐强，越是上游的产业部门，生产效率提升对改善国内价值链收益的贡献越大，这点也可以从黎峰（2014）的研究得到印证。

由此得出的结论为：行业层面的国内价值链收益很大程度上决定于该部门的国内价值链定位；行业国内价值链参与度及生产效率对国内价值链收益的影响方向及程度，仍依赖于该部门的国内价值链定位。

（三）稳健性检验

为验证基准回归的稳健性，采用三种方法进行检验：一是核心变量替换法，即借鉴王直等（2017a、2017b）的方法核算各省级区域部门的国内价值链

嵌入位置 $NVC\_POS_{ik}=\frac{PLv\_NVC_{ik}}{PLy\_NVC_{ik}}=\frac{(PLv\_NVC\_D_{ik}+PLv\_NVC\_F_{ik})}{(PLy\_NVC\_D_{ik}+PLy\_NVC\_F_{ik})}$；二是利用2002年和2010年的数据构建差分方程模型，采用GLS方法进行再估计；三是采用剔除异常值样本进行估计。表5-4显示了稳健性检验结果，与表5-2相比，各解释变量的符号及显著性基本一致，表明模型估计结果是稳健的。

表5-4　国内价值链定位对国内价值链收益率影响的稳健性检验结果

变　量	核心变量替换法	差分方程模型	剔除异常值样本
国内价值链定位（NPO_{ikt}）	1.410*** (77.34)	0.859*** (79.79)	1.280*** (55.13)
国内价值链参与度（NPA_{ikt}）	-0.006** (-2.06)	-0.004*** (-17.04)	-0.003** (-2.05)
生产效率（TFP_{ikt}）	-0.159*** (-11.94)	-0.268*** (-25.07)	-0.039** (-2.05)
国内价值链定位与国内价值链参与度交互项（$NPO_{ikt}\times NPA_{ikt}$）	0.004*** (27.73)	0.005*** (19.05)	0.014*** (14.74)
国内价值链定位与生产效率交互项（$NPO_{ikt}\times TFP_{ikt}$）	0.053*** (12.73)	0.080*** (18.4)	0.011 (1.62)
常数项	4.62*** (33.98)	4.67*** (67.04)	4.61*** (71.21)
年份固定效应	是	是	是
地区固定效应	是	是	是
行业固定效应	是	是	是
$Adjusted\ R^2$	0.264	0.184	0.277
样本量	1530	510	1316

注：括号内为t值，*、**及***分别表示在10%、5%及1%的显著性水平上显著。

三、国内价值链分工的收益分配：扩展性分析

如前文所述，国内价值链分工条件下的收益水平，很大程度上取决于该部

门的国内价值链定位。为进一步探讨不同国内价值链定位条件下收益水平影响因素的差异，按照国内价值链定位指数大小把样本分为三类（国内价值链上游、国内价值链中游和国内价值链下游），去除式（5-11）的交叉项并再次进行估计。

通过不同国内价值链定位对收益水平影响组间差距的T检验，可以发现国内价值链下游样本、中游样本和上游样本的国内价值链定位对其收益水平影响的差异是显著的，因而，从表5-5的估计结果可得出以下结论。

表5-5　国内价值链定位对国内价值链收益率影响的估计结果（按分工地位分类）

变　量	下游样本	中游样本	上游样本
国内价值链定位（NPO_{ikt}）	1.663*** (94.17)	1.240*** (148.66)	1.374*** (116.59)
国内价值链参与度（NPA_{ikt}）	-0.105*** (-28.81)	-0.012*** (-20.95)	0.146*** (10.91)
生产效率（TFP_{ikt}）	-0.020*** (-3.14)	-0.001 (-0.15)	0.007* (2.09)
常数项	4.649*** (47.65)	4.591*** (34.59)	4.605*** (98.87)
年份固定效应	是	是	是
地区固定效应	是	是	是
行业固定效应	是	是	是
Adjusted R^2	0.169	0.180	0.241
样本量	389	550	591

注：括号内为t值，*、**及***分别表示在10%、5%及1%的显著性水平上显著。

首先，通常处于国内价值链下游（如加工组装环节）的部门具有两个特点：一是生产过程需要大量半成品及零部件等中间品；二是由于处于生产的终端，更多直接被用于最终消费，很少为其他生产环节提供中间品，因而产生的收益创造效应较低。这种情况下，如果中间品供给过于依赖国内其他地区，即国内价值链参与度过高的话，则会导致大量的收益转移效应，相应表现为较低的收益水平。

此外，对于国内价值链下游的行业而言，生产效率的提高在提升单位产出收益水平的同时，通常有可能在更大地理范围内进行资源配置，由此改变其原有生产配套体系，中间品本地配套比例的减少则意味着明显的收益转移效应，本地区的国内价值链收益水平相对较低。因而，国内价值链定位对改善国内价值链收益的贡献，在下游部门表现得最为明显，表明下游部门最为迫切的即是加快提升国内价值链定位。

其次，对于国内价值链中游（如关键零部件、半成品制造环节）的行业而言，一方面，生产规模扩大引致大量对国内其他地区的资源能源等中间品需求；另一方面，生产的关键零部件、半成品大量用于满足下游环节生产需要。因而该类行业表现为大量的收益转移效应与收益创造效应并存。在这种情况下，国内价值链收益水平取决于国内价值链定位，而国内价值链参与度及生产效率对收益水平影响的方向及程度并不明显。

最后，对于国内价值链上游（如高端服务环节、重要战略资源）的行业而言，一方面，该类行业主要为其他生产环节提供中间品，而对中间品的需求相对较少，由此表现为显著的收益创造效应及较少的收益转移效应。由于国内价值链定位的相对有利，提高国内价值链参与度显然更有利于改善收益水平。另一方面，生产效率的提升意味着单位投入获取更多收益，在其他条件不变时，提高生产效率将带来更多收益创造效应，从而改善国内价值链的收益水平。

综合以上分析及表 5-5 的估计结果，表 5-6 可以归纳出不同国内价值链定位部门的特点及国内价值链收益的影响因素。

表 5-6　不同国内价值链定位行业特点及其收益的影响因素

价值链定位	特　点	国内价值链定位提升影响	国内价值链参与度提高影响	生产效率提升影响
国内价值链下游行业	更多利用国内其他地区中间品，表现为显著的收益转移效应、较少的收益创造效应	正相关 最为明显	负相关	负相关
国内价值链中游行业	大量中间品流入与流出并存，收益转移效应与收益创造效应同样显著	正相关	不确定	不确定
国内价值链上游行业	更多对国内其他地区提供中间品，显著的收益创造效应、较少的收益转移效应	正相关	正相关	正相关

资料来源：笔者整理而得。

第三节　国内价值链分工收益分配与区域协调

通过对国内价值链分工条件下的收益分配核算及其影响因素分析，发现行业价值链收益由该部门国内价值链定位决定，国内价值链参与度及生产效率对价值链收益的影响很大程度上也取决于其国内价值链定位。那么在国内价值链分工条件下，不同区域间的利益分配是否有利于区域协调发展？

一、　国内价值链分工的增长效应

在核算出地区行业层面国内价值链收益 NVA_{ik} 的基础上，汇总各工业部门的行业增加值 V_{ik} ①，可以核算出参与国内价值链分工对该地区工业经济增长的贡献率 G_i，即：

$$G_i = (\sum_k NVA_{ik} / \sum_k V_{ik}) \times 100\% \tag{5-12}$$

① 与表示参与国内价值链分工创造的总增加值 VA_{ik} 不同，V_{ik} 为各工业部门的行业增加值。

其中，G_i 表示地区 i 的单位工业增加值创造过程中，来源于国内价值链分工的份额，用以衡量该地区参与国内价值链分工的增长效应。数据来源于相应年度的《中国工业经济统计年鉴》。

图 5-2 显示了中国各省级区域参与国内价值链分工对其工业经济增长的贡献程度，对于国内价值链分工增长效应由西部地区向东部沿海地区逐级递减的现象，可能的解释为，在国内价值链分工条件下，西北地区、西南地区更多扮演的是"资源能源、初级材料"供给者角色，由此决定中间品间接出口及增加值折返占据了其国内价值链增加值的绝大部分，对当地经济增长贡献更加突出；与此相反，东部沿海地区主要利用国内资源能源、初级材料等中间品进行加工制造，其国内价值链增加值包含了大量中间品来源地的地区增加值，经济增长效应相对较小。

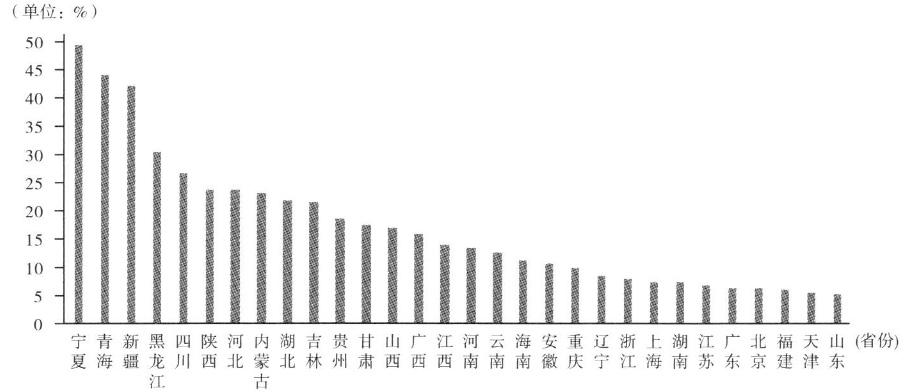

图 5-2　2010 年中国各省级区域参与国内价值链的增长效应

资料来源：笔者计算而得。

值得注意的是，中国区域经济发展格局同样呈现出"西高东低"的态势，如图 5-3 所示，国内价值链收益率与区域经济发展水平实际上是负相关关系，即经济发达地区的国内价值链收益率较低，而经济欠发达地区的国内价值链收益率相对较高。

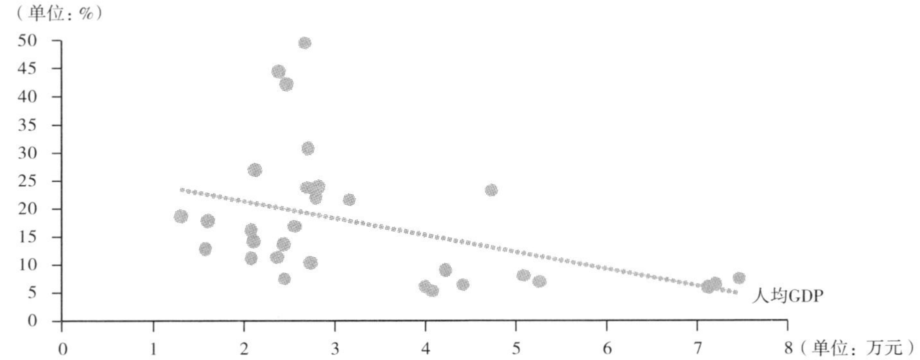

图 5-3　2010 年中国各省级区域参与国内价值链的增长效应

资料来源：笔者计算而得。

二、 国内价值链分工的要素收益分配

价值链分工收益实际上是一个国家和地区通过参与垂直专业化分工获取的要素收益总和。按照不同收益分配主体，如劳动者获取工资报酬、企业获取营业利润、政府获取税收收益等。

（一）国内价值链分工的劳动要素收益

借鉴陈锡康等（Cheng 等，2008）、刘遵义等（2007）的做法，假定 s_{Lk} 为行业 k 单位产出创造的劳动报酬①，构造以 s_{Lk} 为对角线元素的矩阵 S，并左乘国内价值链各组成部分增加值，可得出各省级部门层面参与国内价值链分工创造的劳动报酬。其中，中间品国内流出而间接创造本区域的劳动报酬为：

$$RE_1^R = (S^R L^{RR})^T \#(A^{RS} B^{SS} \sum_{T \neq S,R} Y^{ST}) + (S^R L^{RR})^T \#(A^{RS} \sum_{T \neq S,R} \sum_{I \in D, I \neq R} B^{ST} Y^{TI}) \tag{5-13}$$

由中间品国内流出后的增加值折返而间接拉动本区域的劳动报酬为：

① 数据来源于相应年度的《中国工业经济统计年鉴》。

$$RE_2^R = (S^R L^{RR})^T \# (A^{RS} B^{SS} Y^{SR}) + (S^R L^{RR})^T \# (A^{RS} \sum_{T \neq S,R} B^{ST} Y^{TR}) + (S^R L^{RR})^T \# (A^{RS} B^{SR} Y^{RR}) \tag{5-14}$$

而由于使用了外来中间品而间接创造的国内其他地区劳动报酬为：

$$RE_3^R = (\sum_{I \in D, I \neq R} S^I B^{IR})^T \# Y^{RS} + (\sum_{I \in D, I \neq R} S^I B^{IR})^T \# (A^{RS} L^{SS} Y^{SS}) + (\sum_{I \in D, I \neq R} S^I B^{IR})^T \# (A^{RS} L^{SS} \sum_{N \in D, N \neq S} E^{SN}) \tag{5-15}$$

在汇总各行业参与国内价值链创造的劳动报酬基础上，表5-7显示了中国各省级区域参与国内价值链创造的劳动报酬，从中揭示的基本特征为：通过参与国内价值链分工，广东、上海、山东等东部沿海地区创造了更大规模的劳动报酬，但大部分表现为对其他地区就业的贡献；以青海、甘肃、云南、贵州为代表的广大西部地区参与国内价值链的劳动要素收益相对较小，但主要体现为本地就业的劳动报酬。而安徽、河南、湖南等中部地区的表现则相对“中庸”。

表5-7　2010年中国各省级区域参与国内价值链的劳动报酬

（单位：亿元）

省　份	RE_1^R	RE_2^R	RE_3^R	省　份	RE_1^R	RE_2^R	RE_3^R
北　京	23.93	1.14	242.27	河　南	39.85	2.56	79.03
天　津	63.30	4.30	107.06	湖　北	45.62	0.99	23.71
河　北	117.78	10.32	218.02	湖　南	53.49	2.34	24.02
山　西	15.90	0.26	32.62	广　东	19.30	3.95	265.97
内蒙古	65.02	2.81	29.36	广　西	93.47	5.31	32.20
辽　宁	40.53	1.92	26.63	海　南	22.25	0.07	3.77
吉　林	142.99	6.87	22.91	重　庆	109.73	4.68	12.41
黑龙江	59.01	4.10	26.05	四　川	36.95	1.12	31.21
上　海	20.86	2.57	221.70	贵　州	83.69	2.80	16.13
江　苏	37.62	5.02	113.37	云　南	36.31	1.36	29.78
浙　江	24.55	2.13	85.50	陕　西	99.11	6.01	34.15
安　徽	67.32	1.97	118.32	甘　肃	48.65	0.59	4.23

续表

省份	RE_1^R	RE_2^R	RE_3^R	省份	RE_1^R	RE_2^R	RE_3^R
福建	40.83	2.28	34.20	青海	28.53	0.41	1.06
江西	55.00	1.18	17.86	宁夏	86.48	0.53	2.00
山东	13.79	1.10	404.02	新疆	77.61	1.28	14.56

注:由于统计数据所限,笔者采用的是 30 个省(自治区、直辖市)30 个部门地区间投入产出表,不包含西藏数据。

资料来源:笔者根据《中国省级区域间投入产出表》计算而得。

另一方面,从东部沿海地区创造的国内其他地区劳动要素收益分布来看,以江苏为例,如图 5-4 所示,由于在国内价值链分工中更多扮演“加工制造者”角色,江苏的生产制造及国内流出引致了大量国内中间品需求,由此拉动了国内其他地区上游部门的劳动报酬,而这些地区主要集中在陕西、宁夏、重庆、内蒙古、新疆等西部地区。

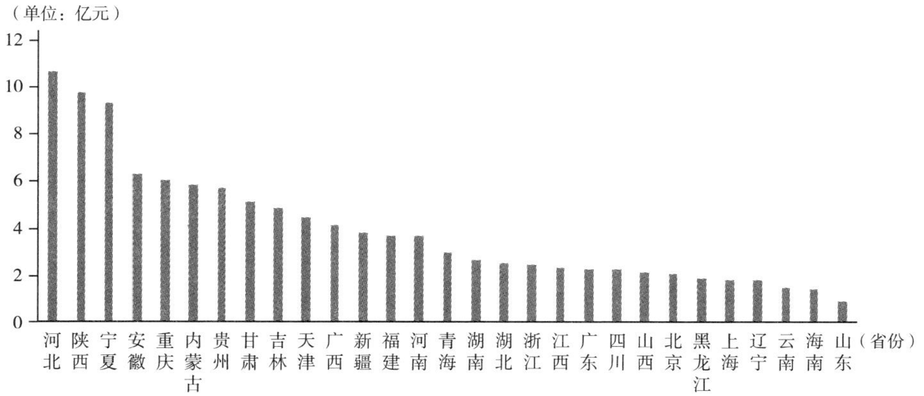

图 5-4　2010 年江苏参与国内价值链创造的其他地区劳动报酬分布

注:由于统计数据所限,笔者采用的是 30 个省(自治区、直辖市)30 个部门地区间投入产出表,不包含西藏数据。

资料来源:笔者根据《中国省级区域间投入产出表》计算而得。

(二)国内价值链分工的资本要素收益

参照式(5-13)—式(5-15)的思路和方法,假定 p_k 为行业 k 单位产出创造的企业营业盈余①，构造以 p_k 为对角线元素的矩阵 P，并左乘国内价值链各组成部分增加值，可得出各省级行业层面参与国内价值链分工创造的资本要素收益。其中，中间品国内流出而间接创造本区域的企业营业盈余为：

$$PR_1^R = (P^R L^{RR})^T \#(A^{RS} B^{SS} \sum_{T \neq S,R} Y^{ST}) + (P^R L^{RR})^T \#(A^{RS} \sum_{T \neq S,R} \sum_{I \in D,I \neq R} B^{ST} Y^{TI}) \tag{5-16}$$

由中间品国内流出后的增加值折返而间接拉动本区域的企业营业盈余为：

$$PR_2^R = (P^R L^{RR})^T \#(A^{RS} B^{SS} Y^{SR}) + (P^R L^{RR})^T \#(A^{RS} \sum_{T \neq S,R} B^{ST} Y^{TR}) + (P^R L^{RR})^T \#(A^{RS} B^{SR} Y^{RR}) \tag{5-17}$$

而由于使用了外来中间品而间接创造的国内其他地区企业营业盈余为：

$$PR_3^R = (\sum_{I \in D,I \neq R} P^I B^{IR})^T \# Y^{RS} + (\sum_{I \in D,I \neq R} P^I B^{IR})^T \#(A^{RS} L^{SS} Y^{SS}) + (\sum_{I \in D,I \neq R} P^I B^{IR})^T \#(A^{RS} L^{SS} \sum_{N \in D,N \neq S} E^{SN}) \tag{5-18}$$

表 5-8　2010 年中国各省级区域参与国内价值链的企业营业盈余

（单位：亿元）

省　份	PR_1^R	PR_2^R	PR_3^R	省　份	PR_1^R	PR_2^R	PR_3^R
北　京	11.03	0.43	113.63	河　南	17.81	1.39	47.93
天　津	33.81	2.81	50.42	湖　北	26.46	0.57	6.37
河　北	37.75	3.53	62.58	湖　南	27.92	1.54	11.76
山　西	15.60	0.29	16.95	广　东	12.46	2.53	189.87
内蒙古	47.24	2.93	17.99	广　西	23.53	1.75	14.40
辽　宁	8.84	0.65	29.98	海　南	8.93	0.02	2.03
吉　林	25.25	3.85	15.23	重　庆	52.55	2.29	6.76
黑龙江	25.09	3.06	8.78	四　川	18.83	0.62	12.44
上　海	19.96	2.22	114.85	贵　州	33.45	1.33	7.11
江　苏	14.33	2.10	88.26	云　南	20.83	0.98	15.42

① 数据来源于相应年度的《中国工业经济统计年鉴》。

续表

省　份	PR_1^R	PR_2^R	PR_3^R	省　份	PR_1^R	PR_2^R	PR_3^R
浙　江	22.20	1.93	53.79	陕　西	58.69	4.08	18.39
安　徽	25.64	0.82	50.95	甘　肃	14.34	0.14	5.58
福　建	27.20	1.59	15.26	青　海	34.13	0.30	0.75
江　西	31.10	0.58	7.70	宁　夏	31.68	0.24	1.04
山　东	10.19	0.85	67.16	新　疆	29.03	0.69	5.76

注:由于统计数据所限,笔者采用的是30个省(自治区、直辖市)30个部门地区间投入产出表,不包含西藏数据。

资料来源:笔者根据《中国省级区域间投入产出表》计算而得。

在汇总各行业参与国内价值链创造的企业营业盈余基础上,表5-8显示了中国各省级区域参与国内价值链创造的资本要素收益。与劳动要素收益分配类似,参与国内价值链分工为西部地区创造了大量企业营业盈余,东部沿海地区在国内价值链分工中更多实现的为其他地区资本要素收益。

另一方面,如图5-5所示,各省级区域经济发展水平与国内价值链本地资本要素收益占比呈现明显的负相关关系,表明经济不发达地区嵌入国内价值链的行为能显著提升本地要素收益水平,从而有助于区域经济协调发展。

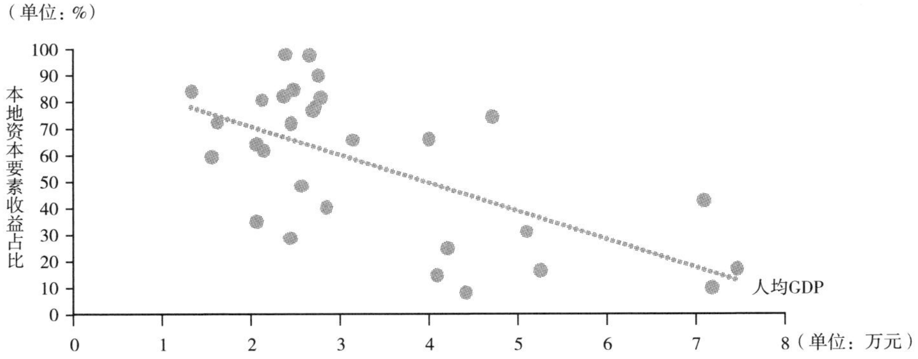

图5-5　2010年中国各省级区域发展水平与本地资本要素收益占比的散点图

注:由于统计数据所限,笔者采用的是30个省(自治区、直辖市)30个部门地区间投入产出表,不包含西藏数据。

资料来源:笔者计算而得。

三、 国内价值链分工的税收收益

参照式(5-13)—式(5-15)的思路和方法,假定 T_k 为行业 k 单位产出创造的生产税净额①,构造以 T_k 为对角线元素的矩阵 T,并左乘国内价值链各组成部分增加值,可得出各省级行业层面参与国内价值链分工创造的生产税净额。其中,中间品国内流出而间接创造本区域的生产税净额为:

$$TA_1^R = (T^R L^{RR})^T \#(A^{RS} B^{SS} \sum_{T \neq S,R} Y^{ST}) + (T^R L^{RR})^T \#(A^{RS} \sum_{T \neq S,R} \sum_{I \in D, I \neq R} B^{ST} Y^{TI}) \tag{5-19}$$

由中间品国内流出后的增加值折返而间接拉动本区域的生产税净额为:

$$TA_2^R = (T^R L^{RR})^T \#(A^{RS} B^{SS} Y^{SR}) + (T^R L^{RR})^T \#(A^{RS} \sum_{T \neq S,R} B^{ST} Y^{TR}) + (T^R L^{RR})^T \#(A^{RS} B^{SR} Y^{RR}) \tag{5-20}$$

而由于使用了外来中间品而间接创造的国内其他地区生产税净额为:

$$TA_3^R = (\sum_{I \in D, I \neq R} T^I B^{IR})^T \# Y^{RS} + (\sum_{I \in D, I \neq R} T^I B^{IR})^T \#(A^{RS} L^{SS} Y^{SS}) + (\sum_{I \in D, I \neq R} T^I B^{IR})^T \#(A^{RS} L^{SS} \sum_{N \in D, N \neq S} E^{SN}) \tag{5-21}$$

在汇总各行业参与国内价值链创造的生产税净额基础上,表 5-9 显示了中国各省级区域参与国内价值链创造的生产税净额。可以看出在国内价值链分工过程中,东部沿海地区的生产制造引致了对国内其他地区中间品的巨大需求,西部地区的中间品供给行为除创造大量劳动报酬、企业盈余外,还产生了显著的政府税收收益。

---

① 生产税指政府对生产单位从事生产、销售和经营活动以及因从事这些活动使用某些生产要素所征收的各种税、附加费和规费。

表 5-9　2010 年中国各省级区域参与国内价值链的生产税净额

（单位：亿元）

省　份	TA_1^R	TA_2^R	TA_3^R	省　份	TA_1^R	TA_2^R	TA_3^R
北　京	9.07	0.34	67.52	河　南	9.36	0.69	37.42
天　津	15.24	1.20	29.27	湖　北	13.10	0.22	5.12
河　北	19.55	1.96	31.55	湖　南	20.27	1.15	8.96
山　西	8.10	0.14	9.91	广　东	7.59	1.45	122.87
内蒙古	17.29	1.42	11.58	广　西	21.52	1.58	11.33
辽　宁	7.89	0.55	17.99	海　南	16.76	0.04	1.12
吉　林	10.99	1.64	10.36	重　庆	33.26	1.56	6.71
黑龙江	9.83	1.81	4.96	四　川	12.43	0.42	10.26
上　海	26.27	2.66	75.87	贵　州	41.78	1.41	4.25
江　苏	7.45	1.09	49.62	云　南	24.15	1.06	11.22
浙　江	10.91	1.01	34.81	陕　西	38.22	2.28	11.46
安　徽	12.49	0.39	29.42	甘　肃	12.10	0.18	2.50
福　建	10.74	0.59	9.17	青　海	15.43	0.13	0.49
江　西	13.43	0.33	4.48	宁　夏	19.37	0.13	0.64
山　东	4.81	0.43	31.18	新　疆	9.12	0.22	3.09

注：由于统计数据所限，笔者采用的是 30 个省（自治区、直辖市）30 个部门地区间投入产出表，不包含西藏数据。

资料来源：笔者根据《中国省级区域间投入产出表》计算而得。

综上所述，从要素收益的角度，通过为东部沿海地区提供中间品，嵌入国内价值链分工为西部地区间接实现了相当部分的劳动报酬、企业盈余和政府税收。在国内价值链分工条件下，东部沿海地区的生产制造包含大量来自西部地区的中间品，其产出蕴含了相应部分的西部地区增加值，该收益转移效应很大程度上有助于推动区域经济协调发展。

第六章　国内价值链分工与区域协调发展：特征事实与经验分析

对于经济起飞阶段的发展中大国而言，由于各区域要素禀赋结构、发展模式各异，经济运行效率和发展水平差别显著，加之经济发展政策可能导致的资源配置扭曲，区域发展差距常常成为大国经济发展所面临的"顽疾"。

改革开放以来，中国区域经济彻底告别了经济发展的低水平均衡，开始进入经济起飞的高增长时代。然而中国经济发展模式一定程度上表现出"非均衡"特征，即通过压低农产品价格降低工业领域生产成本，由此加速中国工业化进程；通过推动中西部地区资源向东部沿海地区流动集聚，加快以加工贸易为特征的出口导向型经济发展。此外，由于存在明显的地方保护主义和国内市场分割，在区域垂直专业化分工及国内经济关联被割裂的条件下，更多依赖外需的东部沿海地区获得更快发展，中国区域发展差距进一步拉大（Young A.，2000；Bai 等，2004；Poncet S.，2003）。对此刘志彪和张杰（2007）、刘志彪和张少军（2008）提出中国应加快基于国内市场空间构建国家价值链，推动产业整合及区域协调，具有重大的理论价值及实践意义。然而遗憾的是以上分析更多停留在定性层面，而国内垂直专业化分工的开展是促进了区域协调还是拉大了区域差距？现有国内垂直专业化分工存在哪些问题，重构国内价值链分工的思路及方向等重大问题方面仍缺乏进一步深入研究。

从已有文献来看，基于国际分工与国家间发展协调的角度，柬（Ng，2008）采用三十多国数据分析指出全球生产碎片化及国际分工很大程度上促进了各国经济周期的协同。哈达德等（Haddad 等，2012）同样认为各国贸易自由化有利于减少经济增长波动。而科泽等（Kose 等，2008）利用 106 个国家 1960—2005 年数据的分析却发现，经济全球化因素对经济周期的熨平作用呈现递减态势。国内学者大多数关注的是区域市场分割（或国内市场一体化）对区域经济发展的影响，如徐现祥和李郇（2005）以长三角城市群为例，实证表明地方市场分割阻碍了长三角地区的协调发展。宋冬林等（2014）研究发现区域市场分割对东部地区、东北地区、中部地区和西部地区等各区域发展的影响并不一致。而范剑勇等（2010）、朱希伟和陶永亮（2011）、陆铭和向宽虎（2014）均从国内市场一体化的视角，指出产品和要素市场的一体化有利于区域协调发展。

既有研究提供了很好的思路和借鉴，但不足之处在于：首先，经济周期协同或增长波动降低并不等同于经济协调发展，如何采用直接或间接的方法衡量经济协调值得研究。其次，贸易自由化或国内市场一体化并不等同于区域间垂直专业化分工，如何更为准确细致地刻画国内垂直专业化分工有待进一步深入。最后，既有研究就国内垂直专业化分工与区域协调发展问题的分析略显粗糙，对于国内垂直专业化分工影响区域协调发展的机制机理等重大问题并没有给出很好的解释。

鉴于此，本章首先对国内垂直专业化分工与区域协调发展进行了理论分析，提出国内垂直专业化分工能否促进区域协调发展，很大程度上取决于发达地区和欠发达地区在分工中产生的技术进步效应和资源配置效应。在此基础上就中国国内垂直专业化分工及区域协调发展情况进行实证分析，探讨国内垂直专业化分工对区域协调发展的影响，进而从省级行业层面分析嵌入国内垂直专业化分工带来的技术进步效应及资源配置效应。最后提出推动区域协调发展的思路及建议。在研究方法上，通过中国省际间投入产出表、WIOD 数据库及中国海关数据库的匹配,定量刻画了中国各省级区域及其工业部门国内价值链的嵌入水平;利用改进后的 Malmquist 指数分解并核算出各省级行业层面的技术进步效应及资源配置效应,由此探讨国内价值链分工对区域协调发展的影响机制。

第一节　国内垂直专业化与区域协调:理论分析

假定同一主权国家之内的两个地区:地区 A 和地区 B,一个生产部门 t,两地区生产要素投入数量 k 和 k',在此基础上讨论两种情况,其中情形一为区域间存在明显的市场分割,两地区没有展开国内垂直专业化分工。情形二为国内市场一体化程度提升,两地区进行国内垂直专业化分工,各自从事具有比较优势的价值链环节生产。

一、　不存在国内垂直专业化分工

考虑到区域间存在发展差距,假定地区 A 为欠发达地区(如中国内陆地区),地区 B 为经济发展水平较高地区(如中国沿海地区)。在国内垂直专业化分工以前,地区 A 从事资源能源及初级产品生产,以及部分简单加工制造,其中资源能源及初级产品生产的生产效率为 f_1,即单位生产要素投入创造的增加值为 f_1,同样假定简单加工制造的生产效率为 f_2。由于相对于资源能源及初级产品生产,加工制造对生产工艺及技术装备的要求相对更高,故通常 $f_2 > f_1$。地区 B 主要从事外向型加工配套,以及部分技术水平较高的中间品(如关键零部件及半成品)生产,其中外向型加工配套和中间品生产的生产效率分别为 f'_1 和 f'_2,显然有 $f'_2 > f'_1$。

进一步假定地区 A 对两种生产环节的生产要素投入比例分别为 α 和 $(1-\alpha)$,而地区 B 对两种生产环节的生产要素投入比例分别为 β 和

$(1-\beta)$。因而在不存在国内垂直专业化分工条件下，两地区的生产要素收益分别为 $\alpha kf_1+(1-\alpha)kf_2$ 和 $\beta k'f'_1+(1-\beta)k'f'_2$。

二、开展国内垂直专业化分工

随着国内一体化进程的推进，地区 A 和地区 B 之间逐渐展开国内垂直专业化分工，具体包括两种分工情形。

国内垂直专业化分工情形一：地区 B 专业从事外向生产配套，地区 A 为地区 B 提供资源能源及初级产品。因而，地区 A 的生产要素收益为 $kf_1=\alpha kf_1+(1-\alpha)kf_1<\alpha kf_1+(1-\alpha)kf_2$，地区 B 的生产要素收益为 $k'f'_1=\beta k'f'_1+(1-\beta)k'f'_1<\beta k'f'_1+(1-\beta)k'f'_2$。可见，通过开展国内垂直专业化分工，两地区的要素收益都有所降低。

国内垂直专业化分工情形二：地区 A 从事专业化加工制造，而地区 B 为地区 A 提供关键零部件、半成品等中间品。因而，地区 A 的生产要素收益为 $kf_2=\alpha kf_2+(1-\alpha)kf_2>\alpha kf_1+(1-\alpha)kf_2$，地区 B 的生产要素收益为 $k'f'_2=\beta k'f'_2+(1-\beta)k'f'_2>\beta k'f'_1+(1-\beta)k'f'_2$。显然通过开展国内垂直专业化分工，两地区都明显提升了要素收益。

三、区域协调发展的决定因素

通过区域间垂直专业化分工的开展，地区 A 和地区 B 出现了生产要素收益的同时减少或增加，但区域间发展差距是否出现收敛，很大程度上取决于发达地区和欠发达地区在国内垂直专业化分工中的收益分配差异。如果欠发达地区受损较小而发达地区受损较大，则意味着区域发展差距的收敛；同样，如果发达地区从中获益相对更多，则意味着区域发展差距的拉大，出现所谓的“马太效应”；而如果欠发达地区在国内垂直专业化分工中受益相对更多，则意味着区域间发展差距的缩小，一定程度上实现了区域协调发展。为此，有必要对地区 A 和地区 B 参与国内垂直专业化分工前后的生产要素收益进行比较。

如表 6-1 所示,在国内垂直专业化分工情形一中,由于开展区域间垂直专业化分工,地区 A 生产要素收益的损失为 $(1-\alpha)k(f_1-f_2)$,地区 B 生产要素收益的损失为 $(1-\beta)k'(f'_1-f'_2)$;在国内垂直专业化分工情形二中,通过开展区域间垂直专业化分工,地区 A 实现的生产要素收益为 $\alpha k(f_2-f_1)$,地区 B 生产要素收益的提升规模为 $\beta k'(f'_2-f'_1)$ 。

表 6-1　国内价值链分工前后的生产要素收益比较

地区	(1)分工前收益	分工后收益		分工前后收益比较	
		(2)情形一	(3)情形二	(2)-(1)	(3)-(1)
A	$\alpha kf_1+(1-\alpha)kf_2$	kf_1	kf_2	$(1-\alpha)k(f_1-f_2)$	$\alpha k(f_2-f_1)$
B	$\beta k'f'_1+(1-\beta)k'f'_2$	$k'f'_1$	$k'f'_2$	$(1-\beta)k'(f'_1-f'_2)$	$\beta k'(f'_2-f'_1)$

资料来源:笔者整理而得。

可见, (f_1-f_2) 、$(f'_1-f'_2)$ 、(f_2-f_1) 、$(f'_2-f'_1)$ 分别为地区 A 和地区 B 两类生产环节的生产率差异,即由于开展国内垂直专业化分工实现的生产效率提升; $(1-\alpha)k$ 、$(1-\beta)k'$ 分别为两地区生产要素投入由高效率环节向低效率环节转移的规模,而 αk 和 $\beta k'$ 分别为两地区生产要素投入由低效率环节向高效率环节转移的规模,即通过开展国内垂直专业化分工实现的资源优化配置。由此引出本章的理论假说:

假说:国内垂直专业化能否促进区域协调发展,很大程度上取决于发达地区和欠发达地区参与国内垂直专业化而产生的两类效应:一是技术进步效应;二是资源配置效应。

第二节　国内垂直专业化与区域协调:特征事实

就中国国内垂直专业化分工与区域协调发展的关系进行实证探讨之前,

有必要对各区域国内价值链嵌入情况及其技术进步效应和资源配置效应进行描述性统计分析。

一、 各区域国内价值链嵌入情况

产品内分工是现代劳动分工的主要特征，当产品生产的上游原材料供应、加工组装、市场销售等各环节在国内各区域间协作开展时，便形成了国内价值链分工（*National Value Chain*，*NVC*），可见国内价值链分工更多反映的是各区域上下游的投入产出关系。

在区域增加值分解基础上，借鉴王直等（2017a）的国际分工参与度指标思路，构建省级区域层面的国内价值链嵌入度指标（*NVC_participation*，*NPA*），反映不同区域的国内价值链分工参与程度，即：

$$NPA_i = \left(\frac{\sum_k (iv1n_{ik} + iv2n_{ik} + vr1n_{ik} + vr2_{ik})}{\sum_k (VA_{ik} + VA'_{ik})} + \frac{\sum_k fv1n_{ik}}{\sum_k X_{ik}}\right) \tag{6-1}$$

综合利用中国省际间投入产出表、WIOD 数据库及中国海关数据库信息，可以核算出中国各区域的国内价值链嵌入情况。图 6-1 显示了 2002 年和 2010 年中国 30 个省级区域的国内价值链嵌入程度，其中右上角区域表示国内价值链嵌入程度较高，左下角区域表示国内价值链嵌入程度较低；此外，位于 45°线右下方的区域代表国内价值链嵌入程度提升，而 45°线左上方的区域代表国内价值链嵌入程度降低，可以看出两个基本特征：

第一，陕西、云南、宁夏、贵州等中西部地区更多嵌入了国内价值链分工，而广东、福建、浙江、江苏等东部沿海地区参与国内价值链分工的程度相对较低，可能的解释在于地理区位因素对分工选择的影响，东部沿海地区更有条件开展对外贸易和国际垂直专业化分工，对国外资源及外部市场的依赖度相对较高；而中西部地区开展国际物资交流的成本相对较高，因而更多地依托国内资源及本土市场进行分工合作。

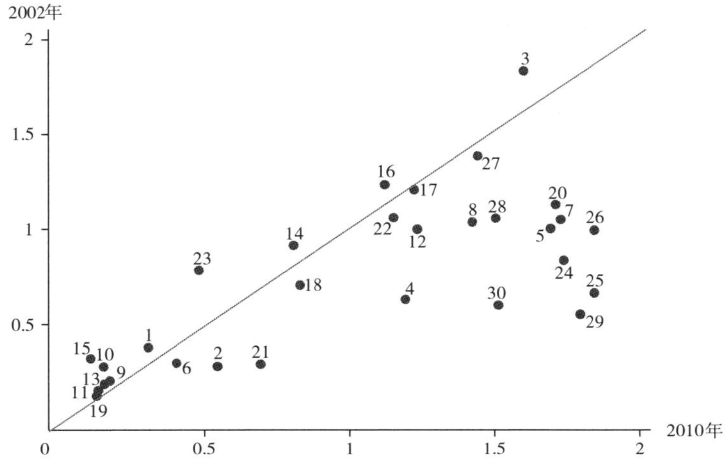

图 6-1　2002 年和 2010 年中国各省级区域的国内价值链嵌入程度波动情况

注:图中数字分别代表各省级:1(北京)、2(天津)、3(河北)、4(山西)、5(内蒙古)、6(辽宁)、7(吉林)、8(黑龙江)、9(上海)、10(江苏)、11(浙江)、12(安徽)、13(福建)、14(江西)、15(山东)、16(河南)、17(湖北)、18(湖南)、19(广东)、20(广西)、21(海南)、22(重庆)、23(四川)、24(贵州)、25(云南)、26(陕西)、27(甘肃)、28(青海)、29(宁夏)、30(新疆),由于统计数据所限,笔者采用的是 30 个省(自治区、直辖市)30 个部门地区间投入产出表,不包含西藏数据。

资料来源:笔者计算而得。

第二,从国内价值链嵌入的纵向比较来看,位于 45°线左上方的主要为东部沿海地区,表明与 2002 年相比,东部沿海地区更多参与跨国公司主导的全球价值链分工,其国内价值链整体嵌入程度有所下降;而以广大中西部地区更多集中于 45°线右下方,表明其参与两类价值链的水平大幅提升,随着国内地方保护主义和区域市场分割程度的缓解,中西部地区更多嵌入了国内垂直专业化分工。

二、 各区域协调发展情况

由于要素禀赋差异及历史发展原因,中国区域间存在明显的发展差距,以东部沿海为中心的对外开放模式进一步推动了东部地区加快发展,区域差距问题日益突出。从西部大开发、长江经济带建设到"一带一路"倡议、京津冀协同发展等国家战略的提出,到党的十九大报告旗帜鲜明地提出区域协调发展战略,表明在保持经济快速持续发展的同时,区域协调发展被日益提上重要议事日程。

图6-2显示了近年来中国各省级区域人均收入分布的变化，从2002—2006年（左图）与2010—2016年（右图）两个期间30个省级区域城镇居民人均可支配收入年平均值分布来看，中国区域收入差距一定程度上呈现出收敛趋势，表现为低收入组和中高收入组省份的数量有所下降，而中等收入组的比重明显上升，经济增长的同时区域协调发展趋势初步显现。那么究竟是哪些省份人均收入增长更快，从而推动了区域间发展更加均衡？

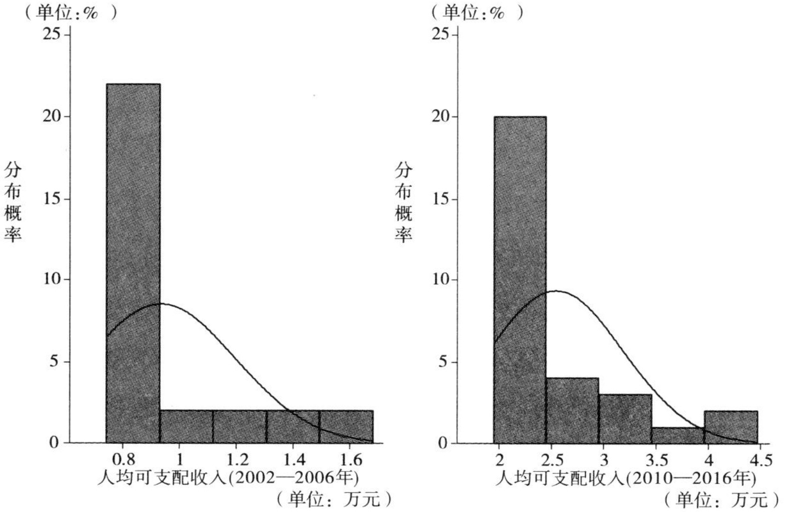

图6-2　中国各省级区域的人均收入分布变化

资料来源：笔者根据相应年度《中国统计年鉴》计算而得。

图6-3进一步揭示了2007年以来中国各省级区域人均收入的增长态势，城镇居民人均可支配收入年增长速度相对更快的省份包括新疆、内蒙古、陕西、青海、海南、甘肃、湖北等中西部地区，同时也恰恰是国内价值链嵌入程度大幅提升地区，由此可以提出的命题是：国内垂直专业化分工的开展有利于区域协调发展吗？

围绕以上命题，图6-4提供了更加直观的描述性统计分析，横轴表示的是2010年与2002年相比，中国各省级区域两种国内价值链嵌入程度的差分，而纵轴代表的是2010—2016年与2002—2006年相比，各省级区域城镇居民人均可支

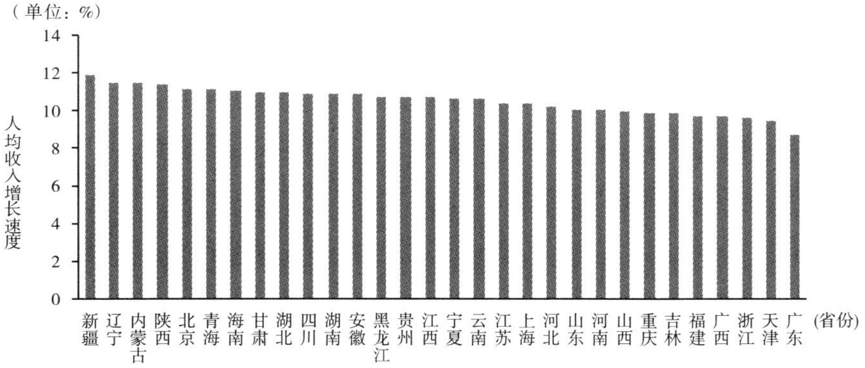

图 6-3　2007—2016 年中国各省级区域的人均收入年增长速度情况

注:由于统计数据所限,笔者采用的是 30 个省(自治区、直辖市)30 个部门地区间投入产出表,不包含西藏数据。

资料来源:笔者根据相关年度《中国统计年鉴》计算而得。

配收入年平均值与样本均值差距①的差分。可见,随着国内价值链嵌入水平的提升,各区域的人均收入水平更加趋近于样本均值,表明区域间发展差距趋于收敛。

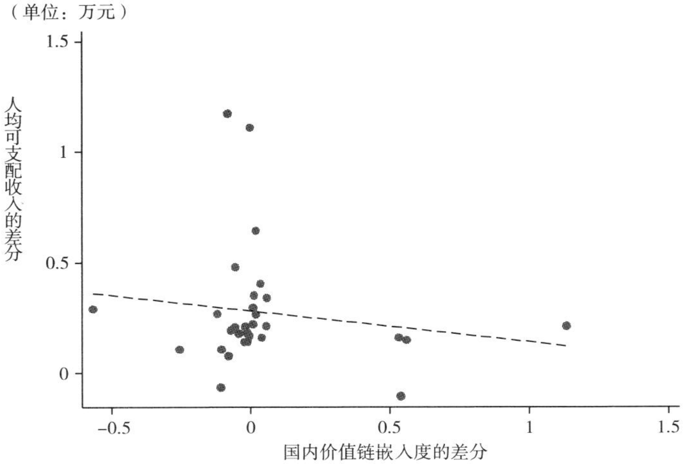

图 6-4　国内价值链嵌入度与区域协调发展关系的散点图

资料来源:笔者根据相关年度《中国统计年鉴》计算而得。

① 各省级区域城镇居民人均可支配收入年平均值与样本均值差距 $\Delta income$($\Delta income = |income_i - \overline{income}|$)刻画了区域间收入差距的协调情况,该值越大表明各区域发展差距趋于离散,反之该值越小则反映了区域间发展差距趋于收敛。

第三节 国内垂直专业化与区域协调发展的经验分析

如前文的描述性统计分析所示，近年来随着国内价值链分工的开展，中国区域间收入差距有所缩小，区域协调发展态势初步显现。为进一步验证以上发现，有必要通过构建计量模型进行实证分析。

一、 模型设定和变量说明

在宏观经济增长模型基础上加入国内价值链嵌入因素，区域经济增长模型可拓展为：

$$Y = f(K, L, TFP, NPA) \tag{6-2}$$

由此构建影响区域协调发展的计量模型如下：

$$\ln Y_{it} = b_0 + b_1 \ln NPA_{it} + b_2 \ln K_{it} + b_3 \ln L_{it} + b_4 \ln TFP_{it} + e_{it} \tag{6-3}$$

其中，下标 i 表示地区、t 表示年份。

（一）被解释变量

区域城镇居民人均可支配收入年平均值（Y_{it}）。按照中国省际间投入产出数据只能得到 2002 年、2007 年和 2010 年三个年度的国内价值链嵌入数据，加之国内价值链嵌入与区域人均收入水平可能存在的双向因果关系，本章以 2002—2006 年、2007—2009 年、2010—2016 年三个期间中国各省级区域城镇居民人均可支配收入年平均值来度量区域收入，数据来源为各年度《中国统计年鉴》，由此刻画区域国内价值链嵌入水平的变动对其随后几年人均收入水平的影响。

（二）解释变量

1. 区域国内价值链嵌入水平（ NPA_{it} ）

以地区 i 的国内价值链嵌入度 NPA_{it} 衡量其参与国内垂直专业化分工的程度，数据来源为相应年度中国省际间投入产出表与WIOD数据库的匹配，以此刻画参与国内价值链分工对区域人均收入的影响。

2. 区域资本投入（ K_{it} ）

以永续盘存法（张军等，2004）计算资本存量，即 $K_t = I_t/P_t + (1-\delta)K_{t-1}$ ，其中 K_t 、K_{t-1} 分别为 t 期和 t-1 期的实际资本存量，I_t 是名义固定资产投资，P_t 为固定资产投资价格指数，按照各省固定资产价格平减指数统一为2000年的价格，δ 是资产年折旧率，按照张军等（2004）的处理方法取 δ 为9.6%。数据来源为各年度《中国统计年鉴》，以此刻画资本要素投入对区域人均收入水平的影响。

3. 区域劳动力投入（ L_{it} ）

以区域就业人数年平均值来度量区域劳动力投入规模，数据来源为各年度《中国统计年鉴》，以此刻画劳动力要素投入对区域人均收入水平的影响。

4. 区域全要素生产率（ TFP_{it} ）

在对各区域资本投入 K_{it} 、劳动力投入 L_{it} 以及地区增加值进行核算基础上，采用数据包络分析法（Data Envelopment Analysis，DEA）计算出各区域的全要素生产率变化，数据来源为各年度《中国统计年鉴》，以此刻画技术效率变动对区域人均收入水平的影响。

二、　基准回归及分析

为突出区域协调发展特征，按照各省级区域城镇居民人均可支配收入年平均值的样本均值把样本分为中低收入组①、中高收入组②，通过F检验及

---

① 中低收入组包括的省级区域有：宁夏、贵州、甘肃、青海、黑龙江、陕西、新疆、安徽、江西、四川、海南、河南、吉林、山西和内蒙古。

② 中高收入组包括的省级区域有：湖北、辽宁、河北、广西、云南、湖南、重庆、山东、江苏、福建、天津、广东、浙江、北京和上海。

Hausman 检验确定面板固定效应估计方法相对更优，由表 6–2 可以得到以下结论。

第一，从最关注的国内价值链分工对区域协调发展的影响来看，参与国内价值链与中低收入地区人均收入水平呈现显著性较弱的正相关，而对中高收入地区人均收入水平的影响表现为显著性稍弱的负相关，表明更多参与国内价值链分工有利于推动中低收入地区人均收入的提高。

表 6–2　国内价值链分工对区域协调影响的基本估计结果

变　量	中低收入地区	中高收入地区	中低收入地区	中高收入地区
国内价值链嵌入度（*NPA*）	0.002 （0.17）	−0.029 （−1.14）	0.005 （0.66）	−0.021 （−0.82）
资本投入（*K*）	—	—	0.112*** （3.09）	0.012 （0.29）
劳动力投入（*L*）	—	—	0.079 （1.16）	−0.243* （−1.93）
全员劳动生产率（*TFP*）	—	—	0.220*** （2.73）	0.272* （1.83）
年份固定效应	是	是	是	是
地区固定效应	是	是	是	是
常数	8.919*** （459.88）	9.244*** （269.55）	7.535*** （13.42）	11.051*** （9.74）
样本量	90	90	90	90
R^2	0.516	0.390	0.347	0.291

注：括号内为 t 值，*、** 及 *** 分别表示在 10%、5%及 1%的显著性水平上显著。

国内垂直专业化分工对中国不同区域人均收入水平影响的差异，很大程度上是由各区域在国内价值链分工中的角色和定位所决定。在国内价值链分工中，中高收入地区（主要是东部沿海地区）更多表现为加工组装制成品后直接出口，而广大中低收入地区（主要是内陆地区）更多扮演“资源能源供给者”的间接出口角色，国内价值链分工的开展显著调动了内陆地区资源能源、劳动力、资本等闲置要素,资源要素使用率的提升自然意味着要素收益的改善。对于东部沿海地区而言,随着嵌入国内价值链分工水平的提升,过于依赖低级要素的加工制造很大程度上阻碍了要素禀赋及产业结构的转型升级,不利于整体层面的要素收益提升。

第二,从其他控制变量的影响来看,全要素生产率的提升显著有利于各区域人均收入水平的提升,资本要素投入仅在中低收入地区表现出对人均收入水平的正向作用,表明内陆地区应进一步提升生产的资本密集度。值得注意的是,劳动要素投入的增加显著不利于中高收入地区人均收入水平的改善,表明加快产业结构和生产方式转型升级,提升生产的科技投入和产品技术水平,是改善东部沿海地区收入水平的有效途径。

三、 稳健性检验

采用三种方法进行稳健性检验,包括:一是利用 2002 年、2007 年和 2010 年的数据构建差分方程模型对式(6-1)进行再估计;二是借鉴库普曼等(2010)对国内价值链嵌入度进行重新估算,即 $NPA_i = \frac{\sum_k (iv1n_{ik} + iv2n_{ik} + vr1n_{ik} + vr2_{ik})}{\sum_k X_{ik}} + \frac{\sum_k fv1n_{ik}}{\sum_k X_{ik}}$,其中 X_{is} 为地区 i 行业 t 参与 NVC 间接实现的国内流出总额。三是以各省级区域城镇居民人均可支配收入年平均值的 25%分位和 75%分位筛选出样本的高收入地区和低收入地区,以此样本对式(6-1)进行再估计。

表 6-3 显示了差分方程模型的估计结果,更多参与国内价值链分工提升了中低收入地区收入水平的同时降低了中高收入地区的收入水平,一定程度上有利于区域发展的协调,由此验证了上述结论的稳健性。值得注意的是,随着中国对外开放步伐的加快,嵌入国内价值链分工对中低收入地区收入水平的促进作用有所衰减,而对中高收入地区人均收入提升的阻碍效应日益明显,一定程度上印证了东部沿海地区遭遇了参与国际分工的“低端锁定”。

表 6-3 国内价值链分工对区域协调影响的稳健性检验(一)

变 量	2002—2007 年		2007—2010 年	
	中低收入地区	中高收入地区	中低收入地区	中高收入地区
国内价值链嵌入度(*NPA*)	0. 013* (1. 68)	−0. 024 (−1. 08)	0. 009 (1. 52)	−0. 053 (−1. 28)
资本投入(*K*)	0. 054** (2. 45)	0. 200** (2. 10)	0. 072 (0. 94)	−0. 091** (−2. 29)
劳动力投入(*L*)	0. 101* (1. 78)	0. 172 (0. 83)	0. 158*** (3. 43)	−0. 217* (−1. 77)
全员劳动生产率(*TFP*)	0. 498*** (5. 56)	0. 069 (0. 29)	0. 073 (0. 54)	0. 300 (1. 29)
常数	0. 479*** (29. 85)	0. 325*** (4. 27)	0. 434*** (6. 29)	0. 520*** (23. 30)
样本量	90	90	90	90
Adjusted R^2	0. 940	0. 206	0. 703	0. 250
F 值	45. 22	1. 728	7. 627	1. 934

注:括号内为 t 值,*、** 及 *** 分别表示在 10%、5%及 1%的显著性水平上显著。

表 6-4 国内价值链分工对区域协调影响的稳健性检验(二)

变 量	核心变量重新估算法		重新分组法	
	中低收入地区	中高收入地区	中低收入地区	中高收入地区
国内价值链嵌入度(*NPA*)	0. 013 (1. 63)	−0. 016 (−0. 74)	0. 027*** (2. 60)	−0. 011 (−1. 15)
资本投入(*K*)	0. 129*** (3. 35)	0. 108*** (3. 06)	0. 176*** (3. 12)	0. 066 (0. 79)
劳动力投入(*L*)	0. 077 (1. 04)	−0. 081 (−1. 21)	−0. 064 (−0. 72)	−0. 269 (−1. 42)
全员劳动生产率(*TFP*)	0. 239*** (2. 76)	0. 220*** (2. 77)	0. 361*** (3. 01)	0. 045 (0. 07)
年份固定效应	是	是	是	是
地区固定效应	是	是	是	是

续表

变　量	核心变量重新估算法		重新分组法	
	中低收入地区	中高收入地区	中低收入地区	中高收入地区
常数	7.435*** (12.26)	7.557*** (13.64)	8.080*** (9.83)	10.972*** (6.68)
样本量	90	90	48	48
R^2	0.517	0.573	0.398	0.281

注:括号内为 t 值,*、** 及 *** 分别表示在 10%、5%及 1%的显著性水平上显著。

此外,核心变量重新估算法及重新分组法的估计结果(见表 6-4)表明前述核心结论仍然稳健成立,同时可以看出,嵌入国内价值链分工对区域收入差距的影响在 25%分位和 75%分位地区表现得更为显著,由此进一步揭示国内价值链分工的开展在一定程度上有利于促进区域协调。

第四节　国内价值链分工协调区域发展的政策启示

党的十九大报告旗帜鲜明地指出,当前城乡区域发展和收入分配差距依然较大,为此应坚定实施区域协调发展战略,建立更加有效的区域协调发展新机制。通过开展国内区域间垂直专业化分工,无疑能创造更多的区域间上下游关联,然而通过价值链在区域间的转移和传递,能否推动中西部地区快速发展并实现区域协调? 国内价值链分工能否成为区域协调发展新机制?

本章首先构建了国内垂直专业化分工与区域协调发展的理论分析框架,指出发达地区和欠发达地区在国内垂直专业化分工中产生的技术进步效应和资源配置效应差异,很大程度上决定了区域发展差距的收敛或发散。为更直观度量国内垂直专业化分工与区域协调发展特征性事实,通过统计分析发现,嵌入国内价值链分工与区域发展差距负相关,即国内垂直专业化分工有利于缩小区域间发展差距。

为验证以上发现,本章构建计量模型就国内价值链分工与区域发展差距的关系进行实证分析,基准回归结果表明参与国内价值链分工推动了中低收入地区人均收入更快提升,从而很大程度上缩小了区域发展差距。以上结论表明,推动中西部地区更大程度融入国内价值链分工,是缩小区域发展差距的可行路径,有必要从加快中西部地区开放及重塑国内价值链分工两个层面推动区域协调发展。

第七章　国内价值链分工如何影响区域协调发展:技术进步的视角

前文对中国国内垂直专业化分工与区域间收入差距的统计核算及经验分析表明,国内价值链分工的开展很大程度上有利于区域发展差距的收敛,而从发展经济学的角度,区域经济发展主要取决于其技术进步和全要素生产率的提升,人均收入的差距很大程度上源自于生产效率的差异(Bartelsman 等,2007)。因而,探析国内价值链分工对区域协调发展的影响机制,首先应着眼于技术进步的视角。

第一节　垂直专业化分工与区域间技术差距的文献分析

有关垂直专业化分工与区域技术差距的研究,已有文献大致得出两种结论:一种观点认为开展垂直专业化分工会扩大区域技术差距,另一种观点则截然相反,认为分工有利于技术差距的缩小。

对于第一类观点,代表性的研究如普雷比施(Prebisch,1950)指出国际分工推动形成了以生产工业品为主的“中心”地区,以及为“中心”区域提供粮食和原材料的“外围”地区。在该分工体系中，技术的扩散是不对等的，由此必然导致国家间技术差距的扩大（Prebisch，1959）。与此类似的是，在全球价值链分工体系中，居于被支配地位的发展中国家寻求以技术升级为特征的价值链攀升行为，往往会遭受核心地位的发达国家的百般阻扰，而被锁定在全球价值链的低端环节（Gereffi，1994；Humphrey 和 Schmitz，2004；Lall 等，2005；刘志彪和张杰，2007；卢福财和胡平波，2008）。

以国内区域间分工为视角，弗里德曼（Friedmann，1963）借鉴该理论研究国家内部区域间发展差距，发现伴随着欠发达国家经济发展，通常会在国内形成核心区域和边缘区域，核心区域具有较强的技术创新能力，而边缘区域对核心区域保持依附关系，吸收核心区的技术扩散。在此基础上，克鲁格曼（1991）进一步完善了“中心—外围”理论，指出收益递增和国内垂直专业化分工会使得原本对称的两个区域演化为工业核心区和农业边缘区。

对于垂直专业化分工有利于缩小技术差距的观点，科埃和赫尔普曼（Coe 和 Helpman，1993）基于南北技术扩散模型认为，作为具有后发优势的发展中国家，通过与掌握前沿技术的发达国家开展贸易能够以较低的学习和模仿成本实现技术溢出和技术进步，进而技术差距收敛。类似的观点如赫希曼（Hirschman，1958）提出的“极化—涓滴效应”，认为区域经济发展将不可避免地产生极化效应和涓滴效应，但由于发展过程必然将遇到人口拥挤、环境污染等问题，最终涓滴效应会大于极化效应而占据优势，发达国家的发展长期来看将带动发展中国家的经济增长。

基于以上思路，英（Ying，2000、2003）较早地关注到了中国存在着“内核地区对外围地区”的空间溢出效应，指出中国经济增长中区域间存在着较强的相互影响。布伦等（Brun 等，2002）通过引入东、中、西三个虚拟变量来考察沿海与内陆的相互影响，指出存在着沿海地区向内陆地区的空间溢出效应。此外，范剑勇（2004）、潘文卿和李子奈（2007）、潘文卿（2010、2012、2015）等研究也发现中国区域经济发展存在明显的空间溢出效应，且区域发展差距趋于收敛。

鉴于以上文献的分歧，本章聚焦国内垂直专业化分工对区域技术差距的影响。首先，基于改进后的 Malmquist 指数从全要素生产率中分解出技术进步水平，以此对各省级区域行业层面的技术进步情况进行特征性事实描述。其次，构建实证计量模型，就国内价值链嵌入对行业层面技术进步的影响进行经验分析。最后，从区域间双边垂直专业化分工的角度探讨国内价值链嵌入对行业技术进步的影响机理。

第二节　中国省级区域部门技术进步水平的统计核算

对于技术进步水平的衡量，常见的方法是采用全要素生产率（TFP）进行统计测度（Keller，2002）。然而，全要素生产率衡量的经济增长过程中，剔除劳动力、实物资本、人力资本、资源能源等各投入要素贡献的剩余部分，其不仅仅包括技术进步，还包括制度创新、资源配置等。由此，全要素生产率是由技术进步①及要素配置效率两者共同决定②（Hsieh 和 Klenow，2009），即尽管行业生产方式取得突破，但如若生产要素组合存在扭曲，将导致其全要素生产率提升并不明显甚至降低。

一、　基于成本视角的全要素生产率分解方法

为更好估计出各区域参与国内价值链分工产生的技术进步水平，有必要对全要素生产率中的技术进步效应和资源配置效应进行分离，Malmquist 全要

---

①　涵盖制度创新在内的广义技术进步。

②　谢和克莱诺（Hsieh 和 Klenow，2009）通过把要素配置扭曲程度引入生产函数，将行业全要素生产率（TFP）分解为行业平均全要素生产率（衡量行业技术进步）和该行业企业全要素生产率方差（衡量资源配置水平）两部分。

素生产率指数为我们提供了很好的思路。通过将 Malmquist 指数分解为技术效率变化、生产技术变化等组成部分,进一步采用非参数 DEA 方法进行求解,能较好地反映生产前沿的变动情况以及技术效率和技术进步对生产率变动的作用(Färe and Grosskopf,1992)。然而,传统的 Malmquist 指数分析更多基于投入要素数量变动的视角,没有考虑到资源要素配置及要素价格波动对经济效率的影响。

借鉴科普和迪瓦尔特(Kopp 和 Diewert,1982)、鲍尔(Bauer,1990)、马尼亚达基斯和萨纳索里斯(Maniadakis 和 Thanassoulis,2004)的思路引入投入要素价格变量,可以从成本最小化的角度对 Malmquist 指数进行改进。假定第 k 个决策单元(DMU)在 t 期投入的生产要素数量为 x^t_{kn} $(n=1,\cdots,N)$,生产要素价格以 w^t_{kn} 表示,在此基础上收获的产出为 y^t_{km} $(m=1,\cdots,M)$,由此构建线性规划模型如下:

$$
\begin{aligned}
C^t(\mathrm{y}^t,w^t) &= \min_{x,z} w^t_{kn}x_n ,\\
\mathrm{st}\ \sum_{j=1}^{J} z_j y^t_{jm} &\geqslant y^t_{jm} ,\\
\sum_{j=1}^{J} z_j x^t_{jn} &\leqslant x_n ,\\
z_j \geqslant 0, x_n &\geqslant 0
\end{aligned}
\tag{7-1}
$$

其中 z_j $(j=1,\cdots,J)$ 为 DMU 的线性组合系数,该成本函数的经济学意义为:在既定产出规模 y^t 、技术水平及投入要素价格 w^t 条件下支付的最小生产成本。

进一步借鉴谢泼德(shepherd,1953、1970)的思路,假定 t 期技术水平为 T^t_c ,则在规模报酬不变(CRS)条件下的投入距离函数为:

$$
D^t(y^t,x^t) = \sup\{\theta:(x^t/\theta,y^t) \in T^t_c,\theta > 0\} \tag{7-2}
$$

其经济学含义在于,维持既定产出规模条件下,实际投入能缩减的最大限度。$D^t(y^t,x^t)$ 越大,表明投入可以缩减的幅度越大,效率越低, $D^t(y^t,x^t)=1$ 时表明 DMU 处于技术前沿上,在不减少产出的前提下,其各项投入没有下降

的空间,处于技术有效状态。因而有:

$$D^t(y^t,x^t)=\frac{w^t x^t}{C^t(y^t,w^t)} \tag{7-3}$$

由此,t 期和 $t+1$ 期的 Malmquist 生产率指数可表述为:

$$IM^t=\frac{D^t(y^{t+1},x^{t+1})}{D^t(y^t,x^t)} \tag{7-4}$$

$$IM^{t+1}=\frac{D^{t+1}(y^{t+1},x^{t+1})}{D^{t+1}(y^t,x^t)} \tag{7-5}$$

把式(7-3)分别代入式(7-4)和式(7-5),可以导出 t 期和 $t+1$ 期的成本 Malmquist 生产率指数,即:

$$CM^t=\left[\frac{w^t x^{t+1}/C^t(y^{t+1},w^t)}{w^t x^t/C^t(y^t,w^t)}\right] \tag{7-6}$$

$$CM^{t+1}=\left[\frac{w^{t+1} x^{t+1}/C^{t+1}(y^{t+1},w^{t+1})}{w^{t+1} x^t/C^{t+1}(y^t,w^{t+1})}\right] \tag{7-7}$$

结合式(7-6)和式(7-7),便可得到从 t 期到 $t+1$ 期的成本 Malmquist 指数,即:

$$CM=\left[\frac{w^t x^{t+1}/C^t(y^{t+1},w^t)}{w^t x^t/C^t(y^t,w^t)}\times\frac{w^{t+1} x^{t+1}/C^{t+1}(y^{t+1},w^{t+1})}{w^{t+1} x^t/C^{t+1}(y^t,w^{t+1})}\right]^{1/2} \tag{7-8}$$

可见,与传统 Malmquist 指数类似,$CM<1$ 表示生产率改进,反之 $CM>1$ 则代表生产率的退步。在式(7-8)基础上,可以把成本 Malmquist 指数初步分解为:

$$CM=\frac{w^{t+1} x^{t+1}/C^{t+1}(y^{t+1},w^{t+1})}{w^t x^t/C^t(y^t,w^t)}\left[\frac{w^t x^{t+1}/C^t(y^{t+1},w^t)}{w^{t+1} x^{t+1}/C^{t+1}(y^{t+1},w^{t+1})}\times\frac{w^t x^t/C^t(y^t,w^t)}{w^{t+1} x^t/C^{t+1}(y^t,w^{t+1})}\right]^{1/2} \tag{7-9}$$

在此基础上,对式(7-9)进一步分解,得到:

$$CM=\left[\frac{D^{t+1}(y^{t+1},x^{t+1})}{D^t(y^t,x^t)}\right]_{TEC}\left[\frac{w^{t+1}x^{t+1}/C^{t+1}(y^{t+1},w^{t+1})D^{t+1}(y^{t+1},x^{t+1})}{w^t x^t/C^t(y^t,w^t)D^t(y^t,x^t)}\right]_{AEC}\left[\frac{D^t(y^{t+1},x^{t+1})}{D^{t+1}(y^{t+1},x^{t+1})}\times\frac{D^t(y^t,x^t)}{D^{t+1}(y^t,x^t)}\right]_{TC}$$

$$\left[\frac{w^{t}x^{t+1}/C^{t}(y^{t+1},w^{t})D^{t}(y^{t+1},x^{t+1})}{w^{t+1}x^{t+1}/C^{t+1}(y^{t+1},w^{t+1})D^{t+1}(y^{t+1},x^{t+1})}\times\frac{w^{t}x^{t}/C^{t}(y^{t},w^{t})D^{t}(y^{t},x^{t})}{w^{t+1}x^{t}/C^{t+1}(y^{t},w^{t+1})D^{t+1}(y^{t},x^{t})}\right]_{PE}^{1/2}$$

(7-10)

可见,成本 Malmquist 指数可以分解为四个部分,即式(7-10)右边第一项的技术效率变化(Technical Efficiency Change,*TEC*),表示纯技术效率及规模效率变化导致的生产率波动;第二项为配置效率变化(Allocative Efficiency Change,*AEC*),反映的是投入要素组合调整导致的生产率变化;第三项是技术变化(Technical Change,*TC*),表示由于创新和技术进步导致的生产率变化,即本章所关心的技术进步指标;第四项为价格效应(Price Effect,*PE*),反映的是投入要素价格改变引起的生产率波动。

二、 中国各省级区域部门技术进步效应的特征事实

在对 Malmquist 指数变形的基础上,利用中国各省级区域行业层面的投入产出数据,可以从全要素生产率指标中进一步分解并测算出各行业的技术进步效应。其中以就业人数年平均值来度量各省级区域行业层面的劳动力投入规模,以永续盘存法测算的部门资本存量来衡量各省级区域行业层面的资本投入规模,数据来源均为各省市相关年度的统计年鉴。劳动力价格以各行业年平均工资来衡量,数据来源为相关年度的《中国劳动统计年鉴》;资本价格采用的是各行业固定资产价格指数,数据来源为各省市相关年度的统计年鉴。此外,通过收入法核算各省级区域行业层面的增加值,即部门增加值=固定资产折旧+劳动者报酬+生产税净额+应交增值税+营业盈余,数据来源为相关年度的《中国工业统计年鉴》及各省市统计年鉴。

图 7-1 显示了近年来中国各省级区域纺织业的技术进步效应变化情况,横轴表示 2010—2016 年技术进步变化与 2007—2009 年技术进步变化之比,纵轴代表 2007—2009 年技术进步变化与 2002—2006 年技术进步变化之比,

大于 1 代表与前期相比技术进步变化更加明显，小于 1 则表示技术进步变化不如前期显著。可见第一象限表示 2007—2009 年与 2010—2016 年两个期间技术进步效应较前期均得到了改善；第三象限代表两个期间较前期都出现了恶化趋势；第二象限表示技术进步效应出现先提升后下降的倒“U”型情况；第四象限则代表技术进步效应表现为先抑后扬的“U”型迹象。由此可以看出：

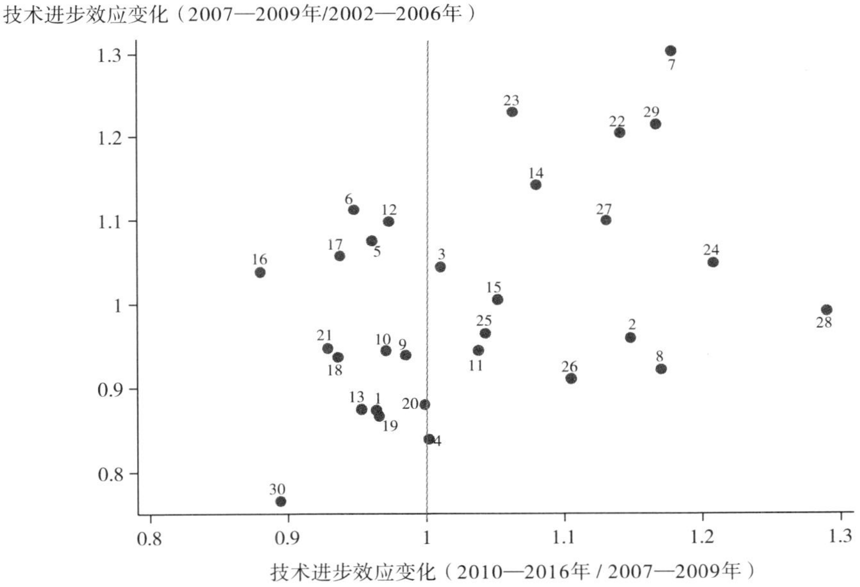

图 7-1　中国各省级区域纺织部门的技术进步效应变化

注：图中数字分别代表各省级区域：1（北京）、2（天津）、3（河北）、4（山西）、5（内蒙古）、6（辽宁）、7（吉林）、8（黑龙江）、9（上海）、10（江苏）、11（浙江）、12（安徽）、13（福建）、14（江西）、15（山东）、16（河南）、17（湖北）、18（湖南）、19（广东）、20（广西）、21（海南）、22（重庆）、23（四川）、24（贵州）、25（云南）、26（陕西）、27（甘肃）、28（青海）、29（宁夏）、30（新疆）。由于统计数据所限，笔者采用的是 30 个省（自治区、直辖市）30 个部门地区间投入产出表，不包含西藏数据，下同。

资料来源：笔者计算而得。

首先，位于第一象限的主要为西部地区省区市，包括吉林、宁夏、重庆、四川、贵州等，表明近年来西部地区技术进步水平出现持续提升，可能的解释在于近年来地处内陆的重庆、四川等地利用政策优势大量吸引跨国投资及东部沿海产业转移，实质上产生了一波对内及对外的“开放效应”，很大程度上推动了本地产业结构升级。

其次，位于第三象限的主要为北京、上海、江苏、广东、福建等东部沿海地区，表明 2010 年以来，以上地区的技术进步水平相对于世纪之初出现倒退趋势。可能的解释在于，随着中国加入 WTO 及对外开放步伐的加快，外部市场扩大及开放倒逼的国内改革显著调动了闲置资源要素，推动国内垂直专业化分工的深化，由此产生明显的技术进步效应。而随着“开放红利”的逐渐衰退，加之投资驱动的经济发展模式仍未得到根本改变，其技术进步效应并不如加入世界贸易组织伊始来得明显。

最后，位于第三象限的主要为中部地区省份，包括辽宁、江西、河南、湖北等，表明以上地区的技术进步出现先扬后抑的波动。可能的解释为，以上地区更多地理位置上紧邻东部沿海地区，近年来随着东北振兴计划、长江经济带建设、“一带一路”倡议等的加快推进，该地区基础设施条件及投资环境明显改善。在东部沿海地区要素成本日益提升的背景下，以上地区外资流入规模显著增长，外部高级要素的集聚很大程度上推动其技术进步效应的快速提升。然而近年来，由于东部沿海地区技术进步步伐明显放缓，其技术溢出效应有所减弱，导致中部地区技术进步效应随之降低。

第三节　国内垂直专业化对区域技术进步影响的实证检验

如前所述，近年来中国东部沿海地区技术进步水平出现退步，而资本更多流入的中部地区、对内及对外开放程度大幅提升的西部地区技术进步速度加快，那么国内价值链分工对各省级部门技术进步究竟起到何种影响作用？有待通过实证计量模型进一步检验。

一、　计量模型设定及指标说明

在考虑国内价值链分工、要素禀赋、外资进入等因素的基础上,构建影响区域技术进步效应的计量模型如下:

$$\ln TE_{ik}^{t} = b_0 + b_1 \ln NPA_{ik}^{t} + b_2 \ln X_{ik}^{t} + e_{ik}^{t} \quad (7-11)$$

其中,下标 i 表示地区、k 代表行业,上标 t 表示年份,NPA 为核心解释变量,X 为其他控制变量。

(一)被解释变量

部门技术进步效应(TE_{ik}^{t})。考虑到国内价值链嵌入水平与技术进步效应可能存在双向因果的内生性关系,以成本 Malmquist 指数分解出三个时期(2002—2006 年、2007—2009 年、2010—2016 年)的地区 i 行业 k 的技术变化(Technical Change,TC)衡量其技术进步效应,由此探讨国内价值链嵌入水平对该行业随后几年技术进步效应的影响。

(二)解释变量

1. 国内价值链嵌入度(NPA_{ik}^{t})

以地区 i 行业 k 的国内价值链嵌入度 NPA_{ik}^{t} 衡量该行业参与国内垂直专业化分工的程度,数据来源为相应年度中国省际间投入产出表与 WIOD 数据库的匹配。

2. 要素禀赋结构

资本密集度(Capital Intensity, CI_{ik}^{t})以各时期资本—劳动比(K_{ik}^{t}/L_{ik}^{t})年均值来衡量,资本以永续盘存法核算的行业固定资本存量表示,以永续盘存法(张军等,2004)计算资本存量,即 $K_t = I_t/P_t + (1-\delta)K_{t-1}$,其中 K_t 、K_{t-1} 分别为 t 期和 $t-1$ 期的实际资本存量,I_t 是名义固定资产投资,P_t 为固定资产投资价格指数，按照各省固定资产价格平减指数统一为2000年的价格，δ是资产年折旧率，按照张军等(2004)的处理方法取δ为9.6%。劳动以行业全部从业人员年平均人数表示；技术密集度(Technology Intensity，TI_{ik}^{t})以各时期R&D活动人员占就业人员比重来衡量，数据来源于相应年度的《中国科技统计年鉴》。

3. **外资进入规模(**FDI_{ik}^{t}**)**

以各时期行业所有者权益中港澳台资本及外商资本存量之和占行业总产出比重年均值来衡量，以此来探讨外资进入如何影响其技术进步及资源配置效应，为避免对数取值为0的情况，以$FDI_{ik}^{t}+1$来衡量各行业的外资进入规模，数据来源于相应年度的《中国工业经济统计年鉴》。

4. **规模经济水平(***Scale Economy*，SE_{ik}^{t}**)**

以企业的平均产出规模来衡量行业的规模经济水平，即行业规模经济=行业总产值/行业企业数量×100%，以此来探讨行业规模经济水平如何影响其技术进步及资源配置效应，数据来源于相应年度的《中国工业经济统计年鉴》。

二、 基准回归分析

在建立计量模型基础上，从省级行业层面就国内价值链嵌入对其技术进步效应的影响进行实证分析。为突出区域协调发展特征，借鉴许政等(2010)、陆铭和向宽虎(2012)的思路，以省会城市距三大港口(天津、上海和香港)的最近距离来衡量该地区的地理区位，距三大港口500公里以内的定义为沿海地区①，500公里以外的则定义为内陆地区②，由此把省级样本分为沿海地区和内陆地区，通过F检验及Hausman检验确定面板固定效应估计方

① 沿海地区包括的省级区域有：北京、天津、河北、上海、江苏、浙江、山东、安徽、福建和广东。

② 内陆地区包括的省级区域有：山西、内蒙古、辽宁、吉林、黑龙江、河南、湖北、湖南、江西、广西、海南、重庆、四川、贵州、云南、陕西、甘肃、宁夏、青海和新疆。

法相对更优,由表 7-1 的 FE 估计可得到以下结论。

表 7-1　国内价值链分工对省级部门技术进步的影响

变　量	内陆地区			沿海地区		
国内价值链嵌入度(*NPA*)	0.047 (1.42)	0.051* (1.72)	0.037* (1.84)	0.016 (0.61)	0.007 (0.33)	0.010 (0.44)
资本密集度(*CI*)	—	-0.081*** (-6.14)	-0.083*** (-6.17)	—	-0.076*** (-7.68)	-0.073*** (-7.48)
技术密集度(*TI*)	—	0.220*** (7.95)	0.223*** (7.97)	—	0.213*** (10.48)	0.209*** (10.35)
外资进入规模(*FDI*)	—	0.018 (0.97)	0.018 (0.97)	—	0.001 (0.01)	0.003 (0.17)
规模经济水平(*SE*)	—	-0.090** (-2.23)	-0.084** (-2.08)	—	0.012 (0.42)	0.003 (0.11)
国内价值链嵌入度与资本密集度交互项(*NPA*×*CI*)	—	—	0.470 (0.65)	—	—	-0.015*** (-2.86)
国内价值链嵌入度与技术密集度交互项(*NPA*×*TI*)	—	—	-1.339 (-1.08)	—	—	0.085** (2.49)
年份固定效应	是	是	是	是	是	是
地区固定效应	是	是	是	是	是	是
行业固定效应	是	是	是	是	是	是
常数	0.423*** (46.85)	0.228*** (3.50)	0.215*** (3.20)	0.385*** (35.60)	0.214*** (5.73)	0.217*** (5.76)
样本量	1320	1320	1320	480	480	480
$Adjust\text{-}R^2$	0.385	0.110	0.112	0.508	0.004	0.023
F 值	7.044	14.09	11.38	0.420	19.41	16.98

注:括号内为 t 值,*、** 及 *** 分别表示在 10%、5%及 1%的显著性水平上显著。

对于省级部门而言,国内价值链分工的融入体现出正向的技术进步效应,表明国内垂直专业化分工有助于区域技术进步。

分区域来看,国内价值链嵌入对技术进步的正向影响主要体现在内陆地区,尤其是随着工业部门技术水平的提升,国内价值链嵌入对技术进步的促进更加显著。可能的解释在于,国内价值链分工条件下,通过为东部沿海地区提供各类中间品等配套,中西部地区生产配套的产品质量和技术水平逐步提升,国内价值链分工的"溢出效应"成为中西部地区技术进步的重要源泉。

三、 稳健性检验

为验证基准回归的稳健性,采用三种方法进行稳健性检验,包括:一是利用2002年、2007年和2010年的数据构建差分方程模型对式(7-11)进行再估计。二是借鉴库普曼等(2010)对国内价值链嵌入度进行重新估算,即 $NPA_i = \dfrac{\sum_k (iv1n_{ik} + iv2n_{ik} + vr1n_{ik} + vr2_{ik})}{E_{ik} + E'_{ik}} + \dfrac{\sum_k \mathrm{fv}1n_{ik}}{E_{ik} + E'_{ik}}$,其中 E_{ik}、E'_{ik} 分别代表区域 i 部门 k 的国内流出总额和出口总额。三是把样本进行重新分组,即按照各省级区域城镇居民人均可支配收入年平均值的样本均值把样本分为中低收入组、中高收入组,以此样本对式(7-11)进行再估计。

表7-2和表7-3的稳健性检验结果表明,与基准回归相比较,各解释变量的符号及显著性基本一致,表明模型估计结果是稳健的,即国内价值链分工的开展很大程度上有利于中西部地区的技术进步,一定程度上推动区域经济协调发展。

表7-2 国内价值链分工对省级区域行业技术进步影响的稳健性检验(一)

变 量	2002—2007年		2007—2010年	
	内陆地区	沿海地区	内陆地区	沿海地区
国内价值链嵌入度(NPA)	0.035** (2.42)	0.016 (0.75)	0.030* (1.73)	0.009 (1.23)
资本密集度(CI)	-0.127*** (-11.14)	-0.152*** (-9.77)	-0.128*** (-11.10)	-0.154*** (-9.90)

续表

变　量	2002—2007 年		2007—2010 年	
	内陆地区	沿海地区	内陆地区	沿海地区
技术密集度(*TI*)	0.098*** (4.17)	0.001*** (3.04)	0.096*** (4.03)	0.011*** (2.35)
外资进入规模(*FDI*)	0.001 (0.06)	−0.020 (−0.94)	0.002 (0.10)	−0.025 (−1.16)
规模经济水平(*SE*)	0.030 (0.88)	0.001 (0.01)	0.030 (0.86)	0.004 (0.09)
国内价值链嵌入度与资本密集度交互项(*NPA*×*CI*)	0.031 (1.04)	−0.025 (−0.61)	0.001 (1.23)	1.107 (1.31)
国内价值链嵌入度与技术密集度交互项(*NPA*×*TI*)	−0.030 (−1.06)	0.030 (0.98)	−0.015 (−1.37)	0.262** (2.18)
地区固定效应	是	是	是	是
行业固定效应	是	是	是	是
常数	0.594*** (48.26)	0.729*** (16.80)	0.734*** (16.58)	0.579*** (52.66)
样本量	300	300	300	300
Adjust R^2	0.414	0.595	0.593	0.333
F 值	117.4	102.2	81.37	94.23

注:括号内为 t 值,*、** 及 *** 分别表示在 10%、5%及 1%的显著性水平上显著。

表 7-3　国内价值链分工对省级区域行业技术进步影响的稳健性检验(二)

变　量	核心变量重新估算法		重新分组法	
	内陆地区	沿海地区	中低收入地区	中高收入地区
国内价值链嵌入度(*NPA*)	0.021* (1.92)	0.009 (0.81)	0.047** (2.16)	0.031* (1.66)
资本密集度(*CI*)	−0.020* (−1.68)	−0.011*** (−2.95)	−0.041* (−1.71)	−0.076** (−2.26)
技术密集度(*TI*)	0.009** (2.26)	0.006 (1.17)	0.144 (1.26)	0.017** (2.61)

续表

变　量	核心变量重新估算法		重新分组法	
	内陆地区	沿海地区	中低收入地区	中高收入地区
外资进入规模(*FDI*)	0.145 (0.80)	0.050 (1.05)	0.069 (0.42)	0.015 (0.18)
规模经济水平(*SE*)	0.071 (1.21)	0.082* (1.73)	0.011 (0.55)	0.049 (1.53)
国内价值链嵌入度与资本密集度交互项(*NPA×CI*)	0.091 (1.54)	−0.750 (−1.39)	0.788* (1.84)	0.512* (1.81)
国内价值链嵌入度与技术密集度交互项(*NPA×TI*)	−0.245* (−1.99)	0.758*** (2.87)	−0.529** (−2.36)	0.344* (2.06)
年份固定效应	是	是	是	是
地区固定效应	是	是	是	是
行业固定效应	是	是	是	是
常数	1.003*** (13.18)	1.043*** (13.33)	3.952*** (13.73)	3.833*** (5.30)
样本量	900	900	480	420
R^2	0.507	0.511	0.452	0.504
F 值	77.34	62.91	25.41	18.60

注:括号内为 t 值,*、** 及 *** 分别表示在 10%、5%及 1%的显著性水平上显著。

第四节　国内垂直专业化对区域技术进步影响的机理分析

如前文统计核算及实证检验所示,通过嵌入国内价值链分工,中西部地区能获得明显的技术溢出效应,由此缩小与东部沿海地区的技术差距。然而,国内价值链分工为何存在技术溢出效应差异?其技术溢出的空间半径显示怎样的特征?仍需要从更加细致的双边垂直专业化分工视角对该问题的机理原因做深入分析。

一、基准模型的修正

在式（7-11）基础上，构建区域间双边价值链分工水平对区域技术差距影响的计量模型如下：

$$\ln DTE_{ijk}^{t} = b_0 + b_1 \ln NPA_{ijk}^{t} + b_2 \ln X_{ijk}^{t} + e_{ijk}^{t} \qquad (7-12)$$

其中，下标 i、j 表示地区，k 代表行业，上标 t 表示年份，NPA 为核心解释变量，X 为其他控制变量。

（一）被解释变量

区域间技术进步差距（DTE_{ijk}^{t}）。该指标衡量地区 i 与地区 j 在行业 k 的技术进步水平差距，即 $DTE_{ijk}^{t} = |TE_{ik}^{t} - TE_{jk}^{t}|$。显然该值越大，表明地区 i 与地区 j 之间技术进步水平差距较大，因而区域间技术差距趋于收敛，反之则预示着区域间技术差距出现扩大的趋势。数据来源同上。

（二）解释变量

1. 区域间双边价值链分工水平（NPA_{ijk}^{t}）

该指标表示地区 i 与地区 j 在行业 k 的双边垂直专业化分工程度，即 $NPA_{ijk}^{t} = \dfrac{iv1n_{ijk}^{t} + iv2n_{ijk}^{t} + vr1n_{ijk}^{t} + vr2_{ijk}^{t}}{VA_{ik}^{t} + VA'^{t}_{ik}} + \dfrac{fv1n_{ijk}^{t}}{X_{ik}^{t}}$，该指标越大，表明地区 i 与地区 j 在行业 k 的国内垂直专业化分工合作水平越高。该数据来源于相应年度中国省际间投入产出表与 WIOD 数据库的匹配。

2. 区域间要素禀赋差异

以区域间资本—劳动比差异 $DCI_{ijk}^{t} = \left| \dfrac{K_{ik}^{t}}{L_{ik}^{t}} - \dfrac{K_{jk}^{t}}{L_{jk}^{t}} \right|$ 衡量行业的资本密集度差异（Difference of Capital Intensity，DCI_{ijk}^{t}），由此控制资本深化差异对区域间技术差距的影响，数据来源于相应年度的《中国工业经济统计年鉴》。以区域间 R&D 活动人员占就业人员比重差异 $DTI_{ijk}^{t} = |T_{ik}^{t} - T_{jk}^{t}|$ 衡量行业的技术密

集度差异(Difference of Technology, DTI_{ijk}^{t}),由此控制科技投入对区域间技术差距的影响,数据来源于相应年度的《中国科技统计年鉴》。

3. 规模经济水平差异(*Difference of Scale Economy*, DSE_{ijk}^{t})

以区域间规模经济水平差异 $DSE_{ijk}^{t} = |SE_{ik}^{t} - SE_{jk}^{t}|$ 衡量行业的规模经济水平差异,以此来探讨行业规模经济水平对区域间技术差距的影响,数据来源于相应年度的《中国工业经济统计年鉴》。

4. 区域间双边价值链分工水平与地区间地理距离的交互项($NPA \times DIST_{ijk}^{t}$)

地理距离往往是影响区域间技术溢出的重要因素,引入区域间双边价值链分工水平与地区间地理距离交互项,该指标判断随着空间距离的变化,双边垂直专业化分工水平对区域间技术差距的影响,由此衡量空间半径对国内价值链分工溢出效应的影响。为剔除地形的影响,地区间地理距离采用省会城市之间的公路距离来衡量,数据来源为当年的中国公路交通里程图册。

二、 计量估计结果及分析

基于以上思路,对区域间双边价值链分工对其技术差距的影响进行初步分析,通过 F 检验及 Hausman 检验,确定面板固定效应估计方法相对更优,由表 7-4 的 FE 估计可得到以下结论。

表 7-4 区域间双边国内价值链分工对其技术差距影响的实证检验

变 量	DTE_{ijk}^{t}	DTE_{ijk}^{t}	DTE_{ijk}^{t}
区域间双边价值链分工水平(NPA_{ijk}^{t})	-0.067** (-2.10)	-0.061* (-1.92)	-0.068** (-2.02)
区域间资本密集度差异(DCI_{ijk}^{t})	—	0.074 (0.54)	0.076 (0.56)
区域间技术密集度差异(DTI_{ijk}^{t})	—	0.138*** (9.53)	0.138*** (9.53)
规模经济水平差异(DSE_{ijk}^{t})	—	0.788*** (3.52)	0.786*** (3.51)

续表

变　量	DTE_{ijk}^{t}	DTE_{ijk}^{t}	DTE_{ijk}^{t}
区域间双边价值链分工水平与空间距离交互项($NPA \times DIST_{ijk}^{t}$)	—	—	-0.002 (-1.61)
年份固定效应	是	是	是
地区固定效应	是	是	是
行业固定效应	是	是	是
常数	0.183*** (131.38)	0.153*** (37.37)	0.153*** (37.37)
样本量	25698	25698	25698
R^2	0.481	0.472	0.472
F 值	118.4	78.17	67.05

注:括号内为 t 值,*、** 及 *** 分别表示在 10%、5%及 1%的显著性水平上显著。

首先,区域间双边价值链分工水平与地区间技术差距的估计系数显著为负,表明通过开展国内区域间垂直专业化分工与合作,能有效缩小地区间技术差距。该结论与基准回归结果趋于一致,再次验证了国内空间技术溢出效应的存在。

其次,就区域间双边价值链分工水平与空间距离的交互项而言,该指标呈现不显著的负相关,说明国内价值链分工对技术差距的收敛效应。随着地理空间距离而增加,即空间距离相隔较远的区域间价值链分工的开展,更有利于双方技术差距的缩小,而地理位置邻近区域间进行的专业化合作,对缩减地区间技术差距的贡献相对较小。可能的解释在于,地理空间相隔越远,表明其要素禀赋差异更加显著,故开展专业化合作的分工收益愈加明显,客观上对地区间技术差距起着调节作用;相反,邻近区域间开展的垂直专业化分工,技术先进地区的规模报酬效应,可能对邻近地区资源要素尤其是高级生产要素产生强大的虹吸效应(Friedmann,1963;Krugman,1991),由此甚至进一步加大地区间的技术差距。

最后，从控制变量来看，区域间要素禀赋差异仍是形成地区间技术差距的主要因素，尤其是技术要素丰裕程度、科技投入水平的差异，直接决定了区域间的技术水平差距。此外，规模经济水平差异与区域间技术差距呈显著正相关，表明生产规模的扩大、规模经济的有效发挥在很大程度上成为技术进步的重要来源。

以上计量分析发现，区域间双边价值链分工有利于缩小地区间技术差距。然而，中国区域间发展水平、发展模式差异显著，区域间不同类型分工模式对技术差距的影响是否存在差异？

按照分工参与地区的区位特征，把区域间双边价值链分工模式划分为东部沿海地区—中部地区分工、东部沿海地区—西部地区分工、中部地区—西部地区分工、东部沿海地区—东部沿海地区分工、中部地区—中部地区分工、西部地区—西部地区分工六大类①，由此从更加细致的分工模式异质性角度对该问题进行深入考察。

表 7-5 报告了不同分工模式区域间专业化合作对地区间技术差距的影响，可见东部沿海地区—中部地区分工和东部沿海地区—西部地区分工对缩小地区间技术差距相对有效，而其他分工模式对区域间技术差距影响的显著性较弱。值得注意的是，三大区域的内部垂直专业化分工与地区间技术差距呈现不显著的正相关，表明区域内部垂直专业化分工有可能加大了区域技术差距。

表 7-5　区域间双边国内价值链分工对其技术差距的影响（基于分工模式的异质性）

变　量	东部—中部	东部—西部	中部—西部	东部—东部	中部—中部	西部—西部
区域间双边价值链分工水平（NPA_{ijk}^{t}）	-0.055* (-1.66)	-0.249*** (-3.95)	-0.004 (-0.04)	0.008 (0.05)	0.126 (0.86)	0.056 (0.37)

① 按照经济发展水平，东部沿海地区包括北京、天津、上海、江苏、浙江、福建、山东、广东 8 个省级区域；中部地区包括河北、山西、辽宁、吉林、黑龙江、安徽、江西、河南、湖北、湖南、海南 11 个省级区域；西部地区包括四川、重庆、广西、云南、贵州、内蒙古、陕西、宁夏、甘肃、青海、新疆 11 个省级区域。

续表

变　量	东部—中部	东部—西部	中部—西部	东部—东部	中部—中部	西部—西部
区域间资本密集度差异(DCI^t_{ijk})	0.187 *** (6.91)	0.183 *** (4.82)	0.049 * (1.69)	0.199 *** (3.83)	0.036 (1.24)	0.248 *** (4.60)
区域间技术密集度差异(DTI^t_{ijk})	1.185 *** (4.64)	0.486 (1.26)	70.28 (1.05)	0.304 (0.61)	1.409 *** (4.81)	0.682 (1.41)
规模经济水平差异(DSE^t_{ijk})	2.057 *** (4.58)	1.925 *** (4.01)	0.148 (0.32)	1.935 ** (2.54)	0.138 (0.21)	0.230 (0.30)
区域间双边价值链分工水平与空间距离交互项($NPA \times DIST^t_{ijk}$)	-0.175 (-1.34)	-0.005 (-1.51)	-0.077 (-1.20)	-0.029 (-0.13)	-0.840 (-0.67)	-0.137 (-0.68)
年份固定效应	是	是	是	是	是	是
地区固定效应	是	是	是	是	是	是
行业固定效应	是	是	是	是	是	是
常数	0.171 *** (19.52)	0.155 *** (11.65)	0.158 *** (21.83)	0.219 *** (12.86)	0.130 *** (16.41)	0.139 *** (10.18)
样本量	5724	4707	7053	1523	3927	2614
R^2	0.471	0.412	0.447	0.481	0.490	0.347
F 值	13.35	33.26	32.56	3.049	4.887	33.23

注:括号内为 t 值,*、** 及 *** 分别表示在 10%、5%及 1%的显著性水平上显著。

一方面,由于资源禀赋差异显著,东部沿海地区与中西部地区更适合开展区域间垂直专业化分工,如东部沿海地区充分发挥技术优势进行最终品制造,中西部地区基于资源优势及低成本优势提供初级材料、零部件等中间品配套。在国内价值链分工模式下,东部沿海地区企业通过生产关联效应和技术溢出效应,很大程度上能促进其上游配套供应商技术进步,由此缩小地区间的技术差距。

另一方面,在国内价值链分工及生产配套条件下,中西部地区生产要素进一步走向集聚,日益形成一些新的区域增长极,如中部地区的武汉、郑州、大连等;西部地区的重庆、成都、西安等,大量资本、人才、技术等高级生产要素向以上地区集聚,一定程度上导致了中西部地区内部技术差距的扩大。

第五节　国内价值链分工协调区域技术进步的政策启示

劳动分工及垂直专业化合作是技术进步的源泉，通过专业化深耕于某一生产环节或领域，很大程度上有利于规模经济的充分发挥和技术效率的提升。基于成本型 Malmquist 指数的 DEA 方法，本章从全要素生产率中分解出技术进步效应。通过 2002 年以来中国省级区域部门层面的技术进步效应核算，发现近年来东部沿海地区技术进步步伐有所停滞，中西部尤其是西部地区技术进步效率显著提升。

在此基础上，就参与国内价值链分工对技术进步效应的影响进行实证分析，结果表明国内价值链分工的开展很大程度上有利于中西部地区的技术进步，一定程度上推动了区域经济协调发展。为深入探讨该结论背后的机制原因，本章借鉴贸易引力模型的思路，从区域双边价值链分工对区域间技术差距影响进行分析，研究发现区域间双边价值链分工有利于缩小地区间技术差距，且分工主体间的地理距离越远，该影响愈发显著。进一步基于分工模式异质性就该问题进行探讨，研究发现东部沿海地区—中部地区分工和东部沿海地区—西部地区分工对缩小地区间技术差距相对有效，而其他分工模式对区域间技术差距的影响显著较弱。

以上研究结论可以得到若干启示，即应鼓励省级区域之间进一步打破区域市场壁垒和行政分割，积极参与国内垂直专业化分工。更重要的是，应积极扩大国内价值链分工的地理半径与深度广度，尤其是鼓励具有制造基础和技术优势的东部沿海地区更多着眼于国内外包和垂直专业化合作。而广大中西部地区应充分发挥资源能源禀赋及低成本优势，积极发展对东部沿海地区的生产配套。通过区域间生产关联和技术溢出效应，有效整合国内产业资源，从而有利于区域间技术水平的收敛。为此，进一步深入市场化改革、充分发挥市场资源配置功能显得更加有意义,破除如户籍制度等阻碍要素流动的体制机制,实现劳动力、资本、技术等要素的国内区域间自由流动,才能进一步扩大国内价值链分工的深度和广度,由此推动区域间技术差距收敛和协调发展。

第八章　国内价值链分工如何影响区域协调发展:资源配置的视角

经济增长理论表明一个国家和地区增长的动力源于三个方面:生产要素的数量、生产要素的质量、生产要素的配置效率。中国经济增长的成功之处在于,通过市场化改革和融入全球分工体系激活大量剩余与闲置要素,提升结构配置效率与全要素生产率,进而推动经济增长。那么就国内区域间垂直专业化分工视角而言,国内价值链分工对资源配置效率起着怎样的作用,其对区域间协调发展又意味着什么?

“劳动生产力上最大的增进,以及运用劳动时所表现的更大的熟练、技巧和判断力,似乎都是分工的结果”(A.Smith,1776)。在《国富论》中,斯密高度肯定了分工的作用,关于分工对资源配置效率的影响,他认为“由一种工作转到另一种工作,常要损失一些时间,因节省这种时间而得到的利益,比我们看到时所想象的大得多。不可能很快地从一种工作转到使用完全不相同工具而且在不同地方进行的另一种工作。耕作小农地的乡村织工,由织机转到耕地,又由耕地转到织机,一定要虚费许多时间。诚然,这两种技艺,如果能在同一厂坊内进行,那么时间上的损失,无疑要少得多,但即使如此,损失还是很大”(A.Smith,1776)。可见,垂直专业化分工很大程度上能优化资源配置,促进生产效率的提升。

既有关于资源配置效率的研究主要有两种思路:一种思路是资源配置效率的分解和核算。如奥莱和保凯斯(Olley 和 Pakes,1996)发展了基于一致半参数估计值方法,对企业层面的全要素生产率水平进行估算。梅利茨和波拉内克(Melitz 和 Polanec,2015)在考虑企业进入退出的资源再配置基础上对奥莱和保凯斯模型进一步动态分解,由此观察行业技术效率变化背后的资源配置情况。与直接核算思路不同的是,谢和克莱诺(Hsieh 和 Klenow,2009)、巴特尔斯曼等(Bartelsman 等,2007)基于不存在资源扭曲条件下,企业间生产效率趋于一致的假设,以企业生产效率的离散程度来衡量资源配置效率水平。聂辉华和贾瑞雪(2011)、杨汝岱(2015)、毛其淋和许家云(2017)运用以上方法就中国制造部门资源配置情况进行了经验分析和实证检验。

另一种思路是资源配置效率的决定和影响因素。如雷斯图恰和罗杰森(Restuccia 和 Rogerson,2008)把企业间生产效率差异归结为资源配置的结果,并着重分析政策因素对资源配置的影响;班纳吉和莫尔(Banerjee 和 Moll,2010)以融资约束为视角,发现金融信贷市场扭曲是导致企业要素使用效率低效的重要原因;邦德等(Bond 等,2013)研究了关税对企业资源配置及生产效率的影响,发现关税征收会导致资源配置扭曲,从而降低企业全要素生产率。

在以上文献基础上,本章以垂直专业化分工与资源配置效率为视角,研究中国国内价值链分工如何影响资源配置。首先介绍资源配置效率的理论分析框架,理论推导发现,全要素生产率可分解为平均技术进步水平及资源误置指数的组合,其中全要素生产率与资源误置指数成反比。在理论分析基础上,利用数据包络法(DEA)和 OP 法对企业全要素生产率及其方差进行测算,由此核算出中国各省级区域行业层面的资源配置效率,发现与中国加入 WTO 伊始相比,中国东部沿海地区的资源配置效率趋于恶化,相反中西部地区的资源配置效率出现改进。

为检验以上发现，通过构建实证计量模型，重点探讨参与国内垂直专业化分工对各省级区域行业层面资源配置效率的影响，发现嵌入国内价值链分工有利于行业资源配置效率的改善，且该影响在中西部地区更为明显。为进一步探讨该影响背后的机制原理，本章以产业集聚水平作为中介变量，通过构建中介变量模型检验，发现随着国内价值链嵌入程度的加深，内陆地区的产业布局更加集聚，由此推动行业资源配置效率的提升。

第一节　资源配置效率分解的理论分析框架

资源配置效率是指在一定技术水平条件下各投入要素在各产出主体间分配所产生的效益，假定技术条件不变，资源配置效率的改善能有效提升产出效率，相反，资源配置扭曲往往导致产出效率的下降。假定两个企业技术水平相当，生产效率较低的企业通过政治资源能获得更多信贷资源，而高效率企业却面临严重的融资约束。金融信贷资源配置扭曲的结果必然是影响整个行业的生产效率水平（Restuccia 和 Rogerson，2008）。类似的例子同样出现在劳动力市场如流通行业，假定政府加强了劳动用工限制，运营效率更高的超市可能遇到用工短缺，而生产效率较低但用工更加灵活的零售小店则很有可能加快发展（McKinsey Global Institute，1998）。因而很大程度上，全要素生产率的变动是技术进步与资源配置效率的共同结果。

参照谢和克莱诺（2009）的思路和做法，首先，假定完全竞争条件下的代表性企业生产某一最终品 Y，生产过程中使用了 S 种各行业提供的中间品 Y_S，该企业的生产技术符合科布—道格拉斯（C—D）生产函数，即：

$$Y = \prod_{S=1}^{S} Y_S^{\theta_S}，其中 \sum_{S=1}^{S} \theta_S = 1 \tag{8-1}$$

其中，θ_S 为中间品 Y_S 的产出弹性。按照成本最小化原则，有：

$$P_S Y_S = \theta_S P Y \tag{8-2}$$

其中,P_S 为各中间品的价格,而 P 为最终品价格,且 $P=\prod_{S=1}^{S}\left(\frac{Y_S}{\theta_S}\right)^{\theta_S}$。出于简便目的,用最终产品作为计价物表示中间产品的价格,因此可以设 $P=1$。

进一步假定中间品 Y_S 由若干生产异质性产品的企业 Y_{Si} 提供,且中间品总产出满足 CES 生产函数特征,即:

$$Y_S=\left(\sum_{i=1}^{M_S}Y_{Si}^{\frac{\sigma-1}{\sigma}}\right)^{\frac{\sigma}{\sigma-1}} \tag{8-3}$$

其中,M_S 为中间品制造行业 S 的企业数量,σ 为替代弹性,假定企业 Y_{Si} 的产出由全要素生产率(TFP)、劳动投入和资本投入所贡献且满足 C—D 生产函数特征,即:

$$Y_{Si}=A_{Si}K_{Si}^{\alpha_S}L_{Si}^{1-\alpha_S} \tag{8-4}$$

其中,A_{Si} 表示行业 S 企业 i 的全要素生产率,K_{Si} 和 L_{Si} 分别表示其资本投入和劳动投入,α_S 和 $1-\alpha_S$ 为行业 S 的资本和劳动产出弹性。

为把资源配置效率纳入传统生产函数,假定行业 S 企业 i 的产出资源误置指数为 τ_{YSi},显然企业当面临过多政府管制或过高交易成本时,该指数上升,而收到政府补贴则意味着该指数下降。同样假定行业 S 企业 i 的产出资源误置指数为 τ_{KSi},当企业的融资约束明显时,该指数上升,而通过政治关系获得低息便利贷款时,该指数下降。因而行业 S 企业 i 的利润函数可以表述为:

$$\pi_{Si}=(1-\tau_{YSi})P_{Si}Y_{Si}-wL_{Si}-(1+\tau_{KSi})rK_{Si} \tag{8-5}$$

其中,w、r 分别为劳动报酬和资本租金率,在不存在扭曲的情况下,企业面临相同的劳动和资本价格。按照利润最大化原则,并联立式(8-4),可以得到企业的最优定价,即:

$$P_{Si}=\frac{\sigma}{\sigma-1}\left(\frac{r}{\alpha_S}\right)^{\alpha_S}\left(\frac{w}{1-\alpha_S}\right)^{1-\alpha_S}\frac{(1+\tau_{KSi})^{\alpha_S}}{A_{Si}(1-\tau_{YSi})} \tag{8-6}$$

在此基础上,进一步推导出企业的资本—劳动投入比、劳动要素最优投入规模,以及最优产出水平,即:

$$\frac{K_{Si}}{L_{Si}} = \frac{\alpha_S}{1 - \alpha_S} \times \frac{w}{r} \times \frac{1}{1 + \tau_{KSi}} \quad (8-7)$$

$$L_{Si} \propto \frac{A_{Si}{}^{\sigma-1} (1 - \tau_{YSi})^{\sigma}}{(1 + \tau_{KSi})^{\alpha_S(\sigma-1)}} \quad (8-8)$$

$$Y_{Si} \propto \frac{A_{Si}{}^{\sigma} (1 - \tau_{YSi})^{\sigma}}{(1 + \tau_{KSi})^{\alpha_S \sigma}} \quad (8-9)$$

由式(8-8)和式(8-9)可见,企业的劳动要素配置规模及最优产出水平不仅取决于全要素生产率水平,还与其面临的资源误置程度息息相关。而由式(8-7)表明,企业的资本—劳动投入比取决于要素价格、产出弹性以及资源误置程度,而与全要素生产率无关。

在此基础上,进一步推导出企业劳动投入和资本投入的边际产出价值,即:

$$MRPL_{Si} = \frac{\partial(P_{Si}Y_{Si})}{\partial L_{Si}} = (1 - \alpha_S)\frac{\sigma - 1}{\sigma} \times \frac{P_{Si}Y_{Si}}{L_{Si}} = \frac{w}{1 - \tau_{YSi}} \quad (8-10)$$

$$MRPK_{Si} = \frac{\partial(P_{Si}Y_{Si})}{\partial K_{Si}} = \alpha_S \frac{\sigma - 1}{\sigma} \times \frac{P_{Si}Y_{Si}}{K_{Si}} = \frac{r(1 + \tau_{KSi})}{1 - \tau_{YSi}} \quad (8-11)$$

为得出全要素生产率与两种资源误置指数的关系,有必要求解出两种要素跨部门配置的均衡解,因而有:

$$L_S = \sum_{i=1}^{M_S} L_{Si} = L \frac{(1 - \alpha_S)\,\theta_S / \overline{MRPL_S}}{\sum_{S'=1}^{S} (1 - \alpha_S{}')\,\theta_S{}' / \overline{MRPL_S{}'}} \quad (8-12)$$

$$K_S = \sum_{i=1}^{M_S} K_{Si} = K \frac{\alpha_S \theta_S / \overline{MRPK_S}}{\sum_{S'=1}^{S} \alpha_S{}' \theta_S{}' / \overline{MRPK_S{}'}} \quad (8-13)$$

其中,L_S、K_S 分别为均衡状态下行业 S 的劳动投入规模和资本投入规模,行业劳动投入和资本投入的平均边际产出价值分别为:

$$\overline{MRPL_S} = \frac{w}{\left[\sum_{i=1}^{M_S}(1-\tau_{YSi})\frac{P_{Si}Y_{Si}}{P_SY_S}\right]} \tag{8-14}$$

$$\overline{MRPK_S} = \frac{r}{\left[\sum_{i=1}^{M_S}\frac{(1-\tau_{YSi})}{(1+\tau_{KSi})}\frac{P_{Si}Y_{Si}}{P_SY_S}\right]} \tag{8-15}$$

由于结合式(8-1)和式(8-4),最终品的生产函数又可以表示为:

$$Y = \prod_{S=1}^{S}(A_SK_S^{\alpha_S}L_S^{1-\alpha_S})^{\theta_S} \tag{8-16}$$

因而行业 S 企业 i 产出的全要素生产率为:

$$TFP_{Si} = A_{Si} = \frac{Y_{Si}}{K_{Si}^{\alpha_S}L_S^{1-\alpha_S}} \tag{8-17}$$

在此基础上,参照谢和克莱诺(2009)的思路引入收益的全要素生产率为:

$$TFPR_{Si} = P_{Si}A_{Si} = \frac{P_{Si}Y_{Si}}{K_{Si}^{\alpha_S}L_S^{1-\alpha_S}} \tag{8-18}$$

联立式(8-10)、式(8-11)和式(8-18),*TFPR* 的表达式可以表述为:

$$TFPR_{Si} = \frac{\sigma}{\sigma-1}\left(\frac{MRPK_{Si}}{\alpha_S}\right)^{\alpha_S}\left(\frac{MRPL_{Si}}{1-\alpha_S}\right)^{1-\alpha_S} = \frac{\sigma}{\sigma-1}\left(\frac{r}{\alpha_S}\right)^{\alpha_S}\left(\frac{w}{1-\alpha_S}\right)^{1-\alpha_S}\frac{(1+\tau_{KSi})^{\alpha_S}}{1-\tau_{YSi}} \tag{8-19}$$

可见,当要素价格相同即资源配置最优时,企业间的 *TFPR* 趋于相等,而当存在资源配置扭曲时,企业间的 *TFPR* 会出现较大差异。因而可以企业间 *TFPR* 的离散程度即方差来衡量行业的资源配置水平。

基于以上思路,行业的全要素生产率可重新表示为:

$$TFP_S = \left[\sum_{i=1}^{M_S}\left(A_{Si}\frac{\overline{TFPR_S}}{TFPR_{Si}}\right)^{\sigma-1}\right]^{\frac{1}{\sigma-1}} \tag{8-20}$$

其中,$\overline{TFPR_S}$ 为行业企业间 *TFPR* 的均值,即:

$$\overline{TFPR_S} = \frac{\sigma}{\sigma - 1}\left(\frac{\overline{MRPK_{Si}}}{\alpha_S}\right)^{\alpha_S}\left(\frac{\overline{MRPL_{Si}}}{1 - \alpha_S}\right)^{1-\alpha_S}$$

$$= \frac{\sigma}{\sigma - 1}\left[\frac{r}{\left(\alpha_S \sum_{i=1}^{M_S} \frac{1 - \tau_{YSi}}{1 + \tau_{KSi}} \times \frac{P_{Si}Y_{Si}}{P_S Y_S}\right)}\right]^{\alpha_S}\left\{\frac{w}{\left[(1 - \alpha_S)\sum_{i=1}^{M_S}(1 - \tau_{YSi})\frac{P_{Si}Y_{Si}}{P_S Y_S}\right]}\right\}^{1-\alpha_S}$$

（8-21）

当 $\overline{TFPR_S} = TFPR_{Si}$ 时，有

$$TFP_S = \overline{A_{Si}} = \left(\sum_{i=1}^{M_S} A_{Si}{}^{\sigma-1}\right)^{\frac{1}{\sigma-1}} \quad (8\text{-}22)$$

表明不存在资源配置扭曲条件下，每个企业的全要素生产率都趋近于行业平均水平。在此基础上，对式（8-20）两边取对数并对其进行联合对数正态分布展开，式（8-20）可渐进表示为：

$$\ln TFP_S = \frac{1}{\sigma - 1}[\ln M_S + \ln E(A_{Si}{}^{\sigma-1})] - \frac{\sigma}{2}\mathrm{var}(\ln TFPR_{Si}) - \frac{\alpha_S(1 - \alpha_S)}{2}\sigma_K^2$$

（8-23）

可见，行业的全要素生产率可分解为行业的平均技术进步水平，以及资源误置指数的组合。其中行业的全要素生产率与其平均技术进步水平成正比，而与资源误置指数成反比，即资源扭曲程度越明显，行业全要素生产率越低，相反随着资源配置效率优化，行业全要素生产率将显著提升。

第二节　中国省级区域资源配置效率的特征事实

前文的分解模型及理论分析表明，全要素生产率由技术进步水平及资源配置效率共同决定，资源配置效率可以企业间全要素生产率的方差来衡量，不存在资源扭曲条件下，企业间全要素生产率应趋于一致即行业平均水平。

基于以上理论界定及分解思路，国内外学者陆续就资源配置效率进行核

算和实证研究。如谢和克莱诺(2009)利用中国、印度和美国企业层面数据,综合考虑到企业所有权属性、企业年龄、经营规模等因素情况下,就各国工业企业的资源配置效率进行了核算。龚关和胡关亮(2013)在对谢和克莱诺(2009)方法改进的基础上,就中国制造业国有企业与非国有企业的效率问题、出口型企业与非出口型企业的效率问题,及中国三大区域生产率的关系进行了探讨。聂辉华和贾瑞雪(2011)沿用以上思路,从分年度、分所有制、分区域、分行业等维度就中国制造业的资源配置情况进行了实证分析。此外,杨汝岱(2015)、毛其淋和许家云(2017)则是采用梅利茨和波拉内克(2015)的 TFP 变化分解思路,就中国制造部门的全要素生产率情况开展研究。

一、　资源配置效率的核算思路及方法

与已有文献相比,本章借鉴谢和克莱诺(2009)的思路,以要素生产率的方差来衡量资源配置效率。

基于谢和克莱诺(2009)的思路,在要素资源自由流动条件下,如果不存在任何扭曲,所有企业的全要素生产率应该相等,既有文献也以此为依据进行了许多深入研究。但事实上,要素资源的自由流动往往难以成立,其理由:一是由于地理迁移的成本(包括物质成本和精神成本)较大、户籍制度限制等因素,劳动力跨地区流动并不充分或者流动的空间范围有限。二是由于某些职业技能的专用性较强,劳动力跨行业流动的难度较大。三是出于资产专用性,某些资本要素跨行业流动也难以实现。四是考虑到一定程度存在的区域行政壁垒和市场分割,资源要素的跨区域流动仍然存在限制。因而,以跨行业、跨地区企业的全要素生产率方差来衡量资源配置效率可能会存在较大偏误,而以此思路来衡量同一地区行业内资源配置效率将更加准确。

鉴于此,本章主要着眼于中国省级区域行业内资源配置效率的测算与经验分析。相对于跨区域、跨行业而言,同一省级区域的行业内要素流动更加自由,如果资源配置不存在扭曲,企业间的全要素生产率应趋于行业平均水平,

因而以企业全要素生产率的方差来度量该行业的资源配置效率(Allocative Efficiency Change, AEC),即:

$$AEC_S = \mathrm{var} TFP_{Si} \tag{8-24}$$

其中,TFP_{Si} 为行业 S 企业 i 产出的全要素生产率①,AEC_S 表示行业 S 的资源配置效率。可见,行业内资源配置效率的测度关键在于对企业全要素生产率的核算。为保障核算结果的稳健性,分别采用数据包络法(DEA)和奥莱和保凯斯(1996)方法(OP)对企业全要素生产率进行测算。

(一)基于数据包络法(DEA)的企业全要素生产率核算

如前所述,采用基于成本最小化原则的成本 Malmquist 指数对企业全要素生产率进行核算。即从 t 期到 $t+1$ 期的成本 Malmquist 指数为:

$$CM = \left[\frac{w^t x^{t+1}/C^t(\mathrm{y}^{t+1}, w^t)}{w^t x^t/C^t(\mathrm{y}^t, w^t)} \times \frac{w^{t+1} x^{t+1}/C^{t+1}(\mathrm{y}^{t+1}, w^{t+1})}{w^{t+1} x^t/C^{t+1}(\mathrm{y}^t, w^{t+1})}\right]^{1/2} \tag{8-25}$$

与传统 Malmquist 指数类似,$CM < 1$ 表示生产率的改进,反之,$CM > 1$ 则代表生产率的退步。

在此基础上,利用各年度中国工业企业统计数据库对企业层面的全要素生产率进行分解。产出以企业的工业增加值来衡量。投入要素则包括劳动力、资本和中间品三种,其中借鉴谢和克莱诺(2009)的做法,为控制劳动力素质差异,以年应付工资来衡量劳动力投入;以永续盘存法测算的行业固定资产年均净值来衡量各省级区域行业层面的资本投入,即 $K_t = I_t/P_t + (1-\delta)K_{t-1}$,其中 K_t、K_{t-1} 分别为 t 期和 $t-1$ 期的实际资本存量,I_t 是名义固定资产投资,P_t 为固定资产投资价格指数,按照各省固定资产价格平减指数统一为 2000 年的价格,δ 是资产年折旧率,按照张军等(2004)的处理方法取

① 谢和克莱诺(2009)等文献提出以带有产品价格维度的收益全要素生产率 X^{RR} 的方差来衡量要素配置效率。但正如陆铭和向宽虎(2014)所述,我们在估计 TFP 时,对生产函数中的 Y 度量用的是增加值,是一个产值的概念。同时我们也没办法得到每个企业的产品销售价格,因而采用忽略产品价格差异的 X^{RS} 指标对行业内资源配置效率进行核算。

δ 为 9.6%，数据来源于各年度的《中国统计年鉴》；以企业中间投入合计衡量中间品投入规模。

（二）基于 OP 法的企业全要素生产率核算

按照奥莱和保凯斯（1996）的思路，在考虑企业进入和退出的动态情况下，企业退出抑或是存续经营取决于其生产效率状况的自选择，即在给定企业年龄 a_t 及资本存量 k_t 条件下，如全要素生产率 ω_t 高于某一临界值 $\underline{\omega}_t$，企业选择继续经营，反之则选择退出。在此自选择原则下的企业最优投资规模为：

$$i_t = i_t(\omega_t, a_t, k_t) \tag{8-26}$$

其中，资本存量 k_t 按照永续盘存法核算，即 $k_t = (1-\delta)k_{t-1} + i_t$，其中 k_t、k_{t-1} 分别为 t 期和 $t-1$ 期的实际资本存量，δ 表示折旧率，i_t 是名义固定资产投资。

在以上假定基础上，设定以科布—道格拉斯（C—D）生产技术生产同质产品企业的生产函数形式为：

$$y_{it} = \beta_0 + \beta_a a_{it} + \beta_k k_{it} + \beta_l l_{it} + \omega_{it} + \eta_{it} \tag{8-27}$$

其中，ω_t 为全要素生产率、η_{it} 为测量误差或未被预测到的生产效率冲击。然而如采用 OLS 法对式（8-27）估计会产生两个内生性问题：一是联立性问题。至少一部分 TFP 在某个足够早的时刻会被企业感受到并影响企业的要素投入决策。这意味着误差项与解释变量相关，此时简单的 OLS 估计是有偏的。二是样本选择问题。留在市场上的企业都是生产率更高的企业，而生产率更低的企业会被淘汰，因此仅仅根据在位企业样本来估计 TFP，会高估企业的 TFP。

此外，由式（8-26）可以求出全要素生产率 ω_t 的表达式：

$$\omega_t = i_t(i_t, a_t, k_t) \tag{8-28}$$

联立式(8-27)和式(8-28),可得:

$$y_{it}=\beta_l l_{it}+\varphi_t(i_t,a_t,k_t)+\eta_{it} \tag{8-29}$$

可见,式(8-29)为一个半参数回归方程,它解决了联立性问题。此外,为解决样本选择问题基础上估计参数 β_l 和 φ_t ,还需要估计企业的存续概率方程:

$$\begin{aligned} Pr\{\chi_{t+1}=1 \mid \underline{\omega}_{t+1}(k_{t+1},a_{t+1}),J_{it}\} &= Pr\{\omega_{t+1}\geqslant \underline{\omega}_{t+1}(k_{t+1},a_{t+1}) \mid \underline{\omega}_{t+1}(k_{t+1},a_{t+1}),\omega_t\} \\ &=\rho_t\{\underline{\omega}_{t+1}(k_{t+1},a_{t+1}),\omega_t\}=\rho_t(i_t,a_t,k_t)=P_t \end{aligned} \tag{8-30}$$

其中,J 表示当期的全部信息。在此基础上,采用四阶多项式可以估计出参数 β_l 和 φ_t ,利用 Probit 模型可以求出企业退出存续概率 P_t 。进一步联立式(8-29)和式(8-30),通过最小化残差平方和得到参数 β_a 和 β_k ,进而通过索洛余值法求出全要素生产率 TFP,即:

$$TFP_{it}^{OP}=exp(y_{it}-b_l l_{it}-b_k k_{it}-b_a a_{it}) \tag{8-31}$$

可见,OP 法的实质是假定投资和产出之间存在严格单调的关系,而将投资作为生产效率的工具变量,它这意味着投资为 0 的观测值都会被剔除。为了解决这个问题,莱文森和彼得林(Levinsohn 和 Petrin,2003)使用中间投入作为生产率的代理变量,毕竟相对投资而言,中间投入为 0 的观测值更少。但 LP 方法并未解决样本选择问题,而且有时会出现中间投入的斜率为 1 的无效情况。考虑到中国工业企业数据库中企业的进入和退出比较普遍(平均每年超过 10%),即样本选择问题不可忽视,因此本章倾向选择 OP 法估计企业 TFP。

二、 中国省级区域行业内资源配置效率的核算

基于上述两种企业全要素生产率的核算方法,首先对各年度中国工业企业数据库的存续企业进行匹配,由此测算出 2002 年和 2007 年中国 30 个省(自治区、直辖市)同一行业所有企业的全要素生产率及其分布状况。在此基础上统

计出行业内各企业全要素生产率的方差,由此核算出资源配置效率情况。

借鉴谢和克莱诺(2009)、聂辉华和贾瑞雪(2011)的做法,以企业间全要素生产率的标准差度量行业内全要素生产率的离散程度,该指标取值越小,则表示资源配置效率越高,反之则越低。

第一,从横向比较的角度,图 8-1 显示了 2007 年中国各省级区域纺织业资源配置效率情况,可见各省级区域的资源配置效率呈现出明显的“东高西低”特征,即资源配置效率较高的地区主要为广东、浙江、江苏、山东、上海等东部沿海地区,而广大中西部地区的资源配置效率相对较低。

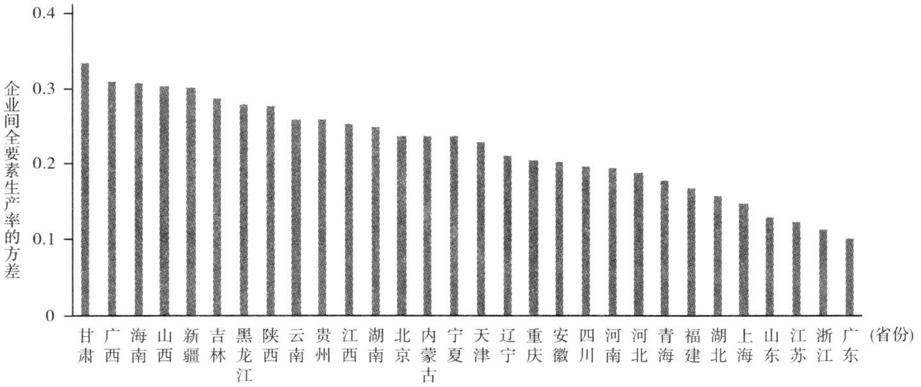

图 8-1 2007 年中国各省级区域纺织部门的资源配置效率情况

注:由于统计数据所限,笔者采用的是 30 个省(自治区、直辖市)30 个部门地区间投入产出表,此处不包含西藏数据。

资料来源:笔者计算而得。

第二,从纵向比较的角度,图 8-2 显示了中国各省级区域纺织业资源配置效率的动态变化情况,其中左图是 DEA 法的测算结果,而右图是 OP 法的测算结果。实线曲线表示 2002 年各省市纺织行业企业间全要素生产率的标准差分布,虚线曲线则表示 2007 年的标准差分布。可见相对于 2002 年,两种方法测算的 2007 年标准差分布图均出现向右移动趋势,表明企业间全要素生产率的标准差有所降低,即资源配置效率出现改善。

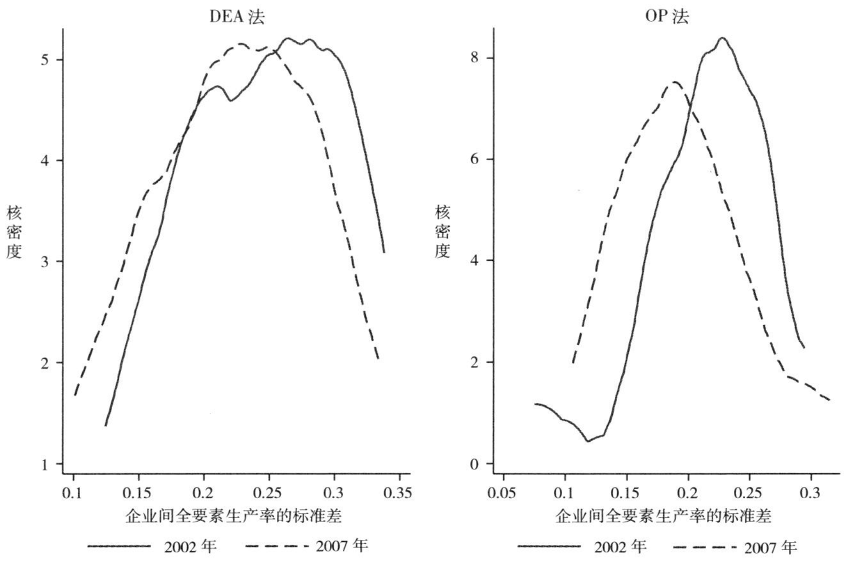

图 8-2 中国各省级区域纺织部门资源配置效率的动态变化情况

资料来源:笔者计算而得。

为验证该结论的稳健性,以及探讨中国纺织部门资源配置效率优化的特征,借鉴谢和克莱诺(2009)、聂辉华和贾瑞雪(2011)的做法,以 90%分位企业的全要素生产率与 10%分位企业的全要素生产率之比衡量行业内全要素生产率的离散程度,即($AEC_S = TFP_{si}^{90}/TFP_{si}^{10}$),由此分析中国各省市资源配置效率变化的区域分布差异。

图 8-3 显示了两种方法核算的近年来中国各省级区域纺织业资源配置效率变化情况,横轴表示 OP 法测算的 2007 年该行业资源配置效率与 2002 年配置效率变化之比($AEC_s^{2007}/AEC_s^{2002}$),而纵轴是 DEA 法的测算结果,由此度量各省级区域资源配置效率的动态变化。由于 AEC_S 即企业间全要素生产率离散程度越大意味着资源配置效率较低,反之则代表资源配置效率较高。因而坐标值小于 1 代表与前期相比资源配置效率明显改善,大于 1 则表示资源配置效率不如前期显著。第一象限表示两种方法测算的资源配置效率较前

期均得到了改善,第三象限代表两种方法的测算结果较前期都出现了恶化趋势,靠近对角线的点表示两种核算方法的结果趋于一致,而第二象限和第四象限的点表示两种方法的核算结果恰好相反。

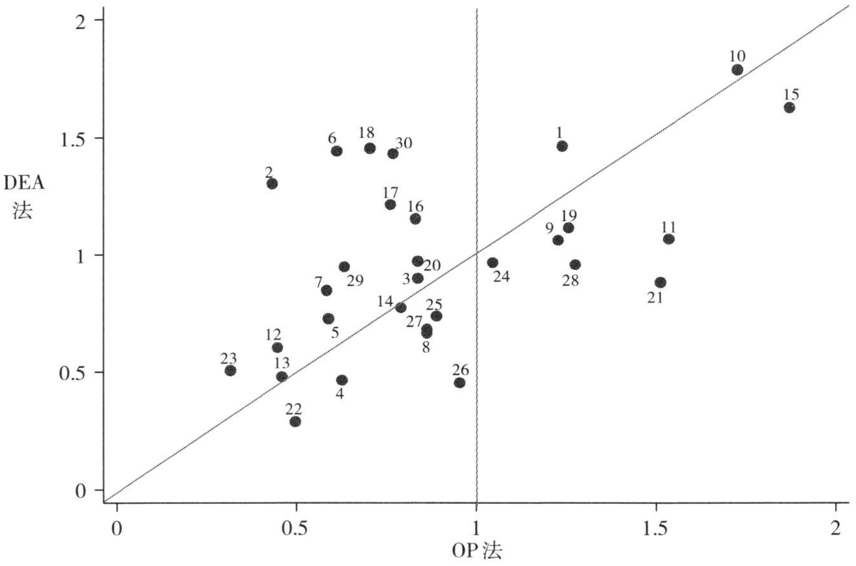

图 8-3　中国各省级区域纺织部门资源配置效率动态变化的区域分布差异

注:图中数字分别代表各省级区域:1(北京)、2(天津)、3(河北)、4(山西)、5(内蒙古)、6(辽宁)、7(吉林)、8(黑龙江)、9(上海)、10(江苏)、11(浙江)、12(安徽)、13(福建)、14(江西)、15(山东)、16(河南)、17(湖北)、18(湖南)、19(广东)、20(广西)、21(海南)、22(重庆)、23(四川)、24(贵州)、25(云南)、26(陕西)、27(甘肃)、28(青海)、29(宁夏)、30(新疆),由于统计数据所限,笔者采用的是 30 个省(自治区、直辖市)30 个部门地区间投入产出表,此处不包含西藏数据。

资料来源:笔者计算而得。

由图 8-3 可以得出几点结论:第一,大部分样本位于第一象限和第三象限,表明两种方法的核算结果趋于稳健和一致。第二,第三象限的样本多于第一象限,表明更多省市 2007 年的资源配置效率趋于优化。第三,就第一象限和第三象限的地区分布来看,资源配置效率恶化(第一象限)的样本为江苏、山东、北京、浙江、广东和上海等东部沿海地区,而资源配置效率优化(第三象限)样本主要包括重庆、四川、安徽、山西、内蒙古等中西部地区,由此表明,中国纺织部门资源配置优化主要源于中西部地区配置效率的改进。①

第三节 国内价值链分工与资源配置效率的经验分析

前文介绍了资源配置效率的理论分解框架,在提出资源配置效率核算方法的基础上,同时通过 DEA 法和 OP 法对中国各省级区域纺织部门的资源配置效率及其动态变化情况进行了核算。统计结果显示相对于东部沿海地区,中西部地区的资源配置效率显著改进,由此带动中国资源配置效率的提升。然而,资源配置效率的区域异质性与国内价值链分工是否相关?参与国内垂直专业化分工怎样影响区域资源配置效率?

一、 计量模型设定及指标说明

在考虑国内价值链分工、市场规模、外资进入等因素的基础上,利用 2002 年和 2007 年两年数据构建影响区域资源配置效率的差分模型如下:

$$\Delta \ln AEC_{ik} = b_0 + b_1 \Delta \ln NPA_{ik} + b_2 \Delta \ln X_{ik} + e_{ik} \tag{8-32}$$

其中,下标 i 表示地区、k 代表行业,NPA 为核心解释变量,X 为其他控制变量。

(一)被解释变量

部门资源配置效率(AEC_{ik})以地区 i 行业 k 的资源配置效率即该行业企

① 值得注意的是,陆铭和向宽虎(2014)使用同样的方法把中国分为东部地区、中部地区和西部地区三组,得到的结论是东部地区资源配置效率改善,而中西部地区出现恶化趋势。该结果与本章不同可能归因于样本分类的精细程度,陆铭和向宽虎(2014)的结论基于中国三大地区所有行业加总的测度,与此不同的是,本章以 30 个省级区域为研究对象,并且对制造业进行了行业细分。

业全要素生产率的标准差衡量其资源配置效率，该值越小意味着行业资源配置效率越高。考虑到国内价值链嵌入水平与资源配置效率可能存在双向因果关系，以及遗漏变量导致的内生性问题，本章考察国内价值链嵌入水平的滞后一期影响效应，即检验地区 i 行业 k 的国内价值链嵌入水平对该行业下一年资源配置效率的影响。

（二）解释变量

1. 国内价值链嵌入度（NPA_{ik}）

以地区 i 行业 k 的国内价值链嵌入度衡量该部门参与国内垂直专业化分工的程度，数据来源为相应年度中国省际间投入产出表与 WIOD 数据库的匹配。

2. 本地市场潜能（*Local Market Potential*，LMP_{ik}）

市场空间大小是影响资源配置效率的重要因素。以本地市场潜能来度量各区域内部市场的潜在市场容量，以此考察区域市场空间对当地工业部门资源配置效率的影响。本章在哈里斯（Harris，1954）提出的国内市场潜能（Domestic Market Potential，*DMP*）基础上，剔除其他地区对本地市场需求的贡献，以突出基于本地收入增长的潜在市场空间。此外，考虑到本地需求的行业异质性，以各行业的市场需求规模（包括对本地区及其他地区的中间品及最终品需求总和）替代笼统概念的地区生产总值，因而 $LMP_{ik} = COM_{ik}/D_{ii}$。其中 LMP_{ik} 为地区 i 行业 k 的本地市场潜能，COM_{ik} 为地区 i 行业 k 的市场需求规模，数据来源于中国省际间投入产出表。D_{ii} 为地区 i 的内部距离，参照雷丁和维纳布尔斯（Redding 和 Venables，2004）的做法，取本地区地理半径的三分之二作为内部距离，即 $D_{ii} = \frac{2}{3}\sqrt{S_i/\pi}$，$S_i$ 为地区 i 的陆地面积。

3. 市场化水平（MRT_{ik}）

市场是实现资源配置优化的最佳机制，通常国有垄断特征明显的行业具有较强的市场进入和退出壁垒。以各部门国有及国有控股工业企业工业总产值占比来衡量该行业的市场化壁垒,以此分析市场垄断程度如何影响各产业部门的资源配置效率,数据来源于相应年度的《中国工业经济统计年鉴》。

4. 外资进入规模(FDI_{ik})

以各时期行业所有者权益中港澳台资本及外商资本存量之和占总产出比重年均值来衡量,以此来探讨外资进入如何影响行业的资源配置效率,为避免对数取值为0的情况,以 $FDI_{ik}+1$ 来衡量各行业的外资进入规模,数据来源于相应年度的《中国工业经济统计年鉴》。

5. 规模经济水平(Scale Economy, SE_{ik})

以企业的平均产出规模来衡量行业的规模经济水平,即行业规模经济=行业总产值/行业企业数量×100%,以此来探讨行业规模经济水平如何影响其资源配置效应,数据来源于相应年度的《中国工业经济统计年鉴》。

6. 国内价值链嵌入度与地理区位的交互项($NPA \times DIST_{ik}$)

为细分不同地理区位产业部门国内价值链嵌入与资源配置效率的关系,引入国内价值链嵌入度与地理区位的交互项。参照许政等(2010)、陆铭和向宽虎(2012)的思路,以省会城市距三大港口(天津、上海和香港)的最近距离来衡量其地理区位。为剔除地形的影响,采用公路距离来衡量,数据来源为当年的中国公路交通里程图册。

二、 基准回归分析

在建立计量模型基础上,首先采用FGLS估计方法就国内价值链嵌入对其资源配置效率的影响进行实证分析,由表8-1的基准回归可得到以下结论。

第一,国内价值链嵌入与企业间全要素生产率的离散程度表现出负相关关系,即对于省级区域行业层面而言,随着参与国内垂直专业化分工程度的加深,其资源配置效率趋于改善。且加入控制变量后该相关性逐渐显著,表明更多嵌入国内垂直专业化分工,有利于部门资源配置效率的提升。此外,本章更加关注的是该相关关系如何随着地理空间距离变动,由国内价值链嵌入度与地理区位的交互项估计系数符号可以看出,越是远离港口的中西部地区,参与国内价值链分工对改善部门资源配置效率的贡献越明显,中西部地区资源配置效率改进很大程度上依赖于国内垂直专业化分工。可能的解释在于,由于区位条件限制,中西部地区更多融入的是国内价值链分工,参与国内垂直专业化分工很大程度上扩大了中西部地区的市场空间,促进资源要素在更大地理空间范围内的自由流动和配置优化。

第二,就控制变量而言,本地市场潜能与资源配置效率呈现出稍弱的负相关关系,表明本地市场规模的扩大,能有效促进资源配置效率。市场化壁垒与资源配置效率表现出一定程度的正相关,意味着市场垄断不利于资源配置效率的提升。同样,外资进入规模与资源配置效率也呈现出稍弱的正相关关系,表明外资进入一定程度上加剧了国内资源配置扭曲。此外,规模经济水平与资源配置效率表现出显著的正相关,说明提升规模经济水平很大程度上是优化资源配置效率的有效途径。

表 8-1　国内价值链分工对其资源配置效率影响的基准回归

变　量	AEC_{ik}	AEC_{ik}	AEC_{ik}
国内价值链嵌入度(NPA_{ik})	-0.019 (-1.03)	-0.021* (-1.84)	-0.020* (-1.86)
本地市场潜能(LMP_{ik})	—	-0.019 (-1.36)	-0.002 (-1.04)
市场化水平(MRT_{ik})	—	0.035 (1.42)	0.036 (1.40)
外资进入规模(FDI_{ik})	—	0.052 (1.43)	0.052 (1.45)
规模经济水平(SE_{ik})	—	-0.134** (-2.25)	-0.153** (-2.56)
国内价值链嵌入度与地理区位交互项($NPA \times DIST^{t}_{ik}$)	—	—	-0.001* (-1.78)

续表

变　量	AEC_{ik}	AEC_{ik}	AEC_{ik}
地区固定效应	是	是	是
行业固定效应	是	是	是
常数	0.140*** (4.99)	0.103** (2.54)	0.108*** (2.60)
样本量	420	420	420
R^2	0.13	0.17	0.18
F 值	10.54	20.54	21.91

注：括号内为 t 值，*、** 及 *** 分别表示在 10%、5%及 1%的显著性水平上显著。

三、 稳健性检验与内生性情况讨论

从理论上来说，产业部门的国内价值链嵌入程度与其资源配置效率可能存在双向因果关系，由此将导致内生性问题。为尽量降低内生性问题导致的估计有偏，本章的处理方法为：一是在计量模型设定方面，采用差分方程模型研究国内价值链嵌入程度与资源配置效率的关系；二是核心解释变量采用滞后一期值，即分析国内价值链嵌入程度对其下一年资源配置效率的影响。

此外，为进一步验证基准估计结果的稳健性，采用三种方法进行检验：一是使用稳健性最小二乘法对式(8-32)进行再估计。二是借鉴库普曼等(2010)对国内价值链嵌入度进行重新估算，即 $NPA_{ik} = \frac{\sum_k (iv1n_{ik} + iv2n_{ik} + vr1n_{ik} + vr2_{ik})}{\sum_k X_{ik}} + \frac{\sum_k fv1n_{ik}}{\sum_k X_{ik}}$，其中 X_{ik} 为地区 i 行业 k 参与 NVC 间接实现的国内流出总额。三是剔除四大直辖市样本对式(8-32)进行再估计。

表 8-2 的稳健性检验结果表明，与基准回归相比较，各解释变量的符号及显著性基本一致，表明模型估计结果是稳健的，即嵌入国内价值链分工有利于资源配置效率的提升，且该效应在中西部地区更加显著。

表 8-2　国内价值链分工对其资源配置效率影响的稳健性检验

变　量	AEC_{ik}	AEC_{ik}	AEC_{ik}
国内价值链嵌入度(NPA_{ik})	-0.037 (-1.23)	-0.174*** (-2.99)	-0.162** (-2.43)
本地市场潜能(LMP_{ik})	-0.033 (-1.56)	-0.028 (-1.55)	-0.026 (-1.48)
市场化水平(MRT_{ik})	0.041 (1.51)	0.041 (1.62)	0.036 (1.19)
外资进入规模(FDI_{ik})	0.050 (1.42)	0.0460 (1.32)	0.050 (1.28)
规模经济水平(SE_{ik})	-0.178*** (-3.10)	-0.117* (-1.97)	-0.132** (-2.13)
国内价值链嵌入度与地理区位的交互项($NPA \times DIST_{ik}^{l}$)	-0.001 (-1.56)	-0.001 (-0.77)	-0.001 (-1.07)
地区固定效应	是	是	是
行业固定效应	是	是	是
常数	0.125 (1.47)	0.166** (2.44)	0.184** (2.45)
样本量	420	420	324
R^2	0.25	0.44	0.40
F 值	30.55	35.72	30.28

注:括号内为 t 值,*、** 及 *** 分别表示在 10%、5%及 1%的显著性水平上显著。

第四节　国内价值链分工与资源配置效率的机制原因分析

如前文所述,国内价值链分工有利于资源配置效率提升,且该影响体现出明显的区域异质性,为深入揭示其背后的机制原因,本节进一步分析中国各省级区域内部资源配置情况。

一、 中国省级区域行业层面的空间集聚特征

按照亨德森(Henderson,1974)、藤田(Fujita,1988)、克鲁格曼(1991)的贸易分工和新经济地理学说,工业布局在地理空间上往往表现出集聚特征,其解释为在收益递增和规模经济作用下,产业集聚的地区意味着更广阔的市场空间、充裕的人力资本、旺盛的消费能力和低廉的运输成本,由此形成的正反馈效应加速推动资源要素的空间集聚。

基于以上思路,本节利用中国工业企业数据库的微观数据,核算出2002—2007年中国省级区域(剔除四个直辖市)细分行业首位集聚城市①的集聚水平。图8-4显示了以纺织业和电子光学及仪器仪表制造行业为例的各省级区域首位集聚城市集聚水平②的变化情况,其中第一象限表示两大行业首位集聚城市的集聚水平同时提升,即以上省级区域产业布局更加集聚。相反,第三象限反映两大行业首位集聚城市的集聚水平同时下降,即以上省级区域产业布局更加分散。第二象限表示纺织行业首位集聚城市的集聚水平出现提升,而电子光学行业首位集聚城市的集聚水平有所下降。第四象限则表示电子光学行业首位集聚城市的集聚水平出现提升,而纺织行业首位集聚城市的集聚水平有所下降。

由图8-4可见,大部分样本分布于第一象限和第三象限,其中第一象限样本主要为青海、黑龙江、山西、云南、陕西等中西部地区,表明以上地区产业空间布局的集聚程度明显提升;而山东、广东、江苏、浙江等东部沿海地区均分布于第三象限,表明以上地区的产业布局更加趋于分散。

---

① 即省级区域各细分行业最为集聚的地级城市,本章采用两种口径统计集聚水平:一是该城市的销售产值占全省比重;二是该城市的工业产值占全省比重。

② 此处采用的是城市的销售产值占全省比重的衡量口径。

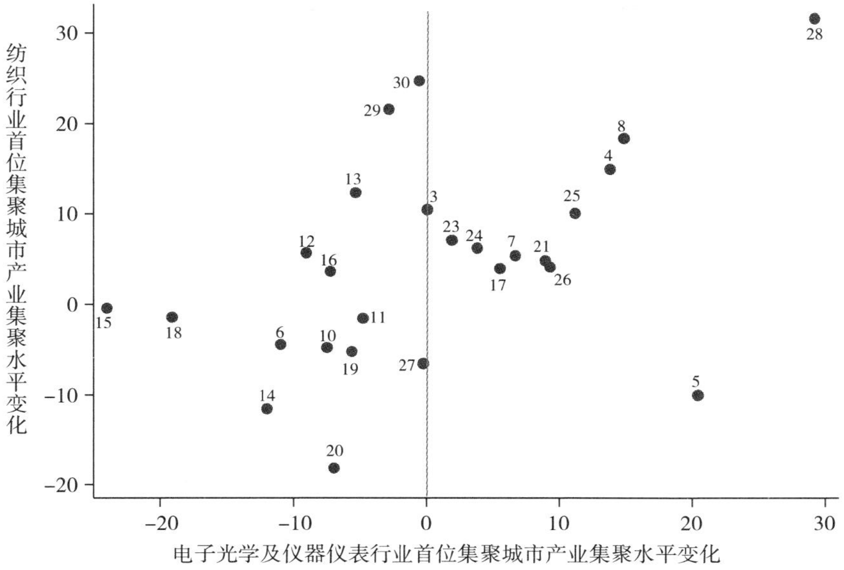

图 8-4　2002—2007 年中国各省级首位集聚城市产业集聚水平变化

注:图中数字分别代表各省级区域(剔除四个直辖市),由于统计数据所限,此处不包括西藏数据。
资料来源:笔者计算而得。

二、 国内价值链分工对资源配置效率影响的中介机制检验

基于中国省级区域行业层面的空间集聚水平核算显示,与 2002 年相比,2007 年中西部地区各省级区域产业布局更加集聚,而东部沿海地区各省级区域产业分布则更加分散。为验证各省级区域内部产业集聚(Industrial Agglomeration,IA)趋势差异是否会成为国内价值链分工对资源配置效率影响的中介机制,进一步构建如下中介变量模型进行检验:

$$\Delta \ln AEC_{ik} = a_0 + a_1 \Delta \ln NPA_{ik} + a_2 \Delta \ln X_{ik} + e_{ik} \quad (8-33)$$

$$\Delta \ln IA_{ik} = b_0 + b_1 \Delta \ln NPA_{ik} + b_2 \Delta \ln X_{ik} + e_{ik} \quad (8-34)$$

$$\Delta \ln AEC_{ik} = c_0 + c_1 \Delta \ln NPA_{ik} + c_2 \Delta \ln IA_{ik} + c_3 \Delta \ln X_{ik} + e_{ik} \quad (8-35)$$

其中，IA_{is} 为地区 i 行业 k 的产业集聚水平，本章以首位集聚城市的集聚水平来衡量，该值越大则表明该地区产业布局更加趋于集聚，反之则表示产业空间分布更加分散。其余变量与基准模型（8-32）相一致。鉴于国内价值链分工对资源配置效率影响的区域异质性特征，借鉴许政等（2010）、陆铭和向宽虎（2012）的思路，以省会城市距三大港口（天津、上海和香港）的最近距离来衡量该地区的地理区位，距三大港口500公里以内的定义为沿海地区，500公里以外的则定义为内陆地区，由此把剔除直辖市后的26个省级样本分为沿海地区①和内陆地区②进行中介机制检验。

表8-3和表8-4分别显示了沿海地区和内陆地区样本中介变量的回归结果，其中第二列以中介变量 IA_{ik} 为因变量，回归结果表明国内价值链嵌入对产业集聚程度的影响同样呈现出地区差异，随着国内价值链嵌入程度的加深，内陆地区的产业布局更加集聚，而沿海地区的产业分布却趋于分散。

事实上，在国内价值链分工中，内陆地区主要从事资源能源、原材料等初级产品加工，进而为沿海地区提供中间品配套，沿海地区则更多从事最终品的加工制造。而在地方政府为竞争主体的发展体制下，地方政府为扩大税源，增进创收，必然偏好规模大的税源型产业及项目，而高单位价值的行业如装备制造、生物医疗、新能源等产业便成为各地的发展重点，结果必然是产业趋同。以苏南三市为例，2007年，苏州与无锡、常州的产业结构相似系数分别为0.6578及0.46，而无锡与常州的产业结构相似系数高达0.9275（黎峰，2013）。因而，在资源要素向东部沿海地区集聚的大格局下，沿海发达省份出现了较为严重的产业同构现象，由此很大程度上导致产业布局的分散和资源配置的扭曲。

另一方面，在“中部地区崛起”“西部大开发”等国家政策的引导下，

① 沿海地区包括的省级区域有：河北、江苏、浙江、山东、安徽、福建和广东。

② 内陆地区包括的省级区域有：山西、内蒙古、辽宁、吉林、黑龙江、河南、湖北、湖南、江西、广西、海南、四川、贵州、云南、陕西、甘肃、宁夏、青海和新疆。

中西部地区开始承接东部沿海地区的制造业转移,其制造基础更为扎实、市场空间更为广阔、高级人才更为集聚的核心城市如郑州、武汉、成都、西安等地自然成为产业转移的首选。在规模报酬递增与资源要素集聚的正反馈效应作用下,以上核心城市产业集聚水平迅速提升的同时,资源配置效率也得以改善。

表 8-3　国内价值链分工对其资源配置效率影响的机制检验(沿海地区)

变　量	AEC_{ik}	AEC_{ik}	AEC_{ik}
国内价值链嵌入度(NPA_{ik})	0. 059 ** (2. 07)	-0. 030 (-1. 38)	0. 044 (1. 53)
本地市场潜能(LMP_{ik})	-0. 047 (-1. 38)	-0. 042 (-1. 56)	-0. 001 (-1. 01)
市场化水平(MRT_{ik})	0. 002 (1. 56)	0. 005 (1. 39)	0. 019 (1. 46)
外资进入规模(FDI_{ik})	0. 026 (1. 35)	0. 053 *** (2. 91)	0. 006 (0. 08)
规模经济水平(SE_{ik})	0. 255 * (1. 98)	0. 142 *** (3. 87)	0. 291 (1. 09)
产业集聚水平(IA_{ik})	—	—	-0. 434 ** (-2. 40)
地区固定效应	是	是	是
行业固定效应	是	是	是
常数	0. 125 (0. 82)	4. 095 *** (94. 28)	1. 892 (1. 44)
样本量	98	98	98
R^2	0. 550	0. 238	0. 430
F 值	17. 99	5. 28	15. 20

注:括号内为 t 值,* 、** 及 *** 分别表示在 10%、5%及 1%的显著性水平上显著。

此外,表 8-3 和表 8-4 的第 3 列报告了因变量对基本自变量和中介变量回归的结果。可见中介变量 IA_{ik} 的估计系数显著为负,表明产业集聚水平的提升,有利于资源配置效率的改善。此外,与第 1 列基准回归结果相比,加入中介变量后,主要解释变量的估计系数值和显著性水平均出现一定幅度的下降,很大程度上印证了“产业集聚水平”中介效应的存在。

表 8-4　国内价值链分工对其资源配置效率影响的机制检验(内陆地区)

变　量	AEC_{ik}	AEC_{ik}	AEC_{ik}
国内价值链嵌入度(NPA_{ik})	-0.021** (-2.52)	0.009 (1.38)	-0.018* (-1.68)
本地市场潜能(LMP_{ik})	-0.061*** (-2.69)	-0.068** (-1.98)	-0.049* (-1.81)
市场化水平(MRT_{ik})	0.042 (1.23)	0.019 (0.92)	0.042 (1.26)
外资进入规模(FDI_{ik})	0.206** (2.47)	0.017 (0.67)	0.110** (2.55)
规模经济水平(SE_{ik})	0.189** (2.24)	0.209*** (5.59)	0.158** (2.23)
产业集聚水平(IA_{ik})	—	—	-0.011** (-2.17)
地区固定效应	是	是	是
行业固定效应	是	是	是
常数	0.220** (2.57)	3.907*** (77.58)	0.267 (1.09)
样本量	322	322	322
R^2	0.370	0.145	0.390
F 值	23.25	6.86	22.11

注:括号内为 t 值,*、** 及 *** 分别表示在 10%、5%及 1%的显著性水平上显著。

第五节　以国内价值链分工协调区域资源配置的政策启示

在要素投入规模一定的条件下,资源配置效率提升是经济增长的主要动力。不存在资源扭曲时,企业间生产效率应趋于一致,因而可以同一行业企业间生产效率的离散程度来度量部门的资源配置效率。

中国加入 WTO 以来,各省级区域行业层面资源配置显著提升,同时呈现出“东高西低”特征,即市场化、全球化程度更高的东部沿海地区资源配置效率较高,而广大中西部地区的资源配置效率相对较低。从纵向来看,东部沿海地区“全球化红利”减弱的同时,地方政府市场竞争很大程度上加剧了资源配置的扭曲,表现为资源配置效率降低;而随着国内垂直专业化分工深入和国内市场潜力释放,中西部地区加快融入市场空间更加广阔的国内价值链分工,承接东部沿海地区的产业转移,由此带动区域产业集聚水平显著提升和资源配置效率的改善。从该层面而言,国内价值链分工一定程度上推动了中国区域协调发展。

着眼于充分利用国内市场空间、发挥国内垂直专业化分工的资源配置功能。首先,应从加快行政体制尤其是地方政府业绩考核机制改革,进一步明确政府在市场经济中的职能定位,降低地方政府通过各类政策制度、发展规划、行政补贴等渠道而形成的资源配置扭曲。其次,应进一步完善社会主义市场经济体制,推进要素价格形成机制改革、加快如户籍制度等阻碍要素跨区域流动的体制机制改革,彻底打破区域行政壁垒和地方保护主义,促进资源要素在全国范围内自由流动。最后,基于各区域资源禀赋特征和发展基础,从顶层设计的角度合理规划区域间垂直专业化分工和产业转移。

第九章　国内价值链分工与区域协调发展：案例研究

改革开放以来，中国积极承接发达国家边际产业转移，充分发挥低要素成本优势深度融入全球价值链分工，一举发展成为第一出口大国和第二大经济体。然而近年来随着国内要素成本不断上升，部分出口加工型产能纷纷转移到成本更加低廉的东南亚国家和地区①，而在发达国家“再工业化”潮流下，部分外资逐渐显现出撤资回归母国的迹象。②

在传统发展模式日益难以为继的情况下，中国政府主动调整发展战略和方针，表现为：对外加快推进“一带一路”建设，主动倡议、参与和推动新一轮国际经济秩序建设，在更高水平、更高层次开放中深化国际产能合作，推动越来越多的中国企业在全球范围内配置资本和整合资源；对内则将“实施区域协调发展战略”作为建设现代化经济体系的重要内容，围绕长三角、京津冀、粤港澳大湾区等重点区域，通过不同梯度地区之间的产业转移和分工合作，促

---

① 以台资企业为例，2018年以来，台资电子及半导体企业加快将部分产能向东南亚及墨西哥等地区转移，如仁宝积极投资扩大在墨西哥、波兰、中国台湾、越南的产能，和硕进一步扩大捷克、墨西哥产能，并计划在印度或东南亚设立工厂，台达电子则通过收购泰国泰达电子公司重新调整产能布局。

② 在美国政府的推动下，苹果、卡特彼勒、福特汽车、英特尔、星巴克等公司或将生产线迁回美国。据埃森哲（Accenture）的报告，61%的受访制造业经理人表示正考虑将制造产能迁回美国。

进生产要素的有序自由流动。国内价值链分工很大程度上推动了工业生产力区域间协调发展，缩小了欠发达地区和发达地区之间的经济发展差距。

第一节　行业案例分析

一、纺织行业案例

新中国成立七十多年来，逐渐建设起完整的纺织工业体系，发展成为世界最大的纺织品生产国、消费国和出口国，较好地满足了人民日常生活需求。

（一）空间布局演变

在纺织工业空间分工方面，各个时期呈现出不同的特征。在新中国成立之初的1952年，全国有7个主要纺织基地：上海、青岛、天津、无锡、南通、武汉和重庆。辽宁、山东、江苏三省和上海、天津两市的纺织总产值占全国的71%，其中上海占35%。在1952—1982年间，国家产业布局战略更多倾向于均衡发展，内陆地区纺织产业发展实力显著增强，沿海和内陆地区差距明显缩小。20世纪80年代以来，随着东部沿海地区率先改革开放和融入全球价值链分工体系，在市场经济资源配置条件下，该地区产业集中度高、规模效益明显、配套相对完整、生产成本低，逐渐发展成为中国纺织产业的集聚地。

然而进入21世纪以来，伴随着东部沿海地区要素成本的不断上升，在发展模式转型升级要求下，中央政府开始引导东部沿海地区纺织产业在市场机制作用下有序向中西部地区转移。如《关于加快纺织行业结构调整促进产业升级若干意见的通知》要求沿海地区和中心城市适度控制棉纺、化纤常规产品产能的扩张，重点在时尚品牌、研发设计、市场控制力等方面有所突破；中西部地区充分利用劳动力、原材料和土地等方面的资源优势，发展与东部配套的劳动密集型加工制造业，承接来自中心城市、沿海地区以及国外的产业转移，形成各具特色、比较优势明显的梯度产业格局。《产业转移指导目录(2012年本)》更是第一份全国性指导产业转移的政策文件,对各省级区域优先承接和发展的产业方向进行了细致的阐述,明确了各地区的具体主导产业门类,实现了对各地区产业布局和产业转移的分类指导。

在市场机制及政策引导下,国内要素流动逐渐趋于合理化。对于加工制造环节,资本更加倾向于流向劳动力要素丰富且成本相对较低的中西部地区;而对于品牌研发和市场营销环节,资本更愿意向沿海大城市集聚,表现为一些企业将产业资本和设计营销贸易中心向东部沿海地区转移,以获取市场信息、销售渠道及吸引高级研发与设计人才。

由此,纺织行业的国内价值链分工格局逐渐形成:东部沿海地区以提升档次和打造品牌为重点,大力发展高技术、高附加值、时尚化、差异化的终端产品,建设国际纺织及服装设计制造中心;东北地区发挥化纤等原料优势,适度发展下游产业用纺织品;中部地区加快发展棉纺、针织、麻纺、粘胶纤维等产品,适度发展化纤工业和产业用纺织品,积极培育服装、家纺品牌,完善现代纺织制造业体系,打造国内纺织中间品生产基地;西部地区则利用棉、毛、麻、蚕丝等天然资源,积极承接国内纺织产业转移,逐步配套化纤工业,建设上游纺织原料基地。

(二)国内垂直专业化分工的区域协调效应:如意集团案例

随着东部地区的生产制造环节逐渐向中西部地区转移,在资源配置效率提升的同时,也有利于区域间协调发展。第一,表现为产业空间布局更加均衡[①]。如图9-1所示,20世纪80年代末,中国东、中、西部地区的纺织行业产

① 东部地区(包括8个省级区域):北京、天津、上海、江苏、浙江、山东、福建、广东。按照经济发展水平,中部地区(包括11个省级区域):河北、山西、辽宁、吉林、黑龙江、安徽、河南、湖北、湖南、江西、海南;西部地区(包括11个省级区域):内蒙古、陕西、甘肃、宁夏、青海、新疆、广西、重庆、四川、贵州、云南。

值占比分别为59.98%、28.73%和11.29%,进入20世纪90年代,东部沿海地区率先对外开放加速了生产要素集聚。2004年,东部沿海地区集聚了全国81.37%的纺织行业,而西部地区纺织产值占比仅为4.57%,区域间行业分布的不平衡凸显。

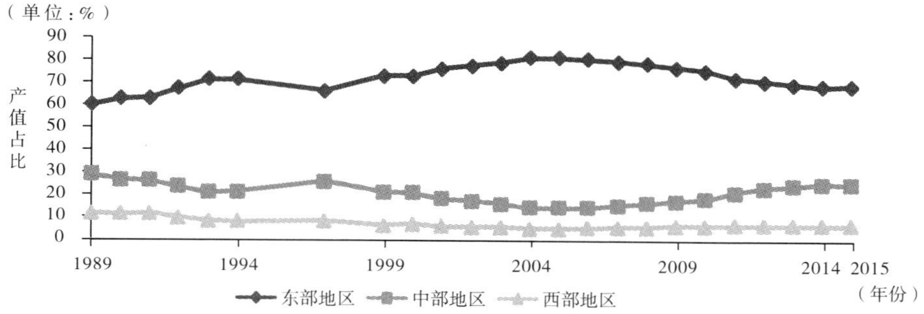

图9-1 1989—2015年中国纺织行业生产布局情况(按产值占比)

资料来源:历年《中国工业经济统计年鉴》。

值得注意的是,在国家政策引导下,2006年以来区域间产业分布更加均衡,其中主要体现为东部沿海地区和中部地区产业产值占比的"此消彼长",一定程度上表明东部沿海地区纺织产业正加速向中部地区梯度转移。

第二,国内价值链分工的开展,有利于东部沿海地区和中西部地区互利共赢、协同发展。如山东如意集团的前身山东济宁毛纺织厂,在20世纪末仅为一个以毛纺织为主打产品、年销售额2亿元的纺织企业。21世纪以来,公司始终坚持科技品牌双轮驱动促发展,转变集团经济增长方式,继2002年"赛络菲尔纺纱技术及系列产品"获国家科技进步二等奖后,历时7年研究的"如意纺纱技术"荣获国家科技进步一等奖,通过技术创新推动企业由单一制造商向品牌服务制造商转变。

面对东部沿海地区要素成本的不断上升,如意集团着眼于全国范围内的资源整合,集团本部立足于首家国家纺纱工程技术研究中心、国家级工业设计中心,重点发展品牌技术创新、品牌创新、设计创新,生产制造环节则加快向中西部地区转移。在“一带一路”倡议引领下,2014 年如意集团在宁夏投资 200 亿元兴建宁夏生态纺织产业示范园区,中国首个纺纱全自动成套生产线——宁夏如意科技时尚产业有限公司 25 万锭高档如意纺精梳纱线项目正式投产,并进一步建设三个集科技创新、现代制造、综合保税于一体的工业园区,成为我国首个数字化智能科技纺纱示范基地。

如意集团之所以把生产制造布局在宁夏,是由于该地地处内蒙古鄂尔多斯、乌海及陕西榆林能源金三角的核心位置,电力可以直接交易且每度电费用不到山东的一半,蒸汽费用仅为 2/3,仅光电和蒸汽这两项,公司每年大约可以降低成本近 3 亿元人民币。

从宁夏一路向西,如意集团又进军丝绸之路经济带核心区新疆。棉花占纺纱成本一半,而新疆是全国最大的棉花生产基地,加上能源价格低、国家多重优惠政策,使得每吨纺纱成本至少比内地低 3000 元以上。2015 年 5 月,如意集团斥资收购新疆最大的棉纺织企业石河子天盛实业,成立了新疆如意时尚纺织科技有限公司并确立了“中国新疆如意数字化智能纺纱项目”。仅用 45 天,就将这个倒闭 5 年的企业改造成现代化工厂,成为企业技术纺织科技的又一示范基地。随后,借助多重优势及山东援疆战略,如意集团又翻越天山投资 45 亿元在南疆喀什建设工业园。

通过国内价值链分工的开展,如意集团有效整合国内行业资源,成功打造了集新型纺纱、高档面料、柔性服装定制、科研教育和能源配套等多位于一体的纺织服装全产业链。而通过承接东部地区纺织产业转移,宁夏、新疆等地加快融入国内生产体系,生产制造能力和科技发展水平显著提升,同时创造出更大规模的就业和经济效益,很大程度上推动了区域协调发展。

二、 电子信息行业案例

(一)电子信息行业国内价值链分工态势

整体而言,中国电子信息产业集中分布在沿海、沿江和中西部一些产业基础较好的地区,基本形成以深圳为龙头的珠江三角洲、以上海为龙头的长江三角洲、以北京为龙头的环渤海地区,及以重庆、西安、成都、武汉、长沙为重点的中西部地区四大电子信息产业基地,并且初步呈现出国内垂直专业化分工态势。

珠江三角洲电子信息产业集群和福州厦门电子带,包括深圳、东莞、中山、惠州、福州、厦门等地的电子信息产品产值占全国的半壁江山,主要优势领域是通信设备、计算机、家用电器、视听产品和基础元器件等,成为中国消费类电子产品、电脑零配件及部分电脑整机的主要生产、组装基地,主要扮演着生产制造的角色。

长江三角洲电子信息产业集群,包括南京、无锡、苏州、上海、杭州、宁波等地,其中上海形成了通信设备制造、数字音频、集成电路、计算机设备、软件产业集群;江苏在集成电路设计与封装、光通信产品、数字视频产品、计算机及外部设备、软件产业等方面具有较强的竞争力;浙江则逐步形成了以投资类为主体的产业结构,造就了软件产业、微电子产业和光电子产业、移动通信及其配套产业等产业集群。长三角地区主要是笔记本电脑、半导体、消费电子、手机及零部件的生产、组装基地,此外还承担部分研发职能,其中上海还成为国内外知名 IT 公司总部的汇集地。

环渤海电子信息产业集群,包括北京、天津、青岛、大连、济南等地,其中北京电子信息产业具备了研制、规模生产各类计算机系统及软件、半导体分立器件及集成电路通信、广电设备、电子测量仪器和专用设备、元器件等系列产品的综合能力,是中国重要的软件基地和主要的电子技术研究开发基地、生产基地;天津拥有国内最完整的手机生产及配套企业和基础设施,其移动通信设备及终端产品、集成电路、新型元器件、彩管、彩显、磁卡、软件等都已经形成较大规模;山东重点发展高性能计算机及外围设备、高速宽带网络与通信产品、高性能信息家电、新型元器件、新型电子材料及软件产品,拥有海尔、海信等大型企业集团。总体而言,环渤海地区除生产制造外还承担研发职能,尤其北京成为中国电子信息产品的研发、集散中心,国内外知名 IT 公司总部的汇集地。

中西部地区部分经济、文化较为发达的中心城市在充分发挥比较优势的基础上，也打造成为电子信息产业部分领域的生产基地。如重庆、成都、西安、武汉等地形成了笔记本电脑、家电、元器件和军工电子的产业集群，在国内垂直专业化分工中主要扮演加工制造的角色。

（二）国内垂直专业化分工的区域协调效应：富士康案例

作为全球最大的3C代工企业，富士康集团自1988年在深圳投资设厂以来，充分利用沿海地区低成本劳动力，迅速发展壮大成为中国电子制造行业的龙头老大。然而随着沿海地区“民工荒”及人口红利的逐渐消退，企业劳动力成本大幅上涨，富士康相应制定“深耕中国，完善布局；精进科技，赢取先机”的发展规划，通过加快价值链环节的区域转移和布局调整，进一步优化产业布局，持续提升研发设计和工程技术服务能力；同时通过与内陆地区开展多角度深层次合作，有效带动中西部地区发展。

如表9-1所示，2010年以来，富士康加快向中西部地区的内迁进程，向河南郑州（主要生产iPhone手机）、四川成都（主要生产iPad平板计算机）、湖南衡阳（主要生产计算机硬件和平板计算机）、广西南宁（主要生产网络设备）、安徽安庆（主要生产数控机床）等地转移生产项目，建立生产基地。目前富士康在内陆地区的产业布局为：郑州主要生产苹果手机，武汉生产台式计算机，PCB工厂转移至秦皇岛，光电落户在晋城，游戏机落户于烟台，手机在廊坊，智能手机布局在绵阳，平板计算机和机顶盒生产线在成都，计算机硬件在衡阳，笔记本计算机则布局在重庆。

表9-1　富士康国内生产布局情况

区　域	富士康园区布局地
珠三角地区	深圳、佛山、中山、东莞、惠州、广州
长三角地区	昆山、上海、南京、淮安、杭州、宁波、嘉善

续表

区　域	富士康园区布局地
环渤海地区	北京、天津、烟台、菏泽、廊坊、秦皇岛、营口、长春
中西部地区	太原、晋城、郑州、济源、鹤壁、濮阳、兰考、武汉、长沙、衡阳、南宁、重庆、成都、贵阳、盘县、兰州、六盘水、凯里

资料来源:笔者整理而得。

富士康产业转移具有投资大、产值高、吸纳能力强的特点。一般初期投资额度都在 2 亿元人民币以上,投产后跟进投资达到几十亿元人民币,项目建成后年产值达到 100 亿元以上,吸纳劳动力在 10 万人以上。由此,富士康的国内产业梯度布局,有效带动了中西部地区经济社会发展。具体表现为:

第一,投资项目促进中西部地区产业发展。目前已建成投产的郑州、太原、晋城、武汉、重庆等地富士康基地都形成了较为成熟的生产能力,重点发展智能手机、新能源、精密模具、镁铝合金、汽车零部件、光机电模组等产品。其中郑州出口加工区项目主要从事手机外壳及手机零组件生产,预计满产时日产手机零组件 6.5 万件套。四川绵阳基地主要生产智能手机,产能规模为 5000 万部,2015 年绵阳市"三网融合"产业收入超过 1000 亿元。2013 年,富士康在贵州贵安新区投资建设第四代产业园,到 2016 年实现总产值 500 亿元,2018 年迅速增长为 1000 亿元。2014 年,富士康收购安徽鸿庆精机公司 80%股份,生产智能数控机床为主,另外新增全电式注塑成型等自动化设备生产线,实现从"制造"向"智造"的转变。

第二,就业创造培养一大批技术人才。富士康向中西部地区产业布局极大缓解了内陆地区的就业压力。富士康从地方大中专毕业生中选拔普工、学徒、技工和中高端人才。此外,通过校企合作、建立技工实训基地等多种形式,富士康为内地培养出一批具有实操能力的技术工人。

第三,示范效应引导农民工回流建设家乡。富士康在内陆地区的大量用工规模(仅河南郑州基地就有 30 万用工规模)产生显著的示范效应,引发劳动力市场的重新布局,其主要直接表现为“两热”:一是“跳槽热”,招聘现场“场场爆棚”;二是“返巢热”,大量劳动力由东部沿海地区回流至中西部地区。据统计,截至2010年9月,富士康中西部产业布局使得河南省农民工外出减少了80万人。劳动力回流对东部沿海地区用工集中地造成了一定冲击,但同时也减轻了城市人口压力,为推进产业结构调整提供了难得机遇。

第四,强大磁场带动大量配套企业跟进。如河南富士康基地已带动50多家配套企业落户,武汉富士康配套产业园一次性引来9家配套企业,大多数配套企业的年产值都超过100亿元人民币。目前,富士康(武汉)科技工业园年产值达350亿元人民币,年出口总额超过50亿美元,随着富士康继续加大在武汉的产业布局力度,预计到2021年年末年产值将达到千亿元。

第五,大规模出口推动开放经济发展。以河南省为例,据统计,2013年前三季度的387.3亿美元进出口额中,富士康贡献了209.4亿美元,占比54.07%,富士康对河南省外贸的贡献率达到了85.4%。自富士康转移到郑州后,河南省外贸进出口排名从2009年在湖北省和安徽省之后的中部六省第三名,跃居中部六省之首。

另外,在生产制造环节向中西部地区布局的同时,富士康加快实施东部沿海地区的转型升级战略,力争实现从“制造的富士康”向“科技的富士康”的转变。如在珠三角地区,富士康建成深圳、佛山、中山、东莞等科技园,园区逐步转型为销售展示及人员训练中心,模具、新材料、新能源、新设备及自动化研发中心,小量制造基地。在长三角地区,富士康布局昆山、杭州、上海、南京、淮安、嘉善、常熟等地,形成精密连接器、信息网络设备、半导体设备、软件技术开发的聚合体系。在环渤海地区,富士康布局烟台、北京、廊坊、天津、秦皇岛、营口、沈阳等地,以无线通信、消费电子、计算机组件、精密机床、自动化设备、环境科技、纳米科技等为产业主导。

三、 石化行业案例

（一）国内价值链分工态势

总体来看，中国石化行业的空间布局相对不平衡，其中经济发达的东部和原油产量相对较大的西部地区要强于中部地区，原油传统生产地和石化行业基础雄厚的北方要多于南方，港口众多、对外联系便捷的沿海地区要多于内地，形成了"东西强、中部弱"，"北方强、南方弱"，"沿海强、内地弱"的空间分布格局。从省市来看，辽宁、黑龙江、吉林、山东、江苏、上海、广东等地集中了大部分的原油炼化及乙烯、三大合成材料等下游石化产品的生产能力，形成黑—吉基地、辽中南基地、京津冀基地、山东半岛基地、沪宁杭基地、闽粤琼桂基地、长江中游基地、西北基地等八大石化基地。

如表 9-2 所示，近年来，在市场机制作用及国家区域经济一体化政策推动下，中国石化行业的产业转移及空间布局调整加快，已经形成电石、天然气等上游化工产业靠近矿产资源地，下游加工中间产品（如合成纤维、子午胎等）靠近消费地的产业空间格局。

表 9-2　2013 年分地区重点石化产品产量占全国比重　（单位：%）

地　区	重点产品（占全国比重）		
东部地区	纯苯（70）	子午胎（82）	合成纤维单体（92）
中部地区	尿素（39）	化学试剂（29）	农药（31）
西部地区	天然气（82）	电石（88）	甲醇（50）

资料来源：中国石化联合会：《2013 年石化行业经济运行回顾与展望》，本书编委会：《中国产业转移年度报告 2014—2015》，电子工业出版社 2015 年版，第 161 页。

其中，中西部地区在提升进入门槛基础上，完善陆上能源进口通道和配套石化项目布局。如依托中俄原油管道，优化辽阳石化等企业原油资源配置；依托中缅原油管道，建设云南炼化一体化工程，推动西南石化产业布局；依托中哈原油管道，发挥面向中亚地区的地缘优势，继续提升新疆石化产业发展水平，发展高附加值产品。此外，着力提升华中、西南地区炼油能力，发展以武汉、成都、昆明等为核心的中西部内陆石化产业集中区。在内蒙古、陕西、新疆、宁夏、贵州等重点产煤地适度布局，并采取集中集约、上下游一体化的方式建设现代煤化工生产基地及煤电化热一体化示范基地。引导基础肥料向资源产地或粮棉主产区转移，二次加工产品向消费区域集中，进一步提高云南、贵州、湖北、四川四省磷肥产能比重，继续建设青海、新疆两大钾肥基地。

在石化产业加快向西部地区布局的同时，东部沿海地区着力发展炼化一体化及深加工、化工新材料、新型生物化工、海洋工程装备等高端石化产业，打造镇海、惠州世界级炼化一体化基地，建设曹妃甸、古雷、连云港等石化基地，提升精细化工和化工新材料的竞争优势。上海化学工业区加快建设2000万吨/年炼油和100万吨/年乙烯装置，以新建的炼化一体化项目为龙头，发展以烯烃和芳烃为原料的深加工和精细化工产业，把杭州湾北岸建成具有国际竞争力的石油和化工产业带。广东省计划把茂名、惠州、广州、揭阳、湛江、珠海高栏港建设成具有世界先进水平的石化基地，包括炼油、乙烯在内的一批重大项目正有序建设和投产。

（二）国内垂直专业化分工的区域协调效应：联合利华案例

早在20世纪30年代，联合利华的前身利华兄弟公司在上海投资开设的中国肥皂有限公司生产的“力士”香皂、“伞”牌肥皂等产品便因品质优良成为中国市场的畅销货。1986年联合利华重返上海，其总部设在上海的中国业务集团分管中国大陆、香港、澳门、台湾等地区和蒙古国的业务。联合利华在中国的业务主要是日化和食品：主要品牌包括奥妙、中华、力士、旁氏、清扬、多芬、夏士莲、凌仕、舒耐、家乐、立顿、和路雪等。经过多年的大力培植，这些品牌都已家喻户晓，成为中国消费者日常生活中的常用品牌。

在20世纪80年代中期，上海仍然是全国轻纺产品的生产基地，联合利华与当地国营企业建立合资企业,享受政府赋予的优惠政策,企业规模迅速扩大,产品市场份额不断增加,经济效益日益提高。20 世纪 90 年代中期以来,随着上海要素价格和市场环境的不断变化,合资企业的生产和商务运营约束大幅加剧,生产布局单一的局限性逐渐显现。

从 2000 年起,联合利华在国内逐步开展产业转移和布局调整,即以上海为管理和科研中心,以安徽合肥等地为生产加工基地。随着中国加入 WTO,2002 年联合利华在上海成立了全球采购中心,依托中国丰富的资源,向联合利华全球出口原料及成品,2006 年在上海长宁区临空园区设立大中华地区总部,一批联合利华亚非区及全球的管理机构也落户上海,使得上海地区总部真正具有全球功能。2009 年,联合利华全球研发中心紧邻中国地区总部大楼正式落成,这是其全球六大研发中心之一,该中心投资近 1 亿美元,注重将中国传统科学所倡导的天然成分引入联合利华的产品中,使其产品更适合中国消费者。

在打造上海总部和全球研发中心的同时,2002 年联合利华开始关闭上海的所有工厂,建设合肥工业园,到 2004 年投产时,包含护肤品、护发品、个人清洁用品、家庭清洁用品等在内的洗涤剂生产线已经全部搬迁进入合肥工业园。2006 年 4 月,商务部批准在合肥经济技术开发区设立联合利华(中国)有限责任公司,吸收合并原合肥利华洗涤剂公司,外资企业注册资本总额达 1.77 亿美元,生产经营全部日化产品和茶叶产品。到 2010 年年初,联合利华已逐步将分布在中国各地的工厂集中迁移到合肥市,合肥升级成为联合利华旗下全球四大生产基地之一,现出口 14 个国家,成为真正的全球供应中心。与此同时,联合利华又加快向西部地区产业布局,如 2012 年在四川眉山投资设立占地 400 亩的全球生产基地,其一期洗衣粉产品项目投资金额近 3 亿元,产能超过 20 万吨。

联合利华在国内的产业布局和垂直专业化分工,很大程度上促进了上海及中西部地区经济社会协调发展。联合利华把生产能力转移到中西部地区的同时,在上海接连设立了全球采购中心、地区总部和全球研发中心,完全符合上海的转型升级方向。就全球采购中心而言,未来10年里,联合利华可能承担25亿—50亿美元的产品出口,占国内生产量的1/3,占联合利华全球销量的10%—15%,主要面向亚洲、澳大利亚、欧洲和中近东等市场。而作为联合利华的第六家全球研发中心,上海中心投资近1亿美元,利用中国丰富的中草药资源和中医药理论为全球新产品研发提供方向。截至目前,上海中心已向公司总部提交了4项天然活性物和传统中药方面的研究成果,其中两项已通过公司总部的认证,进入全球专利申请程序。此外,联合利华的上海全球采购中心、地区总部和全球研发中心直接雇佣了1300多人,主要为本土高端人才,这无疑有利于中国人力资源的积累和培育。

另外,联合利华在中西部地区的生产布局,很大程度上推动了当地经济社会发展。以合肥为例,2004年联合利华洗涤剂转移到合肥正式投产仅1年后,就实现产值34.56亿元,销售收入31.19亿元,缴纳税收4.45亿元,后两项同比分别增长19.96%和30.5%。2010年1月,联合利华合肥工厂的总产值达11亿元,合肥已成为联合利华旗下全球四大生产基地之一,2015年联合利华合肥工业园的年销售收入超过200亿元,直接解决就业近2500人,间接解决就业3000多人。更为重要的是,联合利华迁入的示范效应显著,可以提升合肥的商誉,增强招商引资的吸引力。

第二节 地区案例分析

一、京津冀地区案例

自京津冀协同发展战略提出以来,京津冀三地加快产业布局调整和合作步伐,探索出整体搬迁、总部—生产基地、产业链合作等多种产业对接模式,并加快三地的产业合作园区共建。

(一)产业跨区域合作不断推进

农副产业方面,北京首农集团、三元食品股份公司在河北建有多个生产基地,并计划在新乐市建设年产4万吨婴幼儿乳粉及25万吨液态奶加工园区。新发地农副产品等大批批发市场和物流基地逐步迁出北京。

传统工业领域方面,首钢完成了产能由北京向河北曹妃甸转移,北京现代第四工厂及北京生物医药产业部分生产环节转移至河北沧州。北京昌平区将废旧家电回收企业迁移至河北。新兴际华北京凌云建材化工有限公司已整体迁至邯郸。金隅集团自2006年开始,先后完成对9家河北水泥企业的兼并重组,近期与承德市政府签订战略合作协议,利用尾矿做混凝土、修路等骨料,投资9亿元建设日产5000吨的水泥生产线。北汽福田、北汽股份和承德建龙三方在承德市双滦钛钒冶金产业集聚区,投资设立年铸造能力15万吨的铸造中心。北汽集团已将旗下北京汽车制造厂有限公司整体迁至河北黄骅。天津渤海钢铁集团、郁美净集团也加紧与河北进行项目对接。天津力士集团在保定安国投资30亿元建设中医药合作项目,天津纺织在邢台南宫建设棉纺加工项目。

高新技术领域方面,京东方、中芯国际、曙光、京仪、数码视讯、展讯等众多北京企业已在河北设立生产加工基地或分支机构。中兴能源有限公司和曹妃甸区政府签署"中兴IDC数据中心建设项目"合作协议,在曹妃甸建设绿色节能和云计算应用研发、运营为特色的数据中心集群。北京国电通网络技术有限公司、拉森集团与张家口张北县政府共同签订协议在张北县庙滩产业园建设可容纳20万台服务器的IDC云计算设施。中关村在北京市投资建设大数据技术研发、服务平台和控管中心,在天津市建设云计算、物联网设备生产基地,在河北省建设计算中心和数据中心,推动形成"京津冀大数据走廊"。

（二）共建产业园区建设加快

产业转移合作示范园区是京津冀产业布局调整的重要载体，同时也是发挥产业协同效应和集聚效应、促进循环经济发展的理想平台。如中关村和天津宝坻、河北保定等区域签署了战略合作协议，中关村科技园区海淀园管委会与秦皇岛经济技术开发区管委会签订合作协议，共同建设中关村海淀园秦皇岛分园。北京经济技术开发区在廊坊永清打造制造环节的集聚区，通过产业链布局实现跨区域产业分工合作和利益分享。天津和河北已规划出相关园区对接北京功能疏解和产业转移。其中，河北集中推出了全省对接京津功能疏解和产业转移的 40 个重要平台，共分为综合类，公共事业、休闲旅游类，生产制造类，商贸物流类，现代农业类五大类，其中生产制造类平台达到 23 个，占到一半以上。同时，天津也积极借助首都资源，主动向河北延伸产业链构建产业链条，共建产业园区，实现京津冀互动发展。

（三）地区垂直专业化分工的区域协调效应

在京津冀产业协同发展战略指引下，京津冀地区正形成以北京科技创新发展为中心，天津高技术产业发展及河北转型升级为重点的区域协调发展模式。北京和天津加速向河北产业转移，引导和推动高端制造业中不具比较优势的生产加工环节搬迁调整，重点包括电子信息产业领域的加工组装环节；医药产业领域的化学药品原料药制造；基础和新材料产业领域的肥料制造，农药制造，水泥、石灰和石膏制造，砖瓦、石材等建筑材料制造等。

1. 廊坊：近水楼台最先受益

从廊坊市对接项目的总体情况看，具有三个显著特点：

一是高端制造项目多。对接项目主要集中于航空航天设备、海洋探测装备、激光智能制造、检验检测设备、新一代信息技术等前沿领域，占项目总数的 67%。

二是新兴项目占比大。新能源、新材料、节能环保、生物医药、大数据等新兴项目,投资规模占到总投资额的69%。其中,由北京市大兴区人民政府与廊坊市人民政府签约共建中关村(大兴)生物医药基地项目,投资20亿元共同打造京冀生物医药产业协调发展示范区、建设生物医药公共服务平台、筹建京冀生物医药产业联盟。由京东集团和廊坊市人民政府签约,投资395亿元共建电子商务产业集群项目,规划服务器总数50万个,主要服务京东集团京津冀及北方业务发展需要,同时为第三方提供大数据服务,并以此为基础打造包括京东北京运营中心、京东华北运营中心、京东跨境电商等在内的北方贸易基地。

三是项目单体规模大。从项目投资规模来看,在2015年廊坊对接的产业转移项目中,单体投资百亿元以上的签约项目有5个,总投资1520亿元;单体投资50亿—100亿元的签约项目有1个,单体投资30亿—50亿元的项目有6个,总投资196亿元;单体投资10亿—30亿元的签约项目有28个,总投资413亿元。从投资企业来看,其中不乏华为、浪潮、京东等国内知名企业,这些企业到廊坊投资兴业,开展战略合作,将对廊坊优化区域产业结构,提升产业档次起到巨大的拉动作用。

2. 曹妃甸:聚优势抢先机,高举示范区大旗

2014年7月31日,北京市人民政府、河北省人民政府签署共同打造曹妃甸协同发展示范区框架协议,决定在产业合作中首先聚焦曹妃甸,将曹妃甸协同发展示范区作为京津冀协同发展重点打造的四个战略功能区之一,将北京(曹妃甸)现代产业发展试验区作为深入落实京津冀协同发展战略的重要突破口。这也是北京市唯一与单个地区的合作协议。

长期以来,曹妃甸始终注重加强与北京的合作,积极承接产业转移。《北京(曹妃甸)现代产业发展试验区产业发展规划》明确北京(曹妃甸)现代产业发展试验区功能定位为打造京津冀协同发展先行先试试验区、先进制造业和创新成果转化基地、环渤海经济圈发展的重要增长极,以实现示范区与北京的同城化发展为远期目标。

试验区的产业发展方向主要包括提升基础产业发展质量、推动高端制造业规模发展、布局发展战略性新兴产业、培育发展生产线服务业等，将以钢铁、化工、汽车等为产业链源头，延伸发展下游产业，重点发展汽车及零部件、海工装备、新能源、节能环保、通用航空等产业；推进高端制造业集聚发展；支持医疗、养老服务、旅游开发等企业入驻曹妃甸，发展满足试验区配套要求的都市型工业和生产性服务业；以资源、区位、港口和政策优势吸引全球资源，鼓励金融、贸易、信息等生产性服务业集聚，形成高端制造及现代服务优势突出的大型临港产业集群。重点推进的项目包括首钢京唐二期项目及深加工配套项目、千万吨炼油项目、通用航空产业园、汽车及零部件产业园、海水碳化项目、循环经济产业项目等。

3. 沧州：加速崛起的区域中心城市

沧州是京津冀地区正在加速崛起的区域中心城市，随着《京津冀协同发展规划纲要》《河北沿海地区发展规划》、“一带一路”倡议的推进实施，该市的战略地位快速提升，发展优势日益凸显。

依托渤海新区、中心城区和县城经济“三大板块”，沧州规划建设了沧州现代产业基地、北京生物医药产业园和京南高科技智能装备制造等基地，成功引起了一批结构优、质量好、效益高、带动能力强的重大项目。该市与中石油、中石化、中海油、中国一重、中铝集团等 34 家企业，合作项目达到 109 个，总投资 3364 亿元；与北京合作项目 485 个，总投资 2146 亿元；与天津合作项目 450 个，总投资 560 亿元。在沧州同步推进建设的还有北京海纳川等近百家零部件配套项目，其中与黄骅 60 万辆微车项目，可形成 100 万辆整车生产能力，产值达到 1000 亿元。北京生物医药产业园是沧州为承接北京医药转移而专门搭建的发展平台，已有 30 家大型企业签约，总投资超 100 亿元；未来 5 年将吸引 100 家企业入驻、总投资将超过 500 亿元，可形成千亿级产业集群。

二、 长江经济带地区案例

作为中国国土开发和经济布局"T"型空间结构战略中极其重要的发展轴,改革开放以来,长三角经济带已发展成为中国综合实力最强、战略支撑作用最大的区域之一。目前,长江经济带上游和中游地区仍处于工业化加速发展阶段,下游地区则已进入工业化后期阶段,区域间发展差距明显。无论从缩小区域发展差距、合理利用国土空间的角度,还是从降低成本、开拓市场、激发需求的角度,长江经济带生产要素配置都需要加快从东向西、从下游向中游和上游地区转移。

2014 年 9 月,国务院印发《关于依托黄金水道推动长江经济带发展的指导意见》,部署将长江经济带建设成为具有全球影响的内河经济带、东中西互动合作的协调发展带、沿海沿江沿边全面推进的对内对外开放带和生态文明建设的先行示范带。以此为带动,大量产业向长江中上游转移,与整个长江经济带的联动效应越来越明显。目前,长江经济下游地区创新成效显著,基本确立在长江经济带中的龙头地位。其中,上海市凭借自身的区位优势,将精品钢材、船舶和海洋工程装备、民用航空、新材料、新能源、石油及精细化工、钢铁、生产性物流等产业布局在江海沿线,形成了临海沿江的产业带布局。江苏省以建设国际先进制造业基地为目标,在沿江地区重点发展基础产业,通过产业的上下游、前后向衔接延伸产业链,形成装备制造、化工、冶金、物流四大产业集群。

长江经济带中游地区积极利用地缘优势承接东部地区的产业转移,形成了若干特色发展地区。如安徽合肥经济技术开发区先后引进联想、长虹、日立、联合利华等优质企业,形成了以家电、工程机械、快速消费品为代表的产业集群。湖北武汉阳逻经济开发区抓住电子商务发展契机,引入京东建设全国物流中转中心,由此吸引大量相关制造企业落户。同时,依托国家光电子通信产业的研发基础和产业优势,大大提升了光通信产业的科技创新能力,特色产业持续快速发展。湖南积极推进长株潭“两型”试验区改革建设，发挥高端制造和服务经济的引领功能，通过做大做强装备制造业，使投资拉动型、资源消耗型、传统工业主导型格局有了重大改变。

长江经济带上游地区独特的资源优势得到有效发挥，如四川省与重庆市基于充分发挥突出成渝经济区的经济发展优势，积极承接东部沿海地区生产制造环节转移，形成以电子信息和汽车、装备制造等为主导的产业发展格局；贵州省通过产业结构调整，加快发展打造大数据产业，已打造成全国重要的能源基地、资源深加工基地，以航空航天为重点的装备制造基地和大数据中心。

在细分行业层面，以电子信息产业为例，2008 年以来，重庆市接连引入惠普 4000 万台产能的电脑生产基地及富士康生产基地，以此为带动，分散在中国沿海各省份的宏碁、华硕、思科、东芝等品牌商，广达、英业达、仁宝、纬创、和硕等整机商，以及 860 多家零部件厂商纷纷向重庆布局。目前，重庆的笔记本电脑产量已占全球的 1/3，形成了世界级的电子产业基地。随着电子信息产业的快速发展，重庆市三次产业结构由 2010 年的 8. 6 ∶ 44. 6 ∶ 46. 8，调整为 2015 年的 7. 3 ∶ 45. 0 ∶ 47. 7。其中，电子信息产业产值由 400. 9 亿元增长至 4075. 56 亿元，占全市工业总产值的比重由 2010 年的 4. 4%提高到 2015 年的 19. 0%。各类智能终端产品达到 2. 7 亿台件，产值突破 4700 亿元。

同样在长江上游的贵州省，近年来随着富士康、以晴光电等企业相继投产，电子信息行业总量扩大、增速加快。2015 年年末，贵州全省规模以上电子信息行业工业企业达到 54 个，全年实现工业增加值 52. 51 亿元，增速遥遥领先其他工业行业。在规模扩大的同时，贵州电子信息行业不断拓宽，2015 年新增计算机零部件制造、其他计算机制造和通信系统设备制造三个小类行业，行业涉及面进一步拓宽；新增加笔记本计算机、平板电脑、智能手机、智能电视、液晶显示模组等具有较高科技含量的产品，产品线进一步丰富，同时原有电子信息产品的生产能力得到提高，电子计算机整机、液晶电视、集成电视、液晶显示器等产品的产量实现成倍增长。随着电子信息行业的快速发展，2015

年对全省工业经济的贡献达到6.7%，贡献高于化工、烟草、医药等传统重点行业，上缴税金总额超过13亿元，吸纳就业2.1万人。与此同时，电子信息行业效益状况明显改善，2015年产销率为96%，实现利润16.5亿元，每百元主营业务收入中的三项费用合计回落到10元以下。

第三节　相关经验及启示

在很大程度上，国内垂直专业化分工和区域经济发展是相辅相成的关系，它强化了地区间优势互补，是推动国内区域间协调发展的重要手段。中西部地区大力承接东部沿海地区制造产业梯度转移，对于推动各地区分工合作、协调发展起到了重要作用。其经验及启示可以概括为以下几点。

一、　充分发挥市场机制，以特色优势产业承接产业转移

国内产业梯度转移应依托国家产业政策引导，在市场经济的价格机制和竞争机制调节作用下有序开展。一是充分利用产业集群优势吸引产业落户。如重庆沿江承接产业转移示范区利用"整机+配套"形成的产业集群，围绕富士康等龙头代工企业，吸引全球配套企业落户；利用"同行抱团集聚"的规模效应，以雷士照明等为龙头，吸引照明灯饰企业抱团入驻。二是充分利用园区优势承接产业转移。如广西桂东承接产业转移示范区注意园区差别化发展、各具特色，目前已形成"五园八区"格局。三是各取所长，分工合作。如兰白承接产业转移示范区内兰州新区、兰州主城区、白银工业集中区分布发展不同产业，形成优势互补。

二、　积极转变政府职能，培育良好开放的承接环境

营商环境条件是决定产业投资及其空间布局的重要因素，对于产业转移承接地而言，提升行政效能和综合服务能力，创造公平竞争的市场环境，打造

一流的营商环境意义重大。一是破除行政壁垒，强化政府部门服务职能。如安徽省为充分保障产业要素按照市场规律流动，更加突出经济区概念，而弱化行政区划概念，为此，撤销了地级市巢湖市，并成立了由省政府直管的两个产业集中区——江北集中区和江南集中区，利用临近优势，提高资源中和利用效率。广西桂东承接产业转移示范区充分利用“粤桂合作特别试验区”，统筹规划产业布局，打造两广经济一体化先行区。二是降低产业落户的相关成本。如皖江城市带承接产业转移示范区创造了低融资成本、低要素成本、低土地房产成本、低税费成本、低物流成本的“五低”商务环境。三是减少审批环境。如河南省出入境检验检疫局提高原产地签证、普惠制签证和地理标志产品注册效率，推动黄河金三角承接产业转移示范区建设。

三、 更加重视载体建设，构建产业转移对接平台

出口加工区、高新技术开发区、经济开发区等开放载体在中国承接国际产业梯度转移、推进开放型经济发展过程中起到重要作用。同样，在区域间垂直专业化分工过程中，东部沿海地区与中西部地区之间建设区域合作共建园区，有利于推动各地优势互补和资源整合，促进区域产业协调发展。如福建与宁夏合作共建了西吉、盐池、隆德 3 个闽宁产业园，河北曹妃甸与中关村合作共建高科技产业园区，陕西西安航空基地与北京中房联合集团采用 PPP 模式共建航空产业园区。

此外，通过搭建实体平台和网络平台，是促进产业转移“一对一”“点对点”对接的有效路径。如重庆沿江承接产业转移示范区每年举办渝洽会、高交会等活动。广西桂东承接产业转移示范区努力打造“西江论坛——市长圆桌会议”平台。黄河金三角承接产业转移示范区举办了黄河金三角区域首届投资贸易洽谈会，正推动其成为区域性、常态化的合作发展平台。安徽皖江城市带承接产业转移示范区构建了“中部论坛”和“中国东西部合作与投资贸易洽谈会”等产业合作平台。安徽省还开设了“皖江战略网”，为皖江城市带承

接产业转移提供综合信息服务。

四、 注重夯实基础设施，构建区域交通运输网络

迄今为止的两轮全球化进程①表明，物流运输成本、信息通信成本的降低及其带来的要素自由流动是劳动分工深化的前提条件。在区域间垂直专业化分工开展过程中，中西部地区不断加强省（自治区、直辖市）自身道路网络建设，打通与其他省市的通道。如四川着力打造 15 条出川通道，提出建成至重庆等周边城市 1 小时快铁交通圈，至西安、昆明、贵阳、兰州、武汉 4 小时快铁交通圈，至环渤海湾、长三角、珠三角地区 8 小时快铁交通圈。贵州在开通高铁后，与广东和广西共同建设粤桂黔高铁经济带，与湖南签署协议共同建设湘黔高铁经济带，并申报国家级跨区域合作示范区。广西以“县县通高速、市市通高铁”为重点，高铁县（市、区）通达率达到 73%，贯通自治区内 10 个市，通达全国 13 个省份。

五、 进一步深化改革，推动承接产业转移的机制创新

正如关税及贸易总协定（世界贸易组织）、国际货币基金组织、世界银行及以美元为主导的布雷顿森林体系构成了第二次世界大战后的全球治理体系，并成为推动第二轮全球化的重要支柱，国内垂直专业化分工的开展同样需要建立一整套行之有效的制度安排。为加快承接东部沿海地区国内产业梯度转移，中西部地区推动了相关体制机制创新。一是建立区域共建和收益分成机制。如安徽皖江城市带承接产业转移示范区以合作共建方式，以资源整合、异地托管、项目共建、税收分成等途径，积极承接发达地区的链式或集群式产业转移。二是创新转移企业资金支持方式。如四川广安承接产业转移示范区设立了转移企业发展基金，不是直接补贴企业，而是鼓励本地金融机构向转移

① 大多数经济史学家认为从第一次工业革命到 1914 年的一百多年间的全球化是第一轮全球化，而第二次世界大战以来的全球化是第二轮全球化。

企业提供信贷支持。三是创新产业园区发展模式。如四川广安承接产业转移示范区以东西部合作共建、西部毗邻地区合作共建产业园作为重要途径，与重庆共建了“渝广共建机电产业园”。四是建立包括考核和评价体系在内的激励机制。如皖江城市带承接产业转移示范区制定了“示范区建设考核评价办法”，以科学承接、绿色承接、创新承接、结构优化为考核内容，对成绩突出的市、县（区），予以通报表彰。

第十章　重构国内价值链分工、推动区域协调发展的思路及路径

中国开放型经济的成功很大程度上得益于以下条件：一是迅猛发展的经济全球化及国际产业梯度转移。交通及通信成本的显著下降推动跨国公司将非核心生产制造环节通过外包形式大规模进行跨国转移。二是国内低生产成本优势。改革开放使得中国国内闲置劳动力充分释放，大量低成本劳动力供给是跨国公司全球生产布局和选址的重要考量。三是全球贸易自由化。20世纪90年代到2008年国际金融危机期间，在WTO、IMF、世界银行等国际组织的协调和推动下，各国纷纷大幅削减关税及非关税壁垒，贸易自由化促进了国际贸易迅速发展。①

然而2008年国际金融危机以来，中国开放型经济发展的内外部环境出现重大变化。一是经过多年持续快速发展，中国已成为世界第二大经济体，国内

① 《2014年世界贸易报告》统计显示，20世纪90年代以来各国均大幅降低关税，其中以G20国家最为明显，其最惠国关税水平削减1/3以上，从1996年的15.6%下降到国际金融危机前的10.1%，同时还削减了1/4的约束关税，从1996年的39%下降到29.2%。在贸易自由化带动下，1990—2008年间，全球货物贸易年均增长率达到6.0%的高水平，相当于GDP增速的2倍。

要素成本及要素禀赋结构出现明显变化。[①] 二是逆全球化潮流及新冠肺炎疫情冲击了原有全球价值链分工体系。2008 年国际金融危机以来，发达国家掀起制造环节回归母国的“再工业化”浪潮，直接影响到跨国公司全球产业布局[②]，加之 2020 年年初突如其来的新冠肺炎疫情严重打击了全球产业链和供应链。[③] 三是以美国为代表的发达国家企图在全球价值链分工体系中彻底“边缘化”中国。[④] 国内外发展环境的变化意味着中国以往过多依赖国外资源和国外市场的发展模式面临转型，如何依托国内超大市场规模，逐步形成以国内大循环为主体、国内国际双循环相互促进的新发展格局，是中国未来经济转型发展的方向。

经济发展史表明，后发国家尤其是拥有广阔国内市场空间的大国，可以充分发挥大国规模经济、推动国内梯度分工来促进经济增长。中国是最大的发展中国家，拥有丰富的自然资源和广阔的国内市场，工业制造门类齐全，更重要的是，中国区域间发展模式、发展水平差异明显，有利于国内垂直专业化分工的开展。依托不断提升的科技实力和制造基础，充分利用国内市场潜力及区域间资源禀赋差异，打造由内资企业主导的国内价值链分工，以此推动国内

① 以要素成本为例，据《国际统计年鉴》数据显示，2017 年中国人均工资水平达到 916 美元/月，虽然与德国（4662 美元/月）、美国（4417 美元/月）、日本（2712 美元/月）相比仍有不小差距，但已经显著高于孟加拉国（149 美元/月）、越南（240 美元/月）和泰国（435 美元/月）等发展中国家。

② 受美国“再工业化”政策及中美贸易摩擦影响，台资企业正加快在中国以外地区布局生产网络，2018 年中国台湾地区对美投资 20.3 亿美元，同比增幅 143.7%，对中国大陆投资 85 亿美元，同比减少 8%。台资制造业企业正加快在欧美、东南亚等地扩大产能或新建生产工厂，如鸿海在美国威斯康星州投资 100 亿美元建设液晶面板工厂，研华扩大在美国伊利诺伊州网络设备产能，将销售额中美国所占的比率从 27%提高至 40%，台塑在美国路易斯安那州投资 94 亿美元建乙烯工厂等。

③ 根据国际货币基金组织和麦肯锡公司的预测，在新冠肺炎疫情 2020 年上半年得到控制的假设下，COVID-19 将导致全球 GVC 出口附加值下降 0.065%，而在 2020 年全年流行的假设下，全球 GVC 出口附加值将下降 0.195%。

④ 为此，美国先是制定并推行以边境内措施为特征的国际经贸新规则，进而对华发起大规模贸易摩擦，同时签署以非市场经济地位打压中国的美加墨自由贸易协定（USMCA），并积极推进与欧盟、日本的三边贸易协定谈判。

产业资源整合及区域协调发展，不失为现阶段中国经济转型发展的明智选择。

一般而言，影响国内垂直专业化分工开展的主要因素包括：首先是市场推动因素。一是国内市场空间及潜力，市场的扩大导致专业化劳动分工的深化；二是区域间要素禀赋差异，要素禀赋差异程度决定了劳动分工的利得空间，很大程度上影响着分工的规模和深度。其次是行政干预因素。国内价值链分工在区域之间开展，地方政府之间倾向于合作还是分割，区域间要素自由流动还是存在行政壁垒，区域间产业同质化发展还是专业化协同，都影响国内垂直专业化分工的开展。最后是全球化因素。嵌入全球价值链行为不可避免地将影响着国内垂直专业化分工，一方面外资进入和进口贸易很大程度上对国内原有生产体系造成冲击，对国内生产网络的构建意味着明显的替代效应；另一方面通过推动国内配套及上下游关联对国内垂直专业化分工产生显著的溢出效应。

中国地大物博、幅员辽阔，但几千年来推行重农抑商政策及自给自足的小农经济发展模式，除去供给京师粮食的“漕运”和“海运”之外，区域间的要素流动及经济交流甚少。新中国成立后的计划经济时代，区际贸易和分工水平仍然很低，仅存在中央统一调度下的区际物质交流。20 世纪 90 年代的中央与地方分权制改革在刺激地方政府发展积极性的同时，加重了区域间贸易壁垒和市场分割，表现为各地区都拥有包括资源供给、半成品制造、加工组装甚至产品销售渠道等一整套相对完整的区域内分工体系。中国加入 WTO 以来，外资的大规模流入一定程度上打破了国内区域间的封闭，随着中国加快融入全球价值链分工体系，跨国公司对国内资源要素进行统一配置，客观上有利于打破原有的国内市场壁垒和市场分割，促进区域间的物资交流和经济关联。

拥有潜力巨大、协调统一的国内市场，掌握自主品牌和销售渠道、占据价值链高端的领军企业，是成功打造国内价值链分工的必要条件。然而，随着外资更多进入和控制国内的研发、品牌和销售渠道环节，东部沿海地区很大程度上被跨国公司纳入其全球生产网络的加工制造环节，通过大规模加工生产引致对国内其他区域的要素需求，由此增强区域间经济关联。因而，中国的国内价值链分工更多表现为“东部沿海加工组装—中部地区提供半成品—西部地区供应资源原材料”的“出口引致型”特征。同样，进口贸易在推动中国各区域深度嵌入全球价值链的同时，一定程度上切断了沿海与内陆地区的上下游经济关联和垂直专业化分工，不利于国内价值链的构建。其中相对于最终品进口和一般贸易进口，中间品进口和加工贸易进口通过促进内资企业成长而产生了更大程度的溢出效应，其替代效应相对较小。

国内价值链分工条件下，处于上游的中西部地区更多扮演“原材料、初级产品供给者”角色，东部沿海地区在生产制造过程中密集使用来自中西部地区的初级产品和中间品，进而为中西部地区间接实现了大量增加值。从体现地区增加值来源的国内价值链收益率指标来看，中西部地区增加值主要源自国内垂直专业化分工，中国省级区域制造部门的国内价值链收益率呈现出明显由西向东逐级递减的规律。

基于理论层面，中国国内价值链分工的开展，有利于进一步放大沿海地区对内陆地区的技术溢出效应，推动内陆地区的人力资本积累和技术进步，而沿海地区向内陆地区的产业梯度转移，有助于内陆地区产业集聚水平提升和资源配置效率改善。在技术进步效应和资源配置效应的共同作用下，中低收入地区人均收入得以更快幅度提升，从而很大程度上缩小了区域发展差距。因而，推动中西部地区更大程度融入国内价值链分工，是缩小区域发展差距的可行路径。

从行业及地区层面案例可以看出，近年来随着东部沿海地区纺织、化工、电子信息等行业向中西部地区加快生产布局和产业转移，很大程度上加快了中西部地区工业化进程、推动产业承接地区的就业水平提升和产业转型升级。构建区域间垂直专业化基础上的国内价值链分工，是实现区域协调发展的有效机制。

因而，以国内价值链分工推动区域协调发展，其重点在于充分放大区域间上下游经济关联，由此促进国内产业资源整合和地区间垂直专业化分工。

第一，应更加重视国内市场的培育。为此，应彻底改变“重出口轻内销”及“诸侯经济”的思想，进一步打破区域间市场壁垒，完善劳动、资本、土地、知识、技术、管理、数据等要素市场体系和资源产品定价机制，推进户籍制度改革完善人员流动机制，促进国内资源、人才等生产要素的优化配置。在此基础上大力发展内外贸相结合的各类专业市场，以及面对国内市场、整合原料供应生产流通环节的平台经济，推动国内统一大市场的形成和发展。

第二，更加重视内资企业尤其是民营企业的成长。进一步放开国内市场准入门槛，在市场准入、审批许可、经营运行、招投标、军民融合等方面为民营企业打造公平竞争环境。加大对民营企业政策扶持力度，尤其是面临全球经济衰退及新冠肺炎疫情的迅速蔓延，切实减轻企业税费负担，拓宽融资贷款渠道，降低企业经营成本。基于国内市场潜力积极开展国内价值链分工，充分发挥区域间专业化分工的技术溢出效应，培育内资龙头企业、打造国内自主品牌和产品、提升中间品国内配套能力。此外，引导外资企业本土化采购以延伸价值链国内环节，警惕外资进入及其市场并购行为对民营企业的冲击。

第三，进一步调整利用外资政策。在对接国际贸易投资新规则、打造国际一流营商环境的基础上继续扩大利用外资，应逐步取消地方政府对利用外资，包括研发机构、地区总部及市场导向型外资各种形式的优惠政策，限制外资在中国的市场扩张及技术兼并行为。此外，基于行业市场结构、国内市场占有率、行业技术依存度等视角建立国家产业发展风险预警机制，必要情况下对产值规模、国内市场、技术资源外资控制严重的部门实施适当的行业保护，以保证内资企业品牌研发及国内市场体系构建行为的正常进行。

第四，进一步优化进口产品结构。鼓励先进技术装备、关键零部件等高技术含量中间品进口，通过进口渠道获取国外先进技术并积极推动技术本地化基础上的集成创新，由此促进内资企业生产效率进步和产品质量提升。在内资企业成长基础上积极发展面向国内市场的本土生产配套产品和上下游关联，推动基于内生能力的国内专业化分工。

第五，应实施体现区域差别的进口政策。对于自然资源丰裕而制造能力有限、空间区位相对不利的西部地区而言，应积极以国内资源和国内市场为依托，在机械装备、零部件、半成品等中间品采购方面更多向国内配套倾斜，同时充分发挥自然资源优势积极融入国内价值链分工，打造为国内的资源能源产地及初级产品加工地；中部地区应重视扩大高技术含量的中间品进口，在增强制造能力、完善配套体系基础上积极发展面向国内市场和本土配套的加工制造，建设成为国内生产制造基地；而对于经济发达的东部沿海地区，则应实施一定程度的进口替代政策，更多鼓励企业进行本地配套，尤其是对原材料、初级产品、一般零配件等技术含量较低的中间品进行国内采购。同时充分发挥其生产技术优势开展品牌研发和技术创新，不断提升关键设备及零部件的国产化水平，进而为国内专业化分工提供核心技术和自主品牌，及机械装备、关键零部件等高技术含量中间品，发展成为国内价值链的“发包者”和“链主”。

第六，更加重视国内资源的优化配置。沿海地区应积极发展高端制造业和现代服务业，加快将传统加工制造业向中西部地区或海外转移，进而鼓励企业集中资源进行研发设计及市场开发，逐步占领国内价值链乃至全球价值链品牌设计及市场渠道环节。中部地区应以加工贸易的“重庆模式”为示范，进一步提升生产制造能力，成为国内的“制造工厂”。西部地区则应在充分发挥资源能源优势的基础上，进一步提升初级产品加工能力，打造为国内的资源能源及初级产品来源地。由此形成“沿海地区从事研发设计、市场销售—中部地区进行加工生产—西部地区提供资源及初级产品”的国内价值链分工格局。

参 考 文 献

1. [美]迈克尔·赫德森:《保护主义:美国经济崛起的秘诀(1815—1914)》,贾根良等译校,中国人民大学出版社 2010 年版。

2. [英]亚当·斯密:《国富论》,郭大力、王亚南译,商务印书馆 2015 年版。

3. 程大中:《中国参与全球价值链分工的程度及演变趋势——基于跨国投入—产出分析》,《经济研究》2015 年第 9 期。

4. 程必定:《区际分工和区域利益的理论思考》,《经济科学》1988 年第 3 期。

5. 陈继勇等:《国际直接投资的新发展与外商对华直接投资研究》,人民出版社 2004 年版。

6. 陈霖:《警惕独资化——冷静对待利用外资独资化趋势》,《国际贸易》2005 年第 6 期。

7. 陈敏、桂琦寒、陆铭、陈钊:《中国经济增长如何持续发挥规模效应?——经济开放与国内商品市场分割的实证研究》,《经济学(季刊)》2008 年第 1 期。

8. 戴翔、金碚:《产品内分工、制度质量与出口技术复杂度》,《经济研究》2014 年第 7 期。

9. 戴翔:《中国制造业国际竞争力——基于贸易附加值的测算》,《中国工业经济》2015 年第 1 期。

10. 樊纲、王小鲁、朱恒鹏:《中国市场化指数——各地区市场化相对进程 2011 年报告》,经济科学出版社 2011 年版。

11. 范爱军、李真、刘小勇:《国内市场分割及其影响因素的实证分析——以我国商品市场为例》,《南开经济研究》2007 年第 5 期。

12. 范剑勇:《市场一体化、地区专业化与产业集聚趋势——兼谈对地区差距的影响》,《中国社会科学》2004 年第 6 期。

13. 范剑勇、谢强强:《地区间产业分布的本地市场效应及其对区域协调发展的启示》,《经济研究》2010 年第 4 期。

14. 范剑勇、高人元、张雁:《空间效率与区域协调发展战略选择》,《世界经济》2010 年第 2 期。

15. 龚关、胡关亮:《中国制造业资源配置效率与全要素生产率》,《经济研究》2013 年第 4 期。

16. 樊茂清、黄薇:《基于全球价值链分解的中国贸易产业结构演进研究》,《世界经济》2014 年第 2 期。

17. 桂琦寒、陈敏、陆铭、陈钊:《中国国内商品市场趋于分割还是整合:基于相对价格法的分析》,《世界经济》2006 年第 2 期。

18. 黄玖立、李坤望:《对外贸易、地方保护和中国的产业布局》,《经济学(季刊)》2006 年第 2 期。

19. 黄先海、杨高举:《中国高技术产业的国际分工地位研究:基于非竞争型投入占用产出模型的跨国分析》,《世界经济》2010 年第 5 期。

20. 黄先海、余骁:《以"一带一路"建设重塑全球价值链》,《经济学家》2017 年第 3 期。

21. 洪银兴:《从比较优势到竞争优势——兼论国际贸易的比较利益理论的缺陷》,《经济研究》1997 年第 6 期。

22. 李春顶:《中国出口企业是否存在"生产率悖论":基于中国制造业企业数据的检验》,《世界经济》2010 年第 7 期。

23. 李稻葵:《突破中等收入陷阱的路线图》,《经济研究》2014 年第 1 期。

24. 黎峰:《开放型经济体制机制障碍及其改革》,《开放导报》2013 年第 6 期。

25. 黎峰:《全球生产网络下的中国国际分工地位与贸易收益——基于主要出口国家的行业数据分析》,《国际贸易问题》2015 年第 6 期。

26. 黎峰:《增加值视角下的中国国家价值链分工——基于改进的区域投入产出模型》,《中国工业经济》2016 年第 3 期。

27. 黎峰:《中国国内价值链是怎样形成的?》,《数量经济技术经济研究》2016 年第 9 期。

28. 黎峰:《进口贸易、本土关联与国内价值链重塑》,《中国工业经济》2017 年第 9 期。

29. 李跟强、潘文卿:《国内价值链如何嵌入全球价值链:增加值的视角》,《管理世界》2016年第7期。

30. 李强、郑江淮:《基于产品内分工的我国制造业价值链攀升:理论假设与实证分析》,《财贸经济》2013年第9期。

31. 刘斌、魏倩、吕越、祝坤福:《制造业服务化与价值链升级》,《经济研究》2016年第3期。

32. 刘小勇、李真:《财政分权与地区市场分割实证研究》,《财经研究》2008年第2期。

33. 刘维林:《中国式出口的价值创造之谜:基于全球价值链的解析》,《世界经济》2015年第3期。

34. 刘志彪、张杰:《全球代工体系下发展中国家俘获型网络的形成、突破与对策——基于GVC与NVC的比较视角》,《中国工业经济》2007年第5期。

35. 刘志彪、张杰:《从融入全球价值链到构建国家价值链:中国产业升级的战略思考》,《学术月刊》2009年第9期。

36. 刘志彪、张少军:《中国地区差距及其纠偏:全球价值链和国内价值链的视角》,《学术月刊》2008年第5期。

37. 刘志彪:《重构国家价值链:转变中国制造业发展方式的思考》,《世界经济与政治论坛》2011年第4期。

38. 刘志彪:《努力向全球价值链中高端攀升》,《人民日报》2019年3月29日。

39. 刘遵义、陈锡康、杨翠红:《非竞争型投入占用产出模型及其应用——中美贸易顺差透视》,《中国社会科学》2007年第5期。

40. 卢锋:《产品内分工》,《经济学(季刊)》2004年第4期。

41. 卢福财、胡平波:《全球价值网络下中国企业低端锁定的博弈分析》,《中国工业经济》2008年第10期。

42. 陆铭:《大国发展——论中国经济的欧洲化》,《当代财经》2015年第6期。

43. 陆铭、陈钊:《分割市场的经济增长——为什么经济开放可能加剧地方保护?》,《经济研究》2009年第3期。

44. 陆铭、向宽虎:《地理与服务业——内需是否会使城市体系分散化》,《经济学(季刊)》2012年第3期。

45. 陆铭、向宽虎:《破解效率与平衡的冲突——论中国的区域发展战略》,《经济社会体制比较》2014年第4期。

46. 罗长远、张军:《附加值贸易:基于中国的实证分析》,《经济研究》2014年第6期。

47. 毛其淋、许家云:《中间品贸易自由化、制度环境与生产率演化》,《世界经济》2015 年第 9 期。

48. 毛其淋、许家云:《中间品贸易自由化提高了企业加成率吗? ——来自中国的证据》,《经济学(季刊)》2017 年第 2 期。

49. 倪红福、夏杰长:《中国区域在全球价值链中的作用及其变化》,《财贸经济》2016 年第 10 期。

50. 聂辉华、贾瑞雪:《中国制造业企业生产率与资源误置》,《世界经济》2011 年第 7 期。

51. 潘文卿:《中国区域经济差异与收敛》,《中国社会科学》2010 年第 1 期。

52. 潘文卿:《中国的区域关联与经济增长的空间溢出效应》,《经济研究》2012 年第 1 期。

53. 潘文卿:《中国区域经济发展:基于空间溢出效应的分析》,《世界经济》2015 年第 7 期。

54. 潘文卿、李子奈:《中国沿海与内陆间经济影响的反馈与溢出效应》,《经济研究》2007 年第 5 期。

55. 潘文卿、李跟强:《中国区域间贸易成本:测度与分解》,《数量经济技术经济研究》2017 年第 2 期。

56. 潘悦、杨镭:《产业的全球化趋势与发展中国家的产业升级——兼论中国高新技术产业的外商投资与加工贸易发展》,《财贸经济》2002 年第 10 期。

57. 任保全、刘志彪、任优生:《全球价值链低端锁定的内生原因及机理——基于企业链条抉择机制的视角》,《世界经济与政治论坛》2016 年第 5 期。

58. 盛斌:《中国对外贸易政策的政治经济分析》,上海人民出版社 2002 年版。

59. 沈坤荣、李剑:《中国贸易发展与经济增长影响机制的经验研究》,《经济研究》2003 年第 5 期。

60. 沈立人、戴园晨:《我国“诸侯经济”的形成及其弊端和根源》,《经济研究》1990 年第 3 期。

61. 宋冬林、范欣、赵新宇:《区域发展战略、市场分割与经济增长——基于相对价格指数法的实证分析》,《财贸经济》2014 年第 8 期。

62. 苏庆义:《中国省级出口的增加值分解及其应用》,《经济研究》2016 年第 1 期。

63. 孙少勤、邱斌、唐保庆、赵伟:《加工贸易存在“生产率悖论”吗? —— 一个经验分析与理论解释》,《世界经济与政治论坛》2014 年第 2 期。

64. 汤二子、李影、张海英:《异质性企业、出口与“生产率悖论”——基于 2007 年中国制造业企业层面的证据》,《南开经济研究》2011 年第 3 期。

65. 唐海燕、张会清:《产品内国际分工与发展中国家的价值链提升》,《经济研究》2009 年第 9 期。

66. 王岚、李宏艳:《中国制造业融入全球价值链路径研究——嵌入位置和增值能力的视角》,《中国工业经济》2015 年第 2 期。

67. 王军、仲伟周:《中国地区能源强度差异研究——要素禀赋的分析视角》,《产业经济研究》2009 年第 6 期。

68. 王绍光、胡鞍钢:《中国国家能力报告》,辽宁人民出版社 1993 年版。

69. 王直、魏尚进、祝坤福:《总贸易核算法:官方贸易统计与全球价值链的度量》,《中国社会科学》2015 年第 9 期。

70. 魏后凯:《我国区际工业分工转型的方向与经济关系的协调》,《中国工业经济研究》1991 年第 12 期。

71. 文东伟、冼国明:《中国制造业的垂直专业化与出口增长》,《经济学(季刊)》2010 年第 2 期。

72. 冼国明、文东伟:《FDI、地区专业化与产业集聚》,《管理世界》2006 年第 12 期。

73. 肖翔:《世界大国协调区域发展差距的实践及启示——以美国、俄罗斯、巴西为例》,《理论月刊》2018 年第 1 期。

74. 许政、陈钊、陆铭:《中国城市体系的"中心—外围模式"》,《世界经济》2010 年第 7 期。

75. 徐康宁、韩剑:《中国钢铁产业的集中度、布局与结构优化研究——兼评 2005 年钢铁产业发展政策》,《中国工业经济》2006 年第 2 期。

76. 徐康宁、王剑:《要素禀赋、地理因素与新国际分工》,《中国社会科学》2006 年第 6 期。

77. 徐现祥、李郇:《市场一体化与区域协调发展》,《经济研究》2005 年第 12 期。

78. 杨汝岱:《中国制造业企业全要素生产率研究》,《经济研究》2015 年第 2 期。

79. 姚博、魏玮:《参与生产分割对中国工业价值链及收入的影响研究》,《中国工业经济》2012 年第 10 期。

80. 于津平、邓娟:《垂直专业化、出口技术含量与全球价值链分工地位》,《世界经济与政治论坛》2014 年第 2 期。

81. 张德荣:《"中等收入陷阱"发生机理与中国经济增长的阶段性动力》,《经济研究》2013 年第 9 期。

82. 张二震、方勇:《要素分工与中国开放战略的选择》,《南开学报(哲学社会科学版)》2005 年第 6 期。

83. 张纪:《产品内国际分工的内在动因——理论模型与基于中国省际面板数据的实证研究》,《数量经济技术经济研究》2007 年第 12 期。

84. 张杰、刘元春、郑文平:《为什么出口会抑制中国企业增加值率?——基于政府行为的考察》,《管理世界》2013 年第 6 期。

85. 张杰、李勇、刘志彪:《制度对中国地区间出口差异的影响:来自中国省际层面 4 分位行业的经验证据》,《世界经济》2010 年第 2 期。

86. 张杰、陈志远、刘元春:《中国出口国内附加值的测算与变化机制》,《经济研究》2013 年第 10 期。

87. 张杰、郑文平、陈志远、王雨剑:《进口是否引致了出口:中国出口奇迹的微观解读》,《世界经济》2014 年第 6 期。

88. 张军、吴桂英、张吉鹏:《中国省际物质资本存量估算:1952—2000》,《经济研究》2004 年第 10 期。

89. 张少军:《全球价值链与国内价值链——基于投入产出表的新方法》,《国际贸易问题》2009 年第 4 期。

90. 张少军:《外包造成了经济波动吗?——来自中国省级面板的实证研究》,《经济学(季刊)》2013 年第 2 期。

91. 张少军、刘志彪:《国内价值链是否对接了全球价值链——基于联立方程模型的经验分析》,《国际贸易问题》2013 年第 2 期。

92. 张少军、刘志彪:《产业升级与区域协调发展:从全球价值链走向国内价值链》,《经济管理》2013 年第 8 期。

93. 曾铮、熊晓琳:《生产"零散化"、生产成本和离岸外包:一般理论和美、中、印三国的经验研究》,《世界经济》2008 年第 12 期。

94. 张二震、戴翔:《关于构建开放型经济新体制的探讨》,《南京社会科学》2014 年第 7 期。

95. 张幼文:《经济全球化与国家经济实力——以"新开放观"看开放效益的评估方法》,《国际经济评论》2005 年第 5 期。

96. 张幼文:《从廉价劳动力优势到稀缺要素优势——论"新开放观"的理论基础》,《南开学报(哲学社会科学版)》2005 年第 6 期。

97. 张幼文等:《要素流动——全球化经济学原理》,人民出版社 2013 年版。

98. 钟昌标:《国内区际分工和贸易与国际竞争力》,《中国社会科学》2002 年第 1 期。

99. 工业和信息化部产业政策司、工业和信息化部电子科学技术情报研究所:《中国产业转移年度报告(2014—2015)》,电子工业出版社 2015 年版。

100. 工业和信息化部产业政策司、工业和信息化部电子科学技术情报研究所:《中国产业转移年度报告(2015—2016)》,电子工业出版社 2016 年版。

101. 工业和信息化部产业政策司、国家工业信息安全发展研究中心:《中国产业转移年度报告(2016—2017)》,电子工业出版社 2017 年版。

102. 周申:《贸易自由化对中国工业劳动需求弹性影响的经验研究》,《世界经济》2006 年第 2 期。

103. 朱希伟、陶永亮:《经济集聚与区域协调》,《世界经济文汇》2011 年第 3 期。

104. Acemoglu, D., P. Antrhs and E. Helpman, "Contracts and Technology Adoption", *American Economic Review*, Vol.97, No.3, 2007.

105. Amiti, M. and J. Konings, "Trade Liberalization, Intermediate Inputs, and Productivity: Evidence from Indonesia", *American Economic Review*, Vol.97, No.1, 2005.

106. Arndt, S. W., "Globalization and the Open Economy", *North American Journal of Economics & Finance*, Vol.81, No.1, 1997.

107. Arndt, S. W. and H. Kierzkowski, *Fragmentation: New Production Patterns in the World Economy*, London: Oxford University Press, 2001.

108. Antràs, P. and E. Helpman, "Global Sourcing", *Journal of Political Economy*, Vol.112, No.3, 2004.

109. Antràs, P. and E. Rossi-Hansberg, "Organizing Offshoring: Middle Managers and Communication Costs", In Helpman, E., Marin D., Verdier T. (eds.), *The Organization of Firms in the Global Economy*, Cambridge: Harvard University Press, 2007.

110. Antràs, P., D. Chor, T. Fally and R. Hillberry, "Measuring the Upstreamness of Production and Trade Flows", *American Economic Review*, Vol.102, No.3, 2012.

111 Antràs, P. and D. Chor, "Organizing the Global Value Chain", *Econometrica*, Vol.81, No.6, 2013.

112. Bair, J. and G. Gereffi, "Inter-firm Networks and Regional Divisions of Labor: Employment and Upgrading in the Apparel Commodity Chain", In G. Gereffi, F. Palpacuer and A. Parisotto (eds.), *Global Production and Kcal Jobs*, Geneva: International Labor Office, 2001.

113. Banerjee, A.V. and B. Moll, "Why Does Misallocation Persist?", *American Economic Journal Macroeconomics*, Vol.2, No.1, 2010.

114. Bartelsman, E., J. Haltiwanger and S. Scarpetta, "Cross Country Differences in Productivity: The Role of Allocative Efficiency", Meeting Papers, Society for Economic Dynamics, No.30, 2007.

115. Bauer, P. W., "Decomposing TFP Growth in the Presence of Cost Inefficiency, Nonconstant Returns to Scale and Technological Progress", *Journal of Productivity Analysis*, Vol.1, No.4, 1990.

116. Bazan, L., and L. Naval-Aleman, "The Underground Revolution in Sinos Valley: A Comparison of Upgrading in Global and National Value Chains", in Schmitz, H. (eds.), *Local Enterprises in the Global Economy: Issue of Governance and Upgrading*, Cheltenham: Edward Edgar Publishing Ltd., 2004.

117. Beverelli, C., R. Koopman and V. Kummritz, "Domestic Value Chains as Stepping Stones to Global Value Chain Integration", WTO Working Paper, No.41, 2017.

118. Borensztein, E., J. De. Gregorio and J. W. Lee, "How Does Foreign Direct Investment Affect Economic Growth?", *Journal of International Economics*, Vol.45, No.1, 1998.

119. Berkowitz, D. and D. N. Dejong, "The Evolution of Market Integration in Russia", *Economics of Transition*, Vol.9, No.1, 2001.

120. Bhagwati, J.N., *Immiserizing Growth*, The New Palgrave Dictionary of Economics, 1987.

121. Bin Xu and Lu Jiangyong, "The Sophistication of Exports: Is China Special?", *China Economic Review*, Vol.21, No.3, 2010.

122. Bond, E. W., M. J. Crucini and T. Potter, "Misallocation and Productivity Effects of the Smoot-Hawley Tariff", *Review of Economic Dynamics*, Vol.16, No.1, 2013.

123. C. E., Bai, DU Y., Tao Z. and Tong S. Y., "Local Protectionism and Regional Specialization: Evidence from China's Industries", *Journal of International Economics*, Vol.63, No.2, 2004.

124. Clark, B. T. and E. Van Wincoop, "Borders and Business Cycles", *Journal of International Economics*, Vol.55, No.2, 2001.

125. Coe, D.T. and E. Helpman, "International R&D Spillovers", *European Economic Review*, Vol.39, No.5, 1993.

126. Daudin, G., C. Rifflart and D. Schweisguth, "Who Produces for whom in the World Economy?", *Canadian Journal of Economics*, Vol.44, No.4, 2009.

127. Dietzenbacher, E., I. R. Luna and N. S. Bosma, "Using Average Propagation Lengths to Identify Production Chains in the Andalusian Economy", *Estudios De Economía Aplicada*,

Vol.23, No.1, 2005.

128. Dietzenbacher, E., "Vertical Specialization in an Intercountry Input - output Framework", *Letters in Spatial & Resource Sciences*, Vol.3, No.3, 2010.

129. Dixit, A. K. and G. M. Grossman, "Trade and Protection With Multistage Production", *Review of Economic Studies*, Vol.49, No.4, 1982.

130. Eric, C.and Y.Ng, "Production Fragmentation and Business-cycle Comovement", *Journal of International Economics*, Vol.82, No.1, 2010.

131. Fally, T., "On the Fragmentation of Production in the US", University of Colorado-Boulder Working Paper, No.15, 2011.

132. Färe, R., S. Grosskopf and B. Lindgren, *Data Envelopment Analysis: Theory, Methodology, and Applications*, Netherlands: Springer, 1994.

133. Feenstra, R.C., C.Hong and H.Ma, "Contractual versus Non Contractual Trade: The Role of Institutions in China", *Journal of Economic Behavior and Organization*, Vol.94, No.2, 2013.

134. Friedmann, J., "Regional Economic Policy for Developing Areas", *Papers of the Regional Science Association*, Vol.11, No.1, 1963.

135. Foster, N., R.Stehrer and G.De Vries, "Trade in Value-added and Factors——A Comprehensive Approach", WIOD Working Paper, No.225281, 2011.

136. Fujita, M., "A Monopolistic Competition Model of Spatial Agglomeration: A Differentiated Product Approach", *Regional Science and Urban Economics*, Vol.18, No.2, 1988.

137. Gereffi, G., "The Organization of Buyer-driven Global Commodity Chains: How U.S.Retailers Shape Overseas Production Networks", in G. Gereffi and M. Korzeniewicz (eds.), *Commodity Chains and Global Capitalism*, Westport: Praeger, 1994.

138. Gereffi, G.and H.Lynn, "Latin America in the Global Economy: Running Faster to Stay in Place", NACLA's Report on the Americas, No.15, 1996.

139. Gefeffi, G., "International Trade and Industrial Upgrading in the Apparel Commodity Chains", *Journal of International Economics*, Vol.48, No.1, 1999.

140. Gefeffi, G., "Beyond the Producer-driven/Buyer-driven Dichotomy——the Evolution of Global Value Chains in the Internet Era", *IDS Bulletin*, Vol.32, No.3, 2001.

141. Gefeffi, G., "Shifting Governance Structures in Global Commodity Chains, With Special Reference to the Internet", *American Behavioral Scientist*, Vol.44, No.10, 2001.

142. Grossman, G. M. and E. Helpman, "Integration versus Outsourcing in Industry

Equilibrium", *Cesifo Working Paper*, Vol.117, No.1, 2001.

143. Grossman, G. M. and E. Helpman, "Outsourcing in the Global Economy", NBER Working Paper, No.8728, 2002.

144. Grossman, G. M. and E. Helpman, " Outsourcing versus FDI in Industry Equilibrium", *Journal of the European Economic Association*, Vol.1, No.2, 2003.

145. Grossman, G. M. and E. Rossi – hansberg, "Trading Tasks: A Simple Theory of Offshoring", *American Economic Review*, Vol.98, No.5, 2008.

146. Haddad, M., J.J.Lim and C.Pancaro, "Trade Openness Reduces Growth Volatility when Countries are Well Diversified", *Canadian Journal of Economics*, Vol.46, No.2, 2012.

147. Halpern, L., M. Koren and A. Szeidl, "Imported Inputs and Productivity", Cefig Working Papers, No.34, 2011.

148. Harris, C., "The Market as A Factor on the Localization of Industry in the United States", *Annals of the American Association of Geographers*, Vol.64, No.3, 1954.

149. Henderson, J. V., "The Sizes and Types of Cities", *American Economic Review*, Vol.64, No.1, 1974.

150. Hiau Looi Kee and Tang Heiwai, "Domestic Value Added in Chinese Exports", World Bank Working Paper, No.2, 2012.

151. Hines, P., "Integrated Materials Management: The Value Chain Redefined", *The International Journal of Logistics Management*, Vol.4, No.1, 1993.

152. Hsieh, C.T. and P.J.Klenow, "Misallocation and Manufacturing TFP in China and India", *Quarterly Journal of Economics*, Vol.124, No.4, 2009.

153. Hirschman, A.O., *The Strategy of Economic Development*, Yale University Press, 1958.

154. Hummels, D., D.Rapoport and K.M.Yi, "Vertical Specialization and the Changing Nature of World Trade", *Federal Reserve Bank of New York Economic Policy Review*, Vol.6, No.4, 1998.

155. Hummels, D., J.Ishii and K.M.Yi, "The Nature and Growth of Vertical Specialization in World Trade", *Journal of International Economics*, Vol.54, No.1, 2001.

156. Hummels, D. and P. Klenow, "The Variety and Quality of a Nation Exports", *American Economic Review*, Vol.96, No.3, 2005.

157. Humphrey, J. and H. Schmitz, "How does Insertion in Global Value Chains Affect Upgrading in Industrial Clusters?", *Regional Studies*, Vol.36, No.9, 2002.

158. Humphrey, J.and H.Schmitz, "Chain Governance and Upgrading : Taking Stock",

in Schmitz, H. (eds.), *Local Enterprises in the Global Economy Issues of Governance and Upgrading*, Cheltenhan: Elgar, 2004.

159. Johnson, R. C. and G. Noguera, "Accounting for Intermediates: Production Sharing and Trade in Value-added", *Journal of International Economics*, Vol.86, No.2, 2012.

160. Jones, R.W. and H. Kierzkowski, "The Role of Services in Production and International Trade: A Theoretical Framework", Rcer Working Papers, Vol.165, No.6, 1988.

161. Kaplinsky, R. and M. Morris, "A Handbook for Value Chain Research", IDRC, No.6, 2003.

162. Kei-Mu Yi, "Can Vertical Specialization Explain the Growth of World Trade?", *Journal of Political Economy*, Vol.111, No.1, 2003.

163. Keller, W., "Geographic Localization of International Technology Diffusion", *American Economic Review*, Vol.92, No.1, 2002.

164. Koopman, R., Z. Wang and S.J. Wei, "How Much of Chinese Exports is Really Made in China? Assessing Domestic Value-added When Processing Trade is Pervasive", NBER Working Papers, No.14109, 2008.

165. Koopman, R., W. Powers, Z. Wang and S.J. Wei, "Give Credit Where Credit Is Due: Tracing Value Added in Global Production Chains", NBER Working Paper, No.16426, 2010.

166. Koopman, R., Z. Wang and S.J. Wei, "Estimating Domestic Content in Exports when Processing Trade is Pervasive", *Journal of Development Economics*, Vol.99, No.1, 2012.

167. Koopman, R., W. Powers, Z. Wang and S.J. Wei, "Tracing Value-added and Double Counting in Gross Exports", *American Economic Review*, Vol.104, No.2, 2014.

168. Kogut, B., "Designing Global Strategies: Comparative and Competitive Value-added Chains", *Sloan Management Review*, Vol.26, No.4, 1985.

169. Kopp, R. J. and W. E. Diewert, "The Decomposition of Frontier Cost Function Deviations into Measures of Technical and Allocative Efficiency", *Journal of Econometrics*, Vol.19, No.2, 1982.

170. Kose, M. A., C. Otrok and E. Prasad, "Global Business Cycles: Convergence or Decoupling?", *International Economic Review*, Vol.53, No.2, 2008.

171. Krugman, P., "Increasing Returns and Economic Geography", *Journal of Political Economy*, Vol.99, No.3, 1991.

172. Krugman, P., "Does Third World Growth Hurt First World Prosperity?", *Harvard Business Review*, Vol.72, No.1, 1994.

173. Lall, S., "The Technological Structure and Performance of Developing Country Manufactured Exports", *Oxford Development Study*, Vol.4, No.3, 2000.

174. Lall, S. J. Weiss and J. K. Zhang, "Regional and Country Sophistication Performance", Asian Development Bank Institute Discussion Paper, No.23, 2005.

175. Levinsohn, J. and A. Petrin, "Estimating Production Functions Using Inputs to Control for Unobservables", *Review of Economic Studies*, Vol.70, No.2, 2003.

176. Long, G.Y., "Measuring the Spillover Effects: Some Chinese Evidence", *Papers in Regional Science*, Vol.79, No.1, 2000.

177. Long, G.Y., "Understanding China's Recent Growth Experience: A Spatial Econometric Perspective", *Annals of Regional Science*, Vol.37, No.4, 2003.

178. Ma, H., Z. Wang and K. F. Zhu, "Domestic Content in China's Exports and its Distribution by Firm Ownership", *Journal of Comparative Economics*, Vol.43, No.1, 2015.

179. Maniadakis, N. and E. Thanassoulis, "A Cost Malmquist Productivity Index", *European Journal of Operational Research*, Vol.154, No.2, 2004.

180. McKinsey Global Institute, *Productivity: The Key to an Accelerated Development Path for Brazil*, Washington, DC: McKinsey Global Institute, 1998.

181. Melitz, M.J., "The Impact of Trade on Intra-industry Reallocations and Aggregate Industry Productivity", *Econometrica*, Vol.7, No.1, 2003.

182. Melitz, M.J.and S.Polanec, "Dynamic Olley-pakes Productivity Decomposition with Entry and Exit", *Rand Journal of Economics*, Vol.46, No.2, 2015.

183. Meng, B., Y.Zhang and J.Guo, "China's Regional Economies and Value Chains: an Interregional Input-output Analysis", *Ide Discussion Papers*, No.359, 2012.

184. Meng, B., Z. Wang and R. Koopman, "How are Global Value Chains Fragmented and Extended in China's Domestic Production Networks?", *Ide Discussion Papers*, No. 424, 2013.

185. Meng, B. and N. Yamano, "Compilation of a Regionally Extended Inter-country Input-output Table and its Application to Global Value Chain Analyses", *Journal of Economic Structures*, Vol.6, No.1, 2017.

186. Meng, B., Y. Fang and J. Guo, "Measuring China's Domestic Production Networks through Trade in Value-added Perspectives", *Economic Systems Research*, Vol. 29, No.1, 2017.

187. Miller, R.E. and U.Temurshoev, "Output Upstreamness and Input Downstreamness

of Industries/Countries in World Production", *Social Science Electronic Publishing*, Vol.40, No.5, 2015.

188. Naval - aleman, L., "The Impact of Operating in Multiple Value Chains for Upgrading: The Case of the Brazilian Furniture and Footwear Industries", *World Development*, Vol.39, No.8, 2011.

189. Novy, D., "Gravity Redux: Measuring International Trade Costs with Panel Data", *Warwick Economics Research Paper*, Vol.51, No.1, 2008.

190. Nunn, N., "Relationship - specificity, Incomplete Contracts, and the Pattern of Trade", *Quarterly Journal of Economics*, Vol.122, No.2, 2007.

191. Olley, S.G. and A.Pakes, "The Dynamics of Productivity in the Telecommunications Equipment Industry", *Econometrica*, Vol.64, No.6, 1996.

192. Perroux, F., "Economic Space: Theory and Applications", *Quarterly Journal of Economics*, Vol.64, No.1, 1950.

193. Porter, M.E., *Competitive Advantage: Creating and Sustaining Superior Performance*, New York: Simon and Schuster, 2013.

194. Poncet, S., "Measuring Chinese Domestic and International Integration", *China Economic Review*, Vol.14, No.1, 2003.

195. Poncet, S., "A Fragmented China: Measure and Determinants of Chinese Domestic Market Disintegration", *Review of International Economics*, Vol.13, No.3, 2005.

196. Prebisch, R., "The Economic Development of Latin America and its Principal Problems", *Geographical Review*, Vol.10, No.1, 1950.

197. Prebisch, R., "Commercial Policy in the Underdeveloped Countries", *American Economic Review*, Vol.49, No.2, 1959.

198. Rayport, J.F. and J.J.Sviokla, "Exploiting the Virtual Value Chain: Creating Value in the Network Economy", *Harvard Business School Press*, Vol.16, No.1, 1999.

199. Redding, S. and J.Venables, "Economic Geography and International Inequality", *Journal of International Economics*, Vol.62, No.4, 2004.

200. Restuccia, D. and R.Rogerson, "Policy Distortions and Aggregate Productivity with Heterogeneous Establishments", *Review of Economic Dynamics*, Vol.11, No.4, 2008.

201. Rodrik, D., "What's So Special about China's Exports", *China & World Economy*, Vol.14, No.1, 2006.

202. Sanyal, K.K. and R.W.Jones, "The Theory of Trade in Middle Products", *American*

Economic Review, Vol.72, No.1, 1979.

203. Sanjaya, L., M.Albaladejo and Zhang Jinkang, "Mapping Fragmentation: Electronics and Automobiles in East Asia and Latin America", *Oxford Development Studies*, Vol.32, No. 3, 2004.

204. Schmitz, H., "Global Commodity Analysis and File Approach: Comparison and Critique", *Economy and Society*, Vol.29, No.3, 2000.

205. Shephard, R.W., "Cost and Production Functions", *Lecture Notes in Economics & Mathematical Systems*, Vol.12, No.2, 1953.

206. Shephard, R.W., "Theory of Cost and Production Functions", *Economic Journal*, Vol.35, No.3, 1970.

207. Storper, M. and E.Leamer, "The Economic Geography of the Internet Age", *Journal of International Business Studies*, Vol.32, No.4, 2001.

208. Taglioni, D., "Making Global Value Chains Work for Development", *World Bank Other Operational Studies*, Vol.14, No.3, 2014.

209. Timmer, M., P.A.Erumban, R.Stehrer and G.J.de Vries, "Slicing Up Global Value Chains", *Journal of Economic Perspectives*, Vol.28, No.2, 2012.

210. Wang, Y., D. Ning, T. Li, J. Li and M. Prevezer., "The Role of Regional Industrial Specialization and Diversity", *Regional Studies*, Vol.50, No.5, 2016.

211. Wang Z., S. J. Wei, X. D. Yu and K. F. Zhu, "Characterizing Global Value Chains: Production length and Upstreamness", NBER Working Paper, No.23261, 2017a.

212. Wang Z., S. J. Wei, X. D. Yu and K. F. Zhu, "Measures of Participation in Global Value Chains and Global Business Cycles", NBER Working Papers, No.23222, 2017b.

213. X.Chen, L.K.Cheng and Fung, K.C., "The Estimation of Domestic Value-added and Employment Induced by Exports: An Application to Chinese Exports to the United States", Working Paper, No.22, 2008.

214. Ying, L. G., "Understanding China's Recent Growth Experience: A Spatial Econometric Perspective", *Annals of Regional Science*, Vol.37, No.4, 2003.

215. Young, A., "The Razor's Edge: Distortions and Incremental Reform in the People's Republic of China", *Quarterly Journal of Economics*, Vol.115, No.4, 2000.

216. Zhang, Q. and B.Felmingham, "The Role of FDI, Exports and Spillover Effects in the Regional Development of China", *Journal of Development Studies*, Vol.38, No.4, 2002.

后　　记

劳动分工是提升生产效率、推动经济增长的动力源泉。从大学时代学习国际贸易开始，经济学理论告诉我们，通过发挥自身比较优势参与国际分工，各国都能获得一定的贸易收益，因而在专业化分工深化的基础上，把不同要素禀赋国家各司其职地纳入国际生产体系，被认为是全球化时代经济发展的“最优解”。然而，基于理论层面的“最优解”掩盖了现实层面存在的一些难以克服的问题。

第一，效率最优往往意味着公平的最大限度损失。第二次世界大战后初期，美国主导建立全球经济秩序并推动一波以产业间分工为特征的全球化，由此促进了战后世界经济的复苏。然而发达国家生产工业制成品、发展中国家提供初级原材料的分工模式很大程度上导致了收入分配的“中心—外围”特征。20世纪90年代以来，跨国公司的全球产业布局推动了以贸易投资一体化与生产非一体化为特征的全球价值链分工。发达国家负责品牌研发及市场营销、新兴经济体生产关键零部件等中间品、发展中国家负责加工组装的生产模式实现了全球资源整合的生产效率“最优”，但与此同时却加剧了收入分配不均与社会阶层对立，并直接导致了以“英国脱欧”“美国退群”等为标志的逆全球化浪潮。

第二，分工效率“最优解”在外部风险及不确定性条件下往往并不唯一。

与一体化生产模式相比，专业化分工在提升生产效率的同时，生产环节及迂回程度的增加意味着更多的交易成本。因而，分工效率“最优解”的实现应基于交易成本约束之下，在任务外包及多国接续生产的全球价值链分工模式下，任何一个环节的交易成本增加或者衔接中断，会显著影响下游生产环节甚至导致整个链条的崩溃，地震、海啸等自然灾害，政局动荡、局部冲突等不确定性因素都会成为影响分工效率“最优解”的外部风险。值得一提的是，2020 年年初突如其来并在全球肆虐的新冠肺炎疫情（COVID-19）严重冲击了跨国公司全球布局的生产供应链并导致全球价值链的断裂，充分说明了国际专业化分工程度最高未必是分工效率“最优解”。

因而，社会公平的损失及交易成本的不确定性，表明国际专业化分工水平并不是越深入越好，对于各国尤其是大国而言，在充分融入“国际循环”的同时，应充分发挥好“国内循环”的作用。

作为幅员辽阔、物产丰富、人口众多的大国，中国曾经依托“国内循环”创造了“强汉”和“盛唐”的辉煌，但正因为对天朝“国内循环”的过度自信，很大程度上导致了近代的闭关锁国与百年屈辱。“封闭就要落后，落后就要挨打”，改革开放尤其是 1992 年以来，中国全方位融入经济全球化进程，充分利用“两头在外”的“国际循环”并快速跃升为世界第二大经济体和全球第一出口大国。然而值得注意的是，在推崇和参与“国际循环”的同时，基于大国规模经济的“国内循环”并未得到充分重视，甚至因倚重“国际循环”受到抑制。巩固并提升“国内循环”、有效协调并实现“国内循环”与“国际循环”的相互促进，是未来中国经济发展的新动能所在，也是理论界及实践部门必须关注和加强研究的重大问题。

我的本科及硕士阶段学习均在江西财经大学完成，专业分别是国际贸易和产业经济学。2003 年，我进入江苏省社会科学院世界经济研究所从事科研工作，主要参与江苏开放型经济及一些产业发展规划的研究，对我国以外资为主导、各类开发区为载体、加工贸易为主要形式的出口导向型发展模式有了初步认识。前所长田伯平研究员是我从事科研工作的启蒙老师，言传身教地在研究视角、研究方法、研究范式、文字表述等方面给我灌输了很多。

2012年，我进入上海社会科学院世界经济研究所攻读博士学位，师从张幼文研究员。张幼文老师主要关注中国开放型经济发展，较早提出“新开放观”并产生了重大影响。读博期间，我有幸深度参与了张老师关于贸易强国的国家社科重大项目，主要负责全球价值链分工中的贸易收益部分研究，同时还得到与张幼文老师年纪相仿、研究领域相近、学术观点相印的另一位张老师——南京大学张二震教授的指导和帮助。围绕贸易收益主题，我从2013年开始接触并系统地学习全球价值链分工理论和增加值贸易核算方法。比较幸运的是，我的第一篇学习成果《全球生产网络下的贸易收益及核算——基于中国的实证》顺利发表在《国际贸易问题》2014年第6期，并分别被《中国社会科学文摘》和*China Economist*以中英文转载，此外还获得了2014/2015年度商务发展研究成果奖论文类三等奖。初尝成功的喜悦，使我坚定了把该主题研究进一步深入的信心，并以题为《全球价值链分工、出口产品结构及贸易收益》的毕业论文如期取得了博士学位。

尽管我在博士阶段研究的主要是“国际循环”，但正是该研究让我进入了“国内循环”的研究领域。在研究全球价值链分工条件下贸易收益的影响因素时，我发现国内配套水平是影响一个国家和地区出口增加值率的重要因素，而且该水平与国家经济体量成正比。由于意识到“国内循环”对参与“国际循环”的重要性，加之2008年国际金融危机后全球价值链分工链条缩短的迹象日益显现，我产生了将研究领域由全球价值链分工延伸至国内价值链分工的想法。

为进一步提升自己的科研能力，我于2015年8月进入南开大学经济学院博士后工作站，合作导师是慕名已久的盛斌教授。盛老师年少成名，是全球价值链研究领域的权威，其勤于思考、笔耕不辍、严谨细致、事必躬亲的治学态度给我留下了深刻印象。在南开期间，盛老师肯定了我的研究方向和思路，并在现代经济学研究前沿、研究方法等方面给了我很多指点。在盛老师指导下，我关于国内价值链主题的第一篇研究成果《增加值视角下的中国国家价值链分工——基于改进的区域投入产出模型》顺利发表在《中国工业经济》2016 年第 3 期，该文章是国内较早的基于增加值视角对“国内循环”的研究。基于该研究成果，我于当年获得国家社科基金一般项目《国家价值链重构与区域经济协调发展研究》（16BJL122）的立项，从而为我进一步深入该领域研究提供了支持和保障。

从国家课题立项到结束博士后流动站工作的一年时间里，得益于盛老师毫无保留的指导及南开大学浓厚的学术氛围，我完成了三篇工作论文《中国国内价值链是怎样形成的？》《进口贸易、本土关联与国内价值链重塑》和《双重价值链嵌入下的中国省级区域角色—— 一个综合理论分析框架》，分别在《数量经济技术经济研究》和《中国工业经济》上发表，其中《进口贸易、本土关联与国内价值链重塑》获得了第二十届“安子介国际贸易研究奖”优秀论文类二等奖，以上三篇论文也当然成为国家课题的主体部分，该项课题也于 2019 年获得良好结项。

本书不仅是我的国家课题研究成果，更是博士和博士后阶段研究的一个总结，是八年来勤劳的结晶、努力的见证。当然，本书的完成与出版，我只是台前的“制作者”，真正的功劳属于在幕后给予我帮助和支持的人。

感谢我的父母。是你们把我抚育成才，创造条件让我接受良好的教育，无私奉献使我能安心从事学术研究，正因为有你们毫无保留的付出才会有我的收获。感谢我的爱人江凤环女士，科研工作者的生活单调乏味，你不仅表现出足够的理解和包容，还在数据收集和整理方面给予我很大帮助。感谢我一对可爱的儿女黎宇轩和黎宇昕小朋友，这本书的研究工作“抢走”了很多陪伴你们的时间，幸好你们都很乖。感谢我的四位恩师。田伯平研究员教会了我科研工作的“基本必备技能”，张幼文教授和张二震教授把我引入学术研究的“门槛”，盛斌教授把我带到一个较高的“平台”，让我更好领悟到学术研究的内涵。更为重要的是，你们勤奋、进取、严谨、务实的品质是指引我前行方向的“明灯”。感谢我的同门挚友毛其淋教授、蓝天教授、蒋庚华教授、李磊教授，你们的学术成就成为我奋斗的动力，与你们的研讨成为我学术灵感的来源。

此外，本书的出版得到了人民出版社郑海燕编审的亲切关怀。在此对你们的辛勤劳动表示深深的感谢。

由于水平所限，本书难免存在不足和错误之处，欢迎学术界同行批评指教。

黎　峰

2020 年 7 月 10 日于南京